中等职业教育国家规划教材
全国中等职业教育教材审定委员会审定

销售语言技巧与服务礼仪

（第6版）

主编　张丽威　张闻语

中国财经出版传媒集团
中国财政经济出版社

图书在版编目（CIP）数据

销售语言技巧与服务礼仪／张丽威，张闻语主编．--6版．--北京：中国财政经济出版社，2023.5

中等职业教育国家规划教材

ISBN 978-7-5223-2058-8

Ⅰ.①销… Ⅱ.①张… ②张… Ⅲ.① 销售-语言艺术-中等专业学校-教材②商业服务-礼仪-中等专业学校-教材 Ⅳ.①F713.3②F718

中国国家版本馆 CIP 数据核字（2023）第 040412 号

责任编辑：康 苗　　责任校对：张 凡

封面设计：华乐功　　版式设计：齐 杰

中国财政经济出版社 出版

URL：http：//www.cfeph.cn

E-mail：cfeph@cfeph.cn

社址：北京市海淀区阜成路甲 28 号　邮政编码：100142

营销中心电话：010-88191522　编辑部门电话：010-88190639

天猫网店：中国财政经济出版社旗舰店

网址：https：//zgczjjcbs.tmall.com

北京密兴印刷有限公司印刷　各地新华书店经销

成品尺寸：185mm×260mm　16 开　13.75 印张　338 000 字

2023 年 8 月第 6 版　2023 年 8 月北京第 1 次印刷

定价：36.00 元

ISBN 978-7-5223-2058-8

（图书出现印装问题，本社负责调换，电话：010-88190548）

本社质量投诉电话：010-88190744

打击盗版举报热线：010-88191661　QQ：2242791300

第6版前言

中等职业教育担负着培养数以亿计高素质劳动者的重要任务，是我国经济社会发展的重要基础。党的二十大报告提出："深入实施人才强国战略，坚持尊重劳动、尊重知识、尊重人才、尊重创造，完善人才战略布局，加快建设世界重要人才中心和创新高地，着力形成人才国际竞争的比较优势，把各方面优秀人才集聚到党和人民事业中来。"为贯彻党的二十大报告精神，满足现代中等职业教育的需求，促进中职学生的全面发展，我们基于中等职业教育市场营销专业人才培养目标，对《销售语言技巧与服务礼仪》教材进行了第 5 次修改。

在内容和形式上，我们本着一要在体现本课程教学基本要求的基础上方便学生学习，二要方便教师教学的原则，注重以培养学生的语言表达能力和服务礼仪的基础知识，达到提升这一层面的学生市场销售和商业服务的能力为目的来组织教材编写。

本书第 1 版于 2002 年出版，自第 1 版问世以来，以其精准的定位和富有特色的内容编排，得到全国各地中等职业学校的普遍认可和广泛使用，深受广大师生好评，所以一直畅销不衰。这次我们在第 5 版的基础上修订完成了第 6 版，使其更加突出时代性、可读性和科学性，体现了理论"必须、够用为度"的编写原则。本教材由张丽威、张闻语任主编。本次修订工作由张闻语负责完成。

为了方便教师教学，本书配有微课、PPT 和课后习题答案，通过手机扫描书内二维码可查看相关资源。

由于编写时间仓促，加之编写水平有限，书中难免有疏漏之处，敬请读者批评指正。

编　者

2023 年 6 月

目 录

项目一
概　述

项目一 PPT

学习目标

通过本章的学习，了解语言在人际交往中的作用、语言技巧在商务活动中的地位和语言的本质，掌握商务活动中礼仪的规范作用和修饰作用。

导读案例

某大公司招聘人才，应者云集。其中多为高学历、多证书、有相关经验的人。经过三轮淘汰，还剩下11个应聘者，最终将留用6个。因此，第4轮总裁亲自面试，将会出现十分“残酷”的场面。奇怪的是，面试考场出现12个考生。总裁问：“谁不是应聘的？”坐在最后一排的一个男子站起身：“先生，我第一轮就被淘汰了，但我想参加面试。”在场的人都笑了，包括站在门口闲看的老头。总裁饶有兴趣地问：“你第一关都过不了，来这儿还有什么意义呢？”男子说：“我掌握了很多财富，因此，我本人即是财富。”大家又一次笑得很开心，觉得此人要么太狂妄，要么就是脑子有毛病。男子说：“我只有一个本科学历，一个中级职称，但我有几年工作经验，曾在18家公司任过职……”总裁打断他：“你的学历、职称都不算高，工作几年倒是很不错，但先后跳槽18家公司，太令人吃惊了，我不欣赏。”

男子站起身：“先生，我没跳槽，而是那18家公司先后倒闭了。”在场的人第3次笑了，一个考生说：“你真是倒霉蛋！”男子也笑了：“相反，我认为这就是我的财富，我不倒霉，我只有31岁。”这时，站在门口的老头走进来，给总裁倒茶。男子继续说：“我很了解那18家公司，我曾与大伙努力挽救他们，虽然不成功，但我从他们的错误与失败中学到许多东西；很多人只是追求成功的经验，而我更有经验避免错误与失败！”

男子离开座位，一边转身一边说：“我深知，成功的经验大抵相似，很难模仿；而失败的原因各有不同。与其用11年学习成功经验，不如用同样的时间研究错误与失败；别人的成功经验很难成为我们的财富，但别人的失败过程却可以成为我们的财富！”男子就要出门了，忽然又回过头：“这11年经历的18家公司，培养、锻炼了我对人、对事、对未来的敏锐洞察力，举个小例子吧——真正的考官，不是您，而是这位倒茶的老人!”

全场 11 个考生哗然，惊愕地盯着倒茶的老头。那老头笑了：“很好，你第一个被录取了，因为我急于知道——我的表演为何失败?”

提示：只有把握好口才的使用，才能在关键时刻使说话的艺术大放光芒、威慑人心。这就是语言的魅力、语言的力量。

任务一　语言在人际交往中的地位与作用

任务驱动

讨论：语言有哪几种表现形式？谈谈语言在人际交往和商务活动中的作用。

微课：语言在人际交往和商务活动中的作用

必备知识

语言是人类用于交流思想、表达意见的工具，是一种符号系统。语言有广义和狭义之分。狭义的语言仅指口头语言；广义的语言指口头语言、书面语言以及体态语言等。

一、语言的历史发展

宇宙间的万事万物，都有其产生发展的过程，语言也是一样，它的产生和发展，是由一系列的条件所决定的。语言的产生也有其必备条件，即生理条件、心理条件、社会条件。生理条件指发音器官，语言以声音作为它的物质外壳，语言的产生必须有一个完善的发音器官，能发出多种声音并能灵活地发言。心理条件指能进行抽象思维的大脑，语言是思维的工具，是表达思想的工具，语言不能脱离思维而存在。社会条件是指人类社会、人类有对交际工具的需要，用语言作为交际工具，来协调各种社会关系。语言产生的过程，也是这些条件产生和成熟的过程。

关于语言的产生和发展，不少学者作了各种各样的讨论，不同程度上揭示出语言的某些特点和侧面，如“摹声论”认为语言的产生起源于摹声；“感叹论”认为原始人由于内心和外来的感受而叫喊；“手势论”认为人类最初的语言不是有声的语言，而是手势语等。以上各种学说没有解决语言产生的基本原理。那么语言到底是如何产生的呢？恩格斯在《劳动在从猿到人转变过程中的作用》中曾明确指出：语言乃是人类形成时，在集体劳动过程中，为了适应交际的需要而产生的，并且是跟抽象思维同时产生的；语言是从劳动当中和劳动一起产生出来的。

人类的祖先类人猿，成群地生活在树上。后来，由于自然条件变化的影响，从树上下到地面上生活。他们的前肢开始逐渐和后肢分工，前肢变为手，后肢直立行走，这是由类人猿转变为人的决定性的一步。前肢变为手，意味着开始了真正人的劳动，同时手也是劳动的产物。人类劳动的标志是制造工具和使用工具，制造工具和使用工具就意味着原始人有了抽象思维，也就是说产生了意识。因为制造工具事先要在头脑里有工具的蓝图和制造工具的材料、手段、过程，能预见到劳动的成果，所以说劳动是有意识的行为。劳动促进了思维的产生。原始人在社会集体中劳动、生活，就需要交流思想，交流思想就需要交际工具。原始人的口腔发出的声音用作交际工具的物质形式，对人来讲是最方便不过的。于是，人们用一定的声音来代表某种实物、形象或事情，语言就这样产生出来了。

劳动创造了语言产生的生理条件，即发音器官；劳动创造了语言产生的心理条件，即有能进行高度抽象思维的大脑；劳动创造了语言产生的社会条件，即人类社会。

语言是不断变化发展的。语言的变化与发展是由语言的社会属性所决定的，是由语言作为交际工具这一本质特征所决定的。语言对社会有着依存关系，社会生产力的发展，生产关系的改变，科学技术的发展，都要求语言不断地充实和改进，以适应人类交际的需要。认识的发展，是人的抽象思维能力的发展；而语言的发展，又是人类抽象思维发展的具体体现。

语言随着社会的发展而发展，社会的进步要求语言要不断地改进自己、丰富自己，这就是语言内部的变化，是语音、语法、词汇的发展和变化。如“您”这个代词，唐代以前是没有的。唐代时从“你”开始了“你们”的说法，当时写成“你”，但在口语上还读作“你们”[nǐmen]，在连续发音中念成了“您”[nín]的声音。宋元以后，就专用于单数第二人称，表示尊敬。在语法方面，例如，“五四”以后，汉语受了西方语法的影响，代词第三人称“他”“她”“它”分开使用；助词“的”“地”“得”分开使用。至于词汇方面，有大批新词语的产生和部分词语的消亡。

总之，关于语言的发展，我们既要看到社会发展是语言发展的基础，语言随着社会的发展而发展，两者关系密切；又要看到社会发展不等于语言的发展，两者虽然关系密切，但是语言的发展不等同于社会的发展，语言的发展还有自己的内部规律。

二、语言的表现形式

语言的表现很复杂，一般是按语言的载体划分，可以分为口头语言、书面语言、体态语言、实物语言等。

（一）口头语言

口头语言，也称口语，是人际交往中最直接、最普遍的一种表现形式。口头语言使用频率高，涉及范围广；既方便，又灵活。口头语言又可以分为单向式（独白式）和双向式（会话式）两种。

单向式口头语言是指一人讲，众人听，传播过程以说话人的单向性言语传递为主，如授课、演讲、报告、会议发言等。

单向式口头语言主要在主题具有大众性，目的具有确定性，信息的传递具有时限性，讲话具有明确的计划性和逻辑性，对听众施以动员、激励、感染等场合使用。

双向式口头语言主要是在双方面临某种共同的背景，但各自利益不同；或双方虽有共同利益，但互不清楚对方立场；或双方需联络感情，交流信息，促进沟通和理解等场合使用，如对话、商讨、谈判、电话、辩论等。

（二）书面语言

书面语言指的是用语言符号，即书写的字、词、句，组成有篇章结构的文章来表达。说话要受时间、空间的限制，而文章则可以传播和保存。在日常工作和生活中，记录、书信、写通知、条据一类的应用文比较简单，只要认识一两千字，具有一定的文字能力就可以办到；如果写调查报告、工作总结、司法或经济类文书等就比较复杂，也比较难；要写出能顺畅地叙事、说理、抒情或表达某种有独到见解的文章就更难了，它要求文字更加准确、周密，既要有很强的逻辑性，又要有相当的文采。

（三）体态语言

体态语言指的是用态势语言来表达的方式。这是通过人体器官的动作或某一部分形态的变化来进行思想和情感交流的一种语言表现方式，也就是利用人的姿态、表情来传递信息，其中包括人的眼神、手势、坐姿、站相、面部表情的变化等方面。它是人体的一种外观表现形式，具有完全的可见性。体态语言历史悠久，有些学者甚至认为它比有声语言的历史还要久远。口头语言或书面语言是用来传递信息、使思想成为真实的工具，体态语言是发挥自身对口头语言的补充辅助作用，使人们通过人体各部位的体态变化，将意思表达得更生动、更形象，更具有感染力。

（四）实物语言

实物语言是指用实在的物体来传递某种信息的表现方式，既包括与具体信息密切相关的空间或服饰，也包括人际送物送礼的行为。从远古时代开始，人类就广泛应用各类符号来作为交际工具——这里所说的符号，不限于文字，还有实物，如古代民族用贝壳或绳结来作交际工具，这在社会交际中就能够打破时空限制；又如用烽火狼烟作信号，来传递消息，其作用就同现代城市的防空警报器一样。历史发展到今天，这种实物表达的交际方式不仅没有消失，反而更有所扩展和丰富，如指挥交通的红绿灯以及更多的是在人际往来中通过赠送实物表达出来的含义，如慰问品、纪念品、馈赠品、抵押品，还有礼品、奖品、各类信物等。

三、语言在人际交往中的作用

什么是交际？交际就是人与人之间的往来接触。人们交际的目的，就是利用语言协调彼此的关系，沟通彼此的思想感情，交流经验和信息，以便互相了解，开展共同的活动，组织社会生产。

（一）人际交往的工具

随着社会的现代化人际间的横向联系大大加深；加之世界性的新技术革命日益广泛和深刻地影响着人类生活的方方面面，人们在组织社会生产和生活的过程中，在获得生存、享受和发展的需要过程中，普遍感到提高语言表达能力、加强人际交往的必要和紧迫。有效的语言表达，能更好地传播科学知识，交流社会信息，沟通思想感情，储存精神财富，促进社会发展。即使是一个品德高尚、学识渊博、技能超群的人，如果不善表达，说，词不达意，写，文不对题，也无法充分发挥自己的全部聪明才智。语言表达在社会交往中的应用几乎无所不在，大到国家间的外交谈判、国家领导人讲话、政府立法；小到个人交往、沟通思想、联络感情等，无不需要用语言准确、有效地表达。

（二）协调人际关系

词语的作用是用来传递信息、表达思想与体现个人的意愿。言辞智商较高的人，所选用的词语往往既有利于增进表达效果，又不至于造成交谈障碍，使谈话得到积极、肯定的反馈。巧妙用词，能让你避免在谈话中出现僵局和窘态。一个注重恰当选用词语的人，能创造融洽的气氛，以使谈话继续下去。

人际关系的本质是人与人之间因社会需要或利益驱动而结合成的关系。这种关系实际上是工作人员与相关的个体公众或因工作关系而结成的上下级之间的关系。靠什么去缔结这种关系呢？其中很重要的一点就是语言。语言在人际关系的形成中起着十分重要的作用，“一言可以结友，一语可能树敌”。因为“良言一句三冬暖”，自然会形成无形的凝聚力；“恶语伤人六月寒”，自然会形成强大的离心力。

语言，特别是艺术化的语言，不仅有助于缔结人际关系，而且有助于调和人际关系中的矛盾，减缓人际关系中的摩擦。

四、语言技巧在商务活动中的地位

第一，语言技巧，包括说的技巧、写的技巧以及身体语言的技巧等，即口头或书面表达中的叙述、描写、议论、说明、抒情等，相互依存，不可分割。但是，它不同于一般的表达方法，它是从表达方法中派生出来的，是表达方法的具体化。语言表达技巧与修辞方式十分相近，在许多情况下，两者为同一概念，但语言表达技巧不等于修辞方式，它是修辞方式的扩大与发展。修辞方式一般限于语句范围，而语言技巧却涉及整个表达内容。

第二，在商务活动中，正确地掌握语言技巧，可以沟通和加深与顾客之间的感情，达到销售目的。语言技巧是现代商业沟通中的重要工具。

在商务活动过程中，具体情况纷繁复杂，各种矛盾都会产生。商务人员的任务，就是运用商务语言技巧，热情、诚恳地向顾客宣传商品，传递商务信息，应对各种复杂情况，解决矛盾，为顾客服务好，满足顾客的需求，从而使顾客在心理上愿意接受商品。

第三，正确掌握和运用语言技巧，可以提高企业经济效益。实现最佳经济效益的途径是最大限度地销售商品。在这个过程中，语言技巧是促进销售的一个重要手段。古人对语言技巧的重要地位有过精辟的概括，如：“三寸之舌，强于百万之师”；“一言兴邦，一言丧邦”；商界也曾流传着这样的说法：“一句话生意兴隆，一句话买卖难成，”可见商务语言技巧的重要性。

第四，正确掌握和运用商务语言可以树立良好的企业形象。商业企业也是精神文明的窗口，它的形象如何，反映着整个社会和民族的文化水准。

从以上可见语言技巧在商务活动中的重要地位。

任务二　语言的本质

任务驱动

讨论：语言的本质是什么？谈谈语言与思维的关系。

必备知识

自从有了人类社会，就有了语言。但是，语言是什么？语言的本质是什么？多年来，语言学界有过种种不同的看法。概括起来，其主要有以下几种。

一、语言是一种社会现象

首先，语言从本质上说是社会性的。所谓社会，指的是由一定的经济基础和上层建筑构成的整体，也叫社会形态。语言是人类社会的一种产物，是人类特有的财富。社会以外无所谓语言。语言是在人类的劳动过程中，由社会的交际需要而产生的，是与人类社会、人的抽象思维同时产生的。语言与社会自始至终紧密地联系在一起。根据科学资料证明，现在世界上已查明有5 651种语言。它们都与自己的社会紧密相连，都有自己的来源和形成历史。

其次，语言是社会现象。宇宙里的万物按其性质划分，可分两大类：自然现象和社会现象。自然现象是有人类社会以前就存在的现象，它不依靠社会而独自产生、存在、发展和消亡，如太阳和月亮。社会现象是依赖社会存在的，它随着社会的产生而产生，随着社会的发展而发展。语言是社会现象，这是由于语言与社会相互依存，语言中的语音和语义的结构是社会所决定的。在社会中，人与人之间要发生不可避免的联系，这就需要语言作为共同使用的交流思想的工具。

最后，语言是由具体的个人实现的，但语言不是个人现象，因为如果地球上只有一个人，是用不着说话的。语言的交际只能在社会集体中进行，如果没有社会集体，也就不需要交际工具了。此外，人只有在社会中才能学会说话，离开社会集体，是学不会说话的。人说哪一种语言也是社会所决定的，他要使用自己所处的社会集体所用的语言。由此可见，语言客观地存在于社会之中，具体地表现在每个社会成员的交际行为上。

二、语言是交际工具

列宁说："语言是人类最重要的交际工具。"① 人类祖先为了获得社会有益的成功，只有依靠集体。是集体增加了他们的力量，是集体需要交往的工具——语言。

人类的产生就是交往（交际）的开始。人群与猿群的基本区别之一就在于：人群意

---

① 列宁：《论民族自决权》，《列宁全集》，第20卷，人民出版社1958年版，第396页。

味着交往，而交往的纽带主要是语言。语言是人类社会所独有的交际工具，是人类的专利品，也是使人类社会从动物界划分出来的重要标志。在自然界里，没有任何一种动物像人类一样能说话。鹦鹉、八哥虽然能发出某些同人类语言相似的声音，那只不过是一种消极的模仿，而绝不是人类专有的有声语言。因为鹦鹉、八哥不知道为什么要发出这样的声音，也不知道那些声音代表何种意思。可见，语言产生于交往，又服务于交往，交往的职能像一条红线，贯穿在语言活动的始终。如果没有交际工具——语言，人群之间的交往就成为不可能，人们的社会生活也就不可能。现代社会的销售工作如果离开语言这个交际工具，将寸步难行。

三、语言是思维工具

人类的精神活动是借助语言进行的。语言同人类精神活动的联系，体现为思维的职能。思维是人脑对客观事物的概括和间接的反映，它反映事物的本质和规律。这种反映是通过概念、判断和推理来实现的。依据不同的标准，思维可分为不同的类型，我们通常所说的思维，一般是指抽象思维。

（一）语言与思维的关系

思维是人的大脑对现实的抽象反映活动。首先，它必须用词和句来进行。没有词和句子，人类的抽象思维不可能进行。因为精神活动必须用物质的东西作手段。其次，思维活动的成果必须用语言表达出来，使交流思想成为可能。语言在思维过程中的第三个职能是使听者和读者产生与思维者同样的思想。语言形成思想，表达思想，使听者或读者产生共同的思想，是语言在思维过程中的三个职能。总之，语言是思维工具，人们用语言进行思维，思维在语言材料的基础上进行。如果没有语言，思维活动就不能进行。思维活动的成果——思想，一定得用语言表达出来。

（二）语言与思维相互依存

一方面，语言是思维的工具，思维不能脱离语言；另一方面，语言也离不开思维。语言是交流思想的工具，是思维的工具。如果没有思维活动，没有思想，那么，语言作为交流思想的工具和思维工具，也就没有存在的必要。

语言与思维的发展程度是一致的。语言和思维随着社会的产生而产生，随着社会的发展而发展。

任务三 礼仪在人际交往中的作用

任务驱动

讨论：谈一谈礼貌、礼节、礼仪的关系。

你在生活中掌握了哪些礼节，结合实际谈一谈礼仪在商务活动中的作用。

提示：“礼”即礼貌，礼节“仪”即仪表、仪态、仪式、仪容。
“礼仪”一词源于法语的Etquette（通行证），意即人际交往的通行证。

必备知识

一、礼仪的起源与发展

中国是世界公认的文明古国之一，也是人类文明的发源地之一。中国自古以来就崇尚礼仪，而且素有“礼仪之邦”的美称。那么，礼仪究竟起源于何时？人们一直都在进行种种论述和探讨。

（一）礼仪的起源

社交礼仪起源于原始社会和奴隶社会时期。归纳起来，大体有五种礼仪起源说：一是天神生礼仪；二是礼为天地人的统一体；三是礼产生于人的自然本性；四是礼为人性和环境矛盾的产物；五是礼生于理，起于俗。

1. 天神生礼说

天神生礼说是人们还没有认识到礼仪的真正起源时的一种信仰说教，是神崇拜的反映，代表了人类图腾崇拜时期对原始礼仪的一种认识。《左传》有言：“礼以顺天，天之道也。”意思说，礼是用来顺乎天意的，而顺乎天意的礼就合乎“天道”。“天神生礼说”虽然不科学，但反映了礼仪起源的某些历史现象。

2. 礼是天地人统一的体现说

礼是天地人统一的体现说是春秋以后兴起的一股思潮。它认为，天地与人既有制约关系和统一性，又具有高于人事的主宰性。把礼引进人际关系中来讨论，比单纯的“天神生礼说”有了很大进步，但仍没有摆脱原始信仰，所以仍是不科学的。

3. 礼起源于人性说

礼起源于人性说是儒家的创见，儒家学派把礼和人性结合起来，以为礼起源于人的天性。孔子以仁释礼，一方面把“礼”作为处理人际关系的总则；另一方面把“仁”当作“礼”的心理依据。克己以爱人，就是“仁”；用仁爱之心正确而恰当地处理好人际关系，就是“礼”。

4. 礼是人性和环境矛盾的产物

礼是人性和环境矛盾的产物这一学说的目的，在于解决人和环境的矛盾。孔子“克己复礼”的观点，就是看到了人和环境的矛盾，而解决这种矛盾的方法是“克己”。人的好恶欲望如不加以节制，什么坏事都干得出来，于是圣人制礼，节制贪欲。

5. 礼生于理，起于俗说

礼生于理，起于俗说是对礼仪起源的更深入的探讨。理，是指事物的必然性的道理。人们为了正常生存和发展，根据面临的生存条件，制定出合乎人类生存发展必然性和道理的行为规范，就是“礼”。“礼”是理性认识的结果。事物的礼落到实处，使之与世故习俗相关，所以又有了礼起源于俗的说法。荀子说：“礼以顺民心为本……顺人心者皆礼也。”从理和俗上说明礼的起源。

根据上述种种说法，可以认为，“礼”先于“仪”，有了“礼”这个道德规范，才用“仪”这种形式去表现。“礼”与“仪”常常密不可分。礼仪与部落群居的形成过程同步产生，并随着社会组成形式和国家制度的变化而变化，随着人类社会生活的发展而逐步完善起来。

（二）礼仪的发展

我国礼仪的发展大体可以划分为以下四个阶段：

1. 礼仪形成阶段（约公元前21世纪至公元前771年）

礼仪形成阶段主要是指夏商周时期。从史料上看，夏代已开始制礼，商代礼仪已渗透到社会生活中的各个方面。记载周代礼仪的书籍“三礼”的出现，标志着《周礼》已经达到了系统完备阶段。在这一时期，礼仪的特征已从单纯祭祀天地、鬼神、祖先的形式，跨入了全面制约人们行为的阶段。在这一阶段中，礼的内容主要体现在《周礼》中的“王礼”部分。所谓“王礼”，就是分别用于祭祀、冠婚、宾客、军旅和丧葬的“吉礼”“嘉礼”“宾礼”“军礼”和“凶礼”。这是对我国古代礼仪的总结汇编。这些礼仪内容，对后世人们的行为规范、人际交往以及社会公德的形成，都产生了极大的影响。

2. 封建礼仪阶段（公元前771年至1911年）

封建礼仪阶段主要是指从儒学的产生，到以儒学为基础的封建礼仪形成、强化和衰落时期，以孔子为祖师的儒家学派逐步形成。这一时期，礼仪成为儒家学派的核心——“礼教”，“非礼勿视，非礼勿听，非礼勿言，非礼勿动”。礼教文化是这个时期“礼”的核心和基本内容。

3. 近代礼仪阶段（1911年至1949年）

辛亥革命的胜利，结束了统治中国两千多年的封建专制制度。新的礼仪礼俗也随之出现。这一时期的礼仪，体现了近代自由、平等的原则，因此，资产阶级的平等思想、文化习俗和审美观点开始渗透到社会生活中的各个方面，冲击了森严的封建意识和等级观念，对当今中国社交礼仪产生了重大影响。

4. 当代礼仪阶段（1949年以来）

中华人民共和国成立后，新型的社会关系和人际关系的确立，标志着我国礼仪进入了一个新的历史时期。这一时期，确立了同志式的合作互助关系和男女平等的新型社会关系，同时尊老爱幼、讲究信义、以诚待人、先人后己、礼尚往来等中国传统礼仪中的精华也得到继承和发扬。

改革开放以来，随着国际交往日益频繁，我国又借鉴了国际上一些通行的礼仪规则和惯例，融入我国当代礼仪部分。为我国的社会主义现代化建设服务。

（三）礼仪的概念

“礼仪”是“礼”和“仪”两个词的合成词，而组成这个词组的两个词的含义又非常丰富。要真正理解现代礼仪的概念，首先要弄清“礼”的含义。

1.“礼”的含义

“礼”的含义主要有四项：

（1）礼物，如送礼、礼品。

（2）表示敬意的通称，如敬礼、礼貌。

（3）为表示敬意或表示隆重而举行的仪式，如婚礼、丧礼、典礼。

（4）泛指社会生活中的某种社会规范和道德规范，如“齐之以礼”；朱熹语曰：“礼，谓制度品节也。”

2.“仪”的含义

“仪”的含义主要有四项：

（1）指人的外表，如仪表、仪态。

（2）指形式、仪式，如仪式、司仪。

（3）指典范、表率，如“上者，下之仪也”，礼仪小姐。

（4）指礼物，如贺仪、谢仪。

“礼仪”一词，在《诗经》和《礼记》中早已出现，只是当时表现出的含义比较狭窄，与我们今天对礼仪概念的理解有很大不同。

那么，礼仪的概念是什么呢？礼仪是人们在社交活动中形成的，为表示尊重、敬意、友好而共同遵循的行为准则和规范。

二、礼仪在人际交往中的作用

第一，社交礼仪是道德的示范，它因代表着社会道德观念而存在，是作为一种社会行为的标准和规范而出现的。这种标准，规范、制约着社会生活秩序，推动人们沿袭着“礼”的规范生活，用以培养人们的善恶标准和美的心灵。同样，社交礼仪也要求人们将自己的行动纳入规范，将自己的本性纳入规矩，加以约束，时时用道德的力量支配自己的行动。注重社交礼仪是社会文明进步的标志，维护着人的尊严和社会道德面貌。

第二，社交礼仪在人际交往中有协调作用。今天的社交礼仪所表示的意义主要是尊重，尊重可以使对方在心理需要上感到满足，产生好感和信任。按照社交礼仪规范去做，有助于加强交际双方互相尊重、坦诚相待的良好关系，缓解或避免某些不必要的情感对立与障碍。

社交礼仪规范是社会生活中的润滑剂、调节器，是协调交际关系的纽带和桥梁。人与人之间的相互理解、信任、关心和友爱，会营造良好的社会气氛，使每个人健康、合理的心理需求得到程度不同的满足，从而产生开朗、乐观的情绪，对生活更加热爱，并使整个社会保持一种稳定、融洽的秩序。通过完备的社交礼仪，在一个社会组织中可以与各种人沟通培养感情，协调好上下左右、里里外外的关系，使误会、摩擦消除，减少矛盾，化干戈为玉帛。

第三，社交礼仪的实施可以促进社会精神文明建设，净化人的心灵，陶冶人的情操，提高人的品行，客观上也起着榜样作用和教育作用，无声地影响着周围的人。在对外交往中，注重礼仪可以展示中国人民的精神风貌，增强民族自尊、自信、自强的精神，加深与世界各国人民的友谊和交流，提高我国的国际地位和威望，使中华民族的优秀文化传统得以弘扬，使中国以泱泱大国之风自立于世界民族之林。

第四，礼仪的核心内容是尊重、友善，离开这一点，人际交往无法进行下去。

三、礼仪在商务活动中的作用

微课：礼仪在商务活动中的作用

（一）商务活动中礼仪的规范作用

改革开放以来，在市场经济的作用下，商业、服务业发展迅速，形成了市场繁荣、竞争激烈的局面。掌握、运用好经营业务中的礼仪，成为竞争取胜的一项重要措施。

商务活动中的礼仪，能以规范的行为举止礼貌地对待顾客，主动地同顾客接触，以诚实自信、热情开朗的态度接待顾客，以端庄的容姿、得体的服饰、稳重的举止和成熟的风度来吸引顾客。通过礼仪，使你的行为举止优美得体。这样就可以展示个人健康的身体、健康的心理和健全的人格，反映个人的修养水平、受教育程度和可信程度，在人际关系中塑造良好的个人形象。通过个人的优美举止，反映本单位的形象，增进社会对本单位的信任和支持，为本单位创造快速发展的社会环境。个人优美的举止，可以满足人们的审美快感，创造和谐、高雅的气氛，调节人际关系，增进合作和友谊。

（二）商务活动中礼仪的修饰作用

商务活动中的礼仪修饰，主要是指个人仪表的修饰，即个人形象的设计，是对人的外在形象进行整体设计，包括从静态着眼的修饰和从动态着眼的仪态。仪表，是人的外在表象，由容貌、发型、服饰等构成。它反映着一个人的精神状态和礼仪素养，因此仪表的修饰作用在商务活动中尤为重要。

天生丽质、风仪秀整的人毕竟是少数，然而我们可以靠化妆修正、发式造型、着装佩饰等后来的修饰手段，弥补和掩盖容貌、形体等方面的不足之处，并在视觉上把自身比较美的部分展露、衬托和强调出来，使形象得以美化。

面部的某些缺陷经装饰可以减弱或掩盖，如雀斑可通过颊红及重底色遮掩；腿形粗短或萝卜腿可穿长裙“藏拙”；而优美修长的双腿可穿短裙或超短裙使之得以充分体现。

仪表修饰，不光能掩瑕扬瑜、美化形象，还能通过讲究仪表所折射出的精神状态和礼仪修养，更深层次地美化形象。修饰仪表，体现了一个人的自尊、自爱及对社会和他人的尊重。

仪表修饰，作为一种非语言行为，对人的影响力绝不亚于语言，甚至在某种程度上超过语言。它作为一种印象整饰的手段，帮助人们从外观上静态地塑造所期望的形象。这样，能使和你打交道的人首先在心理上认可你的身份和角色，产生一种与期望相符的安全感和信任感，从而有利于双方在某一目标中尽快地达成互相沟通与合作。

通过仪表修饰，不但影响人们办事的效果、社交的成功、事业的顺达等许多方面，还控制和左右着周围人的态度。“以貌取人”是不足取的，但是实实在在地存在着，并且相当普遍。人们在较短时间内判断一个人，靠的既不是背景材料，也不是时间的考验，而是强烈的“第一印象”。短暂的人际接触有时会决定你某项事业或某种行为的成功与否，这种无声语言不可忽视。

可见，借助仪表修饰，既可美化形象，增强人际吸引，又可以塑造形象，优化你的

"第一印象"，使你得到人们的重视和尊敬、生意的兴隆和发达、事业的顺畅和成功。

相关链接

无论是在你的职业生涯、个人生活中，还是恋情中，你给人的第一印象无疑是非常重要的。第一印象甚至会影响到别人对你的认知程度，通俗来说就是你在一个特定的情境中会带来多少影响力。既然第一印象在社会生活中是如此的重要和有趣，那你知道这其中的科学道理吗？接下来让我一一为你解释。

专家们把它叫作"薄片撷取"

人类大脑有着一项特殊的技能，就是即使基于极少的信息也能作出迅速的判断，这就叫作"薄片撷取"。薄片撷取可不是一个外来的礼物，这是人类与生俱来的能力。

信任就取决于那0.1秒

根据一项研究显示，人们判断你是否可信其实就在那0.1秒。也就是说，当你第一次遇见某个人的时候，即使你还没有开口说话或者握手之前，对方就已经开始对你的可信任度产生评价了。

握手的方式蕴藏的信息量很大

一个友好的握手能帮助你建立一个积极的第一印象，特别是在商业交流中，这是因为握手能让你看起来平易近人，握手在人类与他人交往交流中起着重要作用。

改变第一印象虽然很困难，但并不是不可能

最新的研究结果显示，虽然改变你给人留下的第一印象很困难，但是不要放弃，还是有机会去改变的。接下来就告诉你如何去做。假设你在一次商业活动上遇见了一位名叫萨拉的女性，当你第一次遇见她时，她看上去很高冷而且很不友好。当你下一次遇到她时，你的大脑会自动调出之前对她的印象，但如果这一次萨拉表现得热情又开朗呢？你的大脑还是会记录着第一次遇见她时记下的"标签"，但是你对她的印象会渐渐地产生改观，你现在会这样想："萨拉是个不近人情的女生，但是仅限于工作中，她下班之后还是很友好的。"换句话来说，你对萨拉"很不友好"这个第一印象的标签会一直跟随你，但是你的大脑会渐渐接受与这些标签不相符的萨拉表现中的"例外"。随着时间的流逝，这些越来越多的"例外"有可能会取代第一印象，但是要达到这一效果你得费很大劲了。

时尚会影响是否你能建立良好形象

根据多项研究显示，你穿衣打扮的风格或多或少会影响到你是否能成功建立良好的第一印象。一项研究结果表明，比起那些衣着随便的男士，衣着讲究的男士更会赚钱，在单位中职位也晋升得更快。不仅如此，一项独立的研究结果显示，穿着经过精心定制裁剪的成套西装的男士，和穿现成的直接售卖的西装的男士，前者显得更聪明，而且更会挣钱。

正如你所见，关于第一印象有很多科学知识，人类的大脑就在那一两秒钟的时间里就会对一个人产生评价。记住这些小贴士，你或许可以改变别人对你的看法。

（资料来源：https：//www.renrendoc.com/paper/128268389.html。）

（三）商务活动中礼仪塑造形象的作用

良好的礼仪可以塑造个人形象。当一个人所在的组织已被人知时，其个人形象便不仅仅属于自己，还代表组织形象。通过建立个人形象进而建立一个组织的形象。

在商务活动中，礼仪塑造形象的作用主要体现在个人形象和企业形象两个方面。

就个人角度而言，掌握必需的商务礼仪有助于提高一个人的自身修养和个人形象，有效促进社会交往，建立和改善人际关系，有助于净化社会风气。从企业的角度来看，掌握必要的商务礼仪不仅能够塑造企业形象，提高顾客满意度和美誉度，还能最终达到提升企业的经济效益和社会效益的目的。商务礼仪对于人际关系来说，就像一剂“润滑剂”，能够有效地减少摩擦、避免冲突的产生。它充分体现了人与人的互相尊重，平等的交流，增强人与人之间的好感，拉近彼此之间的距离，促进双方交流，对商务活动的成功起着重要作用。良好的礼仪体现的是一种优秀的企业文化，对于树立企业良好的服务形象具有非常重要的作用。良好的礼仪品质不仅在人与人、企业与企业之间的交往中起重要的作用，在国家与国家交往的同时，更是体现了一个民族的优秀品质。

学习并正确地运用商务礼仪，既是一个人内在修养和素质的外在表现，又是人际交往中适用的一种艺术，是人际交往中约定俗成地示人以尊重、友好的习惯做法。在人际交往中进行相互沟通就必须要掌握商务礼仪的技巧。

相关链接

人际交往，按时间顺序可分为四个发展阶段（即将人的形象分为四个层面，见图 1－1）。人际交往的第一阶段为“六秒钟震撼”，即六秒钟内一个人会在交往对象的心目中留下非常强烈的第一印象，形成心理学上所说的“首因效应”。它往往来自

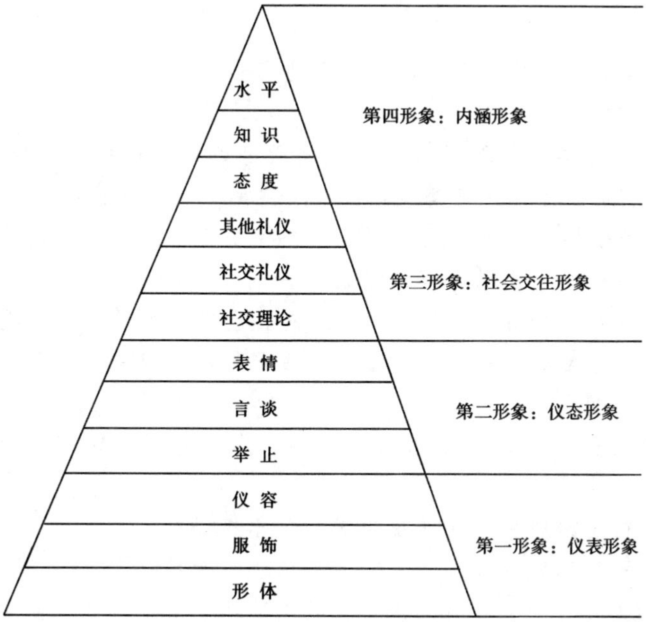

图 1－1　礼仪形象层次图

于人的仪表。其中，人的形体、服饰和仪容在这一阶段是树立形象的关键因素，是人的第一形象的展现。随着双方交往的深入，人的注意力会发生转移，人际交往活动进入第二阶段，人的第二形象开始展现。它主要来自于人的仪态，举止言谈和表情在这一阶段是树立形象的关键要素。随着双方就有关问题进一步探讨、交往，会涉及人际交往的一些规则和规范，人际交往活动进入第三阶段，即人的第三形象开始展现出来。它主要来自于一个人对礼仪知识和社会交往规则的了解和运用程度。这三个层面形象的共同之处在于它们均属于人的外在形象，只要一个人有意识地练习和准备，就可以迅速地改善人际关系，在短期内建立起良好的个人形象。但要长久的形象就非一日之功，需要付出一定的勤奋和努力，才能进入人际交往活动的第四阶段，即一个人的态度、知识和水平。

训练设计

一、思考题

1. 为什么说语言是人类最重要的交际工具？
2. 思维为什么离不开语言？
3. 现代礼仪是怎样形成和发展起来的？
4. 礼仪在人际交往中有什么作用？
5. 为什么说礼仪在商务活动中有规范、修饰作用？
6. 什么是礼仪？它有何特征？

二、技能训练

举例说明学习与掌握礼仪的重要意义，并进行讨论。

三、案例分析

1. 张颖被一所中专学校录取了。开学第一天，她见到许多新同学，心里很紧张。本来她是一个很懂礼貌的孩子，可是当同学互相介绍认识时，她走上讲台忘了鞠躬；看到别的同学伸出的手，她很拘谨，不知握手好还是不握手好，最后只是轻轻碰了一下；在自我介绍时，她紧张得不敢抬头正视大家，只说了一句“我叫张颖”，就慌乱地回到座位上，结果碰倒了椅子，引得同学们笑了起来。张颖对自己失望极了，心想我只要学习好、成绩好就行了，与人打交道太累，一个人活着、一辈子与人不相往来才好。

问题：

（1）张颖的紧张和慌乱是什么原因造成的？你作为新生时有没有和她类似的经历？后来怎么样了？

（2）你现在懂得了哪些礼节？能说出来或做出来吗？

（3）人的一辈子真能做到与人老死不相往来吗？为什么？

（4）人际关系能力对一个人有何含义？只要聪明、智商高就一定会有成就吗？

2. 一次招待会上，服务员倒酒时不小心将啤酒洒到一位宾客的秃头上。服务员吓得脸都变了色，全场人都手足无措、目瞪口呆。没想到这位客人却诙谐地说：“老弟，你以为这种酒能治疗脱发吗?”在场的人闻声大笑，尴尬局面一下子被打破了。

问题：请分析“客人”的语言表达风格。

项目一参考答案

项目二 语言艺术及其表现

项目二 PPT

学习目标

通过本章的学习，了解语言艺术的含义、语言艺术的基本要求，掌握语言艺术的表现形式。

导读案例

习近平总书记善于用古今中外的优秀文化元素广征博引、纵横捭阖，古为今用、洋为中用，他山之石为我所用，特别是对于古今中外一些经典古诗词的运用堪称驾轻就熟、画龙点睛。他用著名学者王国维关于治学的三种境界来论述理论学习要有“望尽天涯路”的追求，有耐得住“昨夜西风凋碧树”的清冷和“独上高楼”的寂寞；也要有“衣带渐宽终不悔”“人憔悴”的心甘情愿；更要有“众里寻他千百度”，最后在“灯火阑珊处”去领悟真谛。这种语言比一般地提学习要求更妙趣横生、意味深长。

习近平总书记常常用诗一般的语言抒发内心汹涌澎湃的家国情怀，他号召“生活在我们伟大祖国和伟大时代的中国人民，共同享有人生出彩的机会，共同享有梦想成真的机会，共同享有同祖国和时代一起成长与进步的机会，有梦想，有机会，有奋斗，一切美好的东西都能够创造出来”。

任务一　语言艺术

任务驱动

讨论： 举例说明怎样才能做到语言的准确、生动、规范。谈一谈你在驾驭语言的能力方面有哪些缺憾，如何提高？

提示： 有意识、有目的地培养训练自己的说话兴趣，培养叙述能力、说明能力、议论能力，培养运用语言的能力。

微课：商务谈判中如何运用语言艺术

必备知识

一、语言艺术的含义

任何交际都要借助语言进行，只有具备了准确、生动、规范的基本语言能力才能实现交际目的。

所谓语言艺术，就是运用语言的方法和技巧，在准确、鲜明、生动地表达自己的思想感情时，对所使用的语言材料进行选择、提炼和加工，使之具有美感作用。

语言的方法和技巧包括很多内容，这里仅就准确、生动、规范而言。

语言艺术的关键是准确、生动、规范。要想熟练地驾驭语言，必须做到准确、生动、规范。

（一）语言的准确性是语言艺术的基础

没有语言的准确性，就谈不上语言的艺术性。准确性是指行为主体在运用相应的话语表达自己的思想、情感、意愿等主观内容的时候客观、严谨，即能够恰如其分地、如实地传达自己所欲传达的特定信息，语义不能失真，语意不能走样，不能误导对方，要在话语的“外壳”与内涵上，与自己的内心所思所想、内在意图意念完全相吻合。否则，尽管明明白白，对方也知其所云，但他所接收的信息，却不是或不完全是属于信息发送者的，误解之余，其所作出的反馈也必然会错位。只有使自己的话说得清楚明白，中心突出，才能与他人进行正常的交流。

语言准确性的关键，是用词的准确性。汉语向来被认为是丰富多彩的，丰富的词汇为说话者提供了宽阔的选择余地，但选择最准确的词语用于表达，却是一个最基本的功夫。

首先，用词要准确，就是用词要合适、贴切，如实地反映客观事物、表达思想。不追求华丽的辞藻，不脱离实际、夸大其词，朴素、确切的语言，更能打动人心。请看下面的例子：鲁迅曾为自己主编的《乌合丛书》写过一则广告，内容如下：大志向是丝毫也没有。所愿的无非一、在自己，是希望那印成的从速卖完，可以收回钱，再印第二种；二、对于读者，是希望看了之后，不至于以为太受欺骗了。在这里，鲁迅没有说“内容广博”“文笔精华”“饮誉中外”之类的话，而是说实实在在的老实话，用词贴切，读了会令人感觉踏实，使人相信。

其次，要做到语言的准确性，还应当注意避免使用有歧义的句子。比如，某人赴宴迟到，入座时一眼见到桌上摆着一盘烤乳猪，高兴地说：“还算好，我坐在乳猪的旁边。”身边胖女士怒目相视，他忙赔笑说：“对不起，我是说那只烧好了的。”其结果可想而知。这句话可以这样理解，也可以那样理解。在这种情况下，就要讲清词义，否则就会造成错觉或误解。

再如，清人李伯元在《南亭笔记》中记载：咸丰八年，考官柏葰犯罪，内阁某大臣拟旨，其中有“法无可恕，情有可原”一句，意欲减轻他的罪责。肃顺与柏葰不和，竟将词颠倒为“情有可原，法无可恕”。不当杀的柏葰，竟被肃顺舞文挟嫌致死。汉语的构词法，极为灵活，有时颠倒词句的秩序，或者更换词素，意思就完全相反，这个例子就是。所以我们在用词时一定要掌握用词造句的分寸。

（二）语言要生动

语言的生动与形象是联系在一起的，只有生动形象的语言，才能吸引对方的注意力，传达出强烈的感情色彩，给人以感染和启迪。

怎样做到语言生动呢？

第一，运用形象的语言，恰当地运用修辞方法。

例如，毛泽东同志在1927年大革命失败以后，批判悲观论调时，高瞻远瞩，英明预见革命高潮快要到来。毛主席充满了革命必胜的信念，对革命高潮快要到来的“快要”二字做了这样的描绘：

“它是站在海岸遥望海中已经看得见桅杆尖头了的一只航船，它是立于高山之巅，远看东方已见光芒四射喷薄欲出的一轮朝日，它是躁动于母腹中快要成熟了的一个婴儿。”①

毛泽东同志用了极富感染力的形象语言，利用排比、比喻，说明了一种深刻的理论，使革命者深受教育。

第二，运用群众的口语。群众的口语是千百万人在社会生活实践中创造出来的，它生动活泼，大家都愿意听，也很有说服力。

在《反对党八股》一文中，毛泽东同志用了许多群众的口语，来说服干部反对党八股：

“我们有些同志喜欢写长文章，但是没有什么内容，真是‘懒婆娘的裹脚，又长又臭’。为什么一定要写得那么长，又那么空空洞洞的呢？只有一种解释，就是下决心不要群众看。因为长而且空，群众见了就摇头，哪里还肯看下去呢？只好去欺负幼稚的人，在他们中间散布坏影响，造成坏习惯。上海人叫小瘪三的那批角色，也很像我们的党八股，干瘪得很，样子十分难看。”②

毛泽东同志在这里用的词语，如“懒婆娘的裹脚，又长又臭”“群众见了就摇头”“只好去欺负幼稚的人”“干瘪得很”，等等，难道不是很生动吗？他在延安干部会上的这个讲话，曾引起阵阵的笑声。这样生动而又幽默的语言，既具有深刻的教育意义，又使人回味无穷。

第三，同样的意思，可以有不同的表达方式。而不同的表达方式则会造成不同的语气，具有不同的感情色彩。

例如：（1）困难吓不倒我们。

（2）困难不能把我们吓倒。

（3）难道困难会把我们吓倒？

（4）我们不会被困难吓倒。

（5）难道我们会被困难吓倒吗？

这五个句子表达了一个相同的意思，但表达方式各不相同，也就具有了不同的感情色

---

① 毛泽东：《星星之火，可以燎原》，《毛泽东选集》，人民出版社1971年版，第103页。

② 《毛泽东选集》，人民出版社1971年版，第791～794页。

彩。(1)、(2)、(3) 突出的是“困难”二字，在语气上一个比一个强。(4)、(5) 突出的是“我们”，把“我们”不怕困难的精神突出了出来。

(三) 语言要规范

如果说语言的准确性、生动性是就语言的内容而言，那么，语言的规范性则是对其外在形式的要求。

语言的规范性在书写上要求不使用繁体字，少使用生僻字；在日常交际中，则要求使用民族共同语，讲普通话，不说或少说方言土语。

所谓民族共同语，是指一个社会的全体成员通用的语言。方言则是局部地区的人所用的语言。方言在共同语形成以前，是共同语形成的基础；在共同语形成之后，是共同语的分支和变体。我国由于地域辽阔，民族众多，使现代汉语形成了七大方言，即北方方言、吴方言、湘方言、赣方言、客家方言、闽方言、粤方言。

中华人民共和国成立以后，为了促进经济文化的发展，中国科学院于 1955 年召开了现代汉语民族规范问题学术会议。经国务院批准，确定现代汉民族的共同语是以北京语音为标准音、以北方话为基础方言、以典范的现代汉语白话作为语法规范的普通话。

语言的规范，还包括三点。一是对题。说要对题，写要对题。对正题义说写，才能使内容明确、紧凑、清晰，决不可“离题”“偏题”。二是合体。即保其体裁，不能把说明文写成议论文。三是表达的语句通顺，合乎事理逻辑。文章的字、词、句、篇、标点使用合理。

准确、生动、规范这三方面虽然有着不同的要求，但是它们经常是统一在具体的语句中，浑然一体，充分表现了汉语的艺术性。

二、语言选择表达方式的依据

语言艺术既然是运用语言的方法和技巧，那么，如何运用这些方法、使用这些技巧，就有文章可作。因此，我们要学习正确、贴切的表达方式。但是，表达方式的选择又受到多种因素的制约，表达方式的选择和运用，要因人、因事、因时、因地而定，要考虑到语言表达的对象、环境和性质。

(一) 语言的对象

语言的对象问题是表达要看清对象，再确定表达的目的、要求和范围。毛泽东同志在《反对党八股》一文中说过：“射箭要看靶子，弹琴要看听众，写文章做演说就可以不看读者不看听众吗？我们无论和什么人做朋友，如果不懂彼此的心，不知道彼此心里想些什么，对于自己的宣传对象没有调查，没有研究，没有分析，乱讲一顿，是万万不行的。”[①] 讲话、写文章就是做宣传工作，事先一定要了解宣传对象的情况，加以分析研究，然后决定讲什么、写什么、怎么讲、怎么写，才能做到有的放矢。

由于民族、地域、性别、年龄、职业、文化、修养、阅历、性格等方面存在着差异，

---

① 《毛泽东选集》，人民出版社 1971 年版，第 791 ~ 794 页。

因而对语言发送者的言辞表达就会产生不同的认识和理解。在这里，检验语言发送者表达效果的是他的接受对象。因此，对发送者来说，要想使自己的言辞表达收到效果，就必须区分语言对象。

（二）语言对象的素质

所谓素质，是指语言对象的思想水平、文化水平、性格特征、生活阅历、职业特点等。根据对象的素质，有效地选择相应的表达方式，才可能使语言表达的双方言者及意、听者入耳。与知识分子交谈，不妨言辞文雅；而与老农交谈，则应尽可能地朴实无华，用最浅显的语言来表达你的意思。如果你的语言里含有过多的书面词汇或专业术语，那么有可能使没有多少文化、不懂科学知识的老农不知所云。

著名作家丁玲有一部反映中华人民共和国建立前解放区土改斗争的长篇小说《太阳照在桑干河上》。其中有一个土改工作组长叫文采。此人嗓音清亮，平日谈笑风生，做过大学教授，学识很渊博，应当说是一个演讲的好手。他到暖水屯后，决定对村民作一次演讲，以发动他们积极投入土改斗争。盼望已久的农民们都想好好听听工作组长对大家都不熟悉的土改究竟是个什么说法，很早就挤满了小学教堂。见听众热情，文采兴致也很高，便拉开嗓门滔滔不绝地讲了起来，从古到今，从国内到国外，口若悬河。自掌灯开始，迄雄鸡三唱，还意犹未尽。下面的听众呢？大多数都东倒西歪地睡着了。要不是大门口有民兵持枪守候，恐怕早已逃得一干二净。有个干部悄悄地提醒文采："天快亮了，群众还得下地干活。"他这才带着遗憾，宣布散会。嘴里还不断沾沾自喜曰："详尽透辟。"这一整夜，工作组长到底讲了些啥？谁也说不出。有人总算还记得一句："猴子会变人！"自然，发动群众的愿望完全落空了。

看似演讲高手的文采，为什么演讲会失败？原因就在他不区分对象、不看对象的素质而盲目表达。

相关链接

中国的《罗密欧与朱丽叶》

周恩来总理思想深邃、视野开阔、知识渊博，又有极高的语言天赋，这使他在语言表达上得心应手、挥洒自如、出口成章、妙语连珠。一句原本很平淡的话，经过周恩来总理睿智的再造，就如同画龙点睛一般，立时会产生与众不同的神奇效果。

1954年4月，周恩来总理率领中国代表团出席日内瓦会议。这是中华人民共和国成立后首次在重大国际舞台上亮相，受到各国关注。会议期间，周恩来要工作人员举行电影招待会，放映国庆纪录片，让外国记者了解新中国的变化。纪录片放映后，周恩来听取汇报：外国记者普遍反响热烈，但是有一个美国记者说，中国阅兵在搞军国主义。周恩来对工作人员说，再给他们放映一部《梁祝哀史》。

《梁祝哀史》是根据越剧《梁山伯与祝英台》拍摄的彩色戏曲片。为了让外国记者看懂，工作人员准备将剧情介绍和主要唱段译成十五六页的外文说明书，剧名译成《梁与祝的悲剧》。周恩来听取了工作人员准备放映新片的汇报后说，十几页的说明书是不会有人看的。他当即出了一个主意，只在请柬上写一句话："请你欣赏一部彩色歌剧电影——中国的《罗密欧与朱丽叶》。”放映前用英语作3分钟的说明，概括地介绍一下剧情，用词要有点诗意，带点悲剧气氛，把观众的思路引入电影。这样试试，我保证不会失败。

影片放映那天，大厅内座无虚席。感人的故事、优美的唱腔，250多名外国记者看得如醉如痴。影片结束后，放映厅里爆发出热烈的掌声。外国记者纷纷赞叹，这部影片太美了，比莎士比亚的《罗密欧与朱丽叶》更感人。

（资料来源：https：//baijiahao. baidu. com/s?id = 1691085168947185416&wfr = spider&for = pc。）

（三）语言表达的环境

所谓环境，是指环绕人们并促使人们活动的整个外部条件。环境分为自然环境、社会环境、关系环境、场合环境和言语环境。自然环境是指外部自然景物、村庄、城市、街道、住宅及其内部陈设等；社会环境是指人们活动的客观背景，诸如时代、民族、地域、经济、文化、生活方式等；关系环境是指语言表达主体与语言表达客体的人际关系，包括血缘关系、亲友关系、上下级关系、同事关系、邻里关系、临时关系等；场合关系是指具体时间、地点、氛围；言语环境即语境，由主客体双方的话题、话语所构成。环境对语言表达的过程和效果都能产生直接或间接的影响，而且影响很大，起着直接制约作用的是场合环境和言语环境。“到什么山上唱什么歌”“说话要注意场合”，看清场合再开口。

1979年1月，邓小平同志应美国总统卡特邀请正式访问美国，在卡特总统举行的欢迎国宴上，邓小平说：“我们来到美国的时候，正好是中国的春节，是中国人民自古以来，作为‘一元复始，万象更新’的欢庆的节日。此时此刻，我和同座的美国朋友有一个共同的感觉，中美关系史上一个新的时代开始了！”①

邓小平在宴会致辞中，巧妙地将30年来中国领导人第一次以建交国家领导人身份正式访美的重要历史性时刻同中国传统节日——春节联系起来，利用了这个时间上的特殊因素，恰切、得体地表达了对中美关系新时代开始的美好祝愿。邓小平同志这种在特定场合用特定话题开头的高超语言表达艺术值得我们学习。

（四）语言对象的心境

人有喜怒哀乐，不管他是什么年龄、文化、职业、性别，其内心境况都不是固定不变的。受各种外在、内在因素的影响，在一定的时间和环境里，存在着一定的心境。对什么感兴趣、需要什么和对什么不感兴趣、排斥什么，与其心境有直接关系。因此，说话时，必须注意对方情绪上的细微变化，不然，就有可能使谈话陷入僵局。对方高兴时，言者可畅所欲言；而如果对方情绪激动，甚至怒气冲冲，则不宜于说服对方，应待对方冷静下来，再徐徐进言。

---

① 《环球时报》，2001年3月23日，第八版。

任务二　语言艺术的表现

任务驱动

讨论： 不同的小组有不同的题目，以讲故事的方式分说语言艺术的表现方式。

必备知识

一、直言

直言即直截了当地说，这是一种常用的表达方式。直言虽简单，但如何运用有文章可作。直言是以坦诚为前提的，由于所言内容真实可靠，说话方式不遮不掩，故可取信于人。同事之间，这种表达方式应当大力提倡。对生活中遇到的一些棘手问题，在无可回避的情况下，直言常常可以使问题迎刃而解；如果欲言又止，环顾左右而言他，则只能使问题越积越多，甚至造成人们的误解。那么，在什么情况下，应当用直言的方式呢？

当你不能满足对方的要求时，不妨直言相告；当你请求别人帮助时，亦可直言陈情；当你处理问题时，不回避，不躲闪，有一说一，有二说二，更可显出你的公正无私。但是，直言并非简单从事，并非不顾环境、不看对象，想到什么说什么。这样不但收不到直言的效果，反而会把事情搞僵。直言，也要经过深思熟虑，反复思考。

二、曲言

曲言是在直言不讳的情况下所采取的一种迂回战术，常用来说服和劝说人。曲言的运用变化多端，主要有明话暗说、正话反说、实话虚说、庄话谐说等。

（一）明话暗说

明话暗说是指直接明了的交谈碍于面子，对方接受不了，这时可借物借事，或打个比方，以说话暗示的方法予以解释。

例如，《乐羊子妻》中讲了这样一个故事：羊子在野外散步时，拾到一块金子，他兴高采烈地拿回家去给妻子看，但妻子觉得丈夫把别人的东西据为己有是件不光彩的事情，于是以古之“志士不饮盗泉之水，廉者不受嗟来之食”来规劝丈夫。羊子听后顿感惭愧，遂把金子又放回了原处。

（二）正话反说

正话反说是指有些话不能正面去阐述，不妨从反面说起，因为反面的话引申一步，就可能走向正面。

有一个例子：楚庄王的一匹爱马死了，他非常伤心，下令以上等棺木、行大夫礼节厚葬，文武大臣纷纷劝阻也无济于事，最后楚庄王还下决心说：“谁敢再劝阻，一定要杀死他。”很明显，不论是谁说“不”，必要自取其祸。优孟知道了，直入宫门，仰天大哭，倒把庄王弄得异常纳闷，迫不及待地问是怎么回事。优孟说：“那马是大王最喜欢的，却要以大夫的礼节安葬它，太寒酸了，请用君王的礼节吧！”庄王越发想知道理由了，优孟继续说：“请以美玉雕成棺……让各国使节共同举哀，以最高的礼仪祭祀它。让各国诸侯听到后，都知道大王以人为贱而以马为贵啊。”至此，庄王恍然大悟，赶紧请教优孟如何弥补自己的过失，终将马付与庖厨，烹而食之。

以优孟地位之微，如果只陈利弊，凛然赴义，固然令人肃然起敬；然而他正话反说，力挽狂澜，所做所言，岂不更令人击节吗？

（三）实话虚说

有些话直来直去，在一定场合会受到对方误解；如采取投石问路、先行打探的方法，可引出真话。某学生未到校，老师给家长打电话说：“是不是孩子生病了？”家长直陈过程：“已经上学去了。”老师说：“没有见着。”是故意逃学，或是另有他因需要了解。如果老师说：“你的孩子又逃学了！”显得多么尴尬。

（四）庄话谐说

一本正经地说话，不会引来好的结果。如果采用庄话谐说的方式，会收到出其不意的效果。如妻子不留神踢洒了地上的水盆，如果丈夫以风趣的语言说：“好嘛，看不出夫人还有国脚水平呢！”顿时，一场意外在笑语中化解。

三、幽默

幽默是一个人智慧的体现。运用幽默的说话方式，可以造成快乐和谐的气氛。幽默是表象有趣或可笑而含义深刻、意味深长的表达方式。19 世纪英国小说家利迪斯认为：幽默乃一国文明发达的标志。英国戏剧大师莎士比亚说过：“幽默和风趣是智慧的闪光。”批评别人时用幽默的语言，可以充分表现你的意志；处境尴尬时，幽默可以使你摆脱困境；遇到矛盾时，幽默可以缓和矛盾，改善人与人之间的关系。请看下面的例子。

张三在深圳一家大的合资企业工作。他经常在上班时间去理发店理发，这是违反公司规定的。公司经理知道后，决定一定要抓他一次，狠狠批评。一天，当张三正在理发时，公司经理也来到店里。张三看见经理，急忙低下头，藏起脸，想躲过经理。可是，经理站在他旁边的位置上，把他叫出来，“喂，张三”，经理说，“你怎么在上班时间理发”？“是的，经理”。张三说，“您看，我的头发是在上班时间长的”。“不完全是”，经理马上说，“有些是在你下班时间长的”。“是的，经理，您说得对”。张三礼貌地回答，“但是，我现在只剪了上班时长的那部分”。经理听了不禁笑了起来，也忘了指责张三了，并且使他们的关系也融洽起来。

再如，在一次家庭宴会上，鲁迅的侄子问鲁迅：“为什么伯父的鼻子是塌的？”鲁迅幽默地回答：“碰壁碰的。”此语一出，满座皆乐，原因在于，如此回答既表现出鲁迅对国民党黑暗统治的强烈不满，又反映出鲁迅顽强战斗、积极乐观的生活态度，且与当时的宴会气氛十分协调。

相关链接

1971 年，基辛格博士为恢复中美外交关系秘密访华。在一次正式谈判尚未开始之前，基辛格突然向周恩来总理提出一个要求："尊敬的总理阁下，贵国马王堆一号汉墓的发掘成果震惊世界，那具女尸确是世界上少有的珍宝啊！本人受我国科学界知名人士的委托，想用一种地球上没有的物质来换取一些女尸周围的木炭，不知贵国愿意否？"

周恩来总理听后，随口问道："国务卿阁下，不知贵国政府将用什么来交换？"基辛格说："月土，就是我国宇宙飞船从月球上带回的泥土，这应算是地球上没有的东西吧！"

周总理哈哈一笑："我道是什么，原来是我们祖宗脚下的东西。"基辛格一惊，疑惑地问道："怎么？你们早有人上了月球，什么时候？为什么不公布？"

周恩来总理笑了笑，用手指着茶几上的一尊嫦娥奔月的牙雕，认真地对基辛格说："我们怎么没公布？早在 5000 多年前，我们就有一位嫦娥飞上了月亮，在月亮上建起了广寒宫并住下了，不信，我们还要派人去看她呢！怎么，这些我国妇孺皆知的事情，你这个中国通还不知道？"周恩来总理机智而又幽默的回答，让博学多识的基辛格博士笑了。

（资料来源：https：//zhidao. baidu. com/question/269454136795223725. html。）

四、巧问

提问是在对方陈述之后，经常运用的一种方式。策略、巧妙地提问具有重要的意义。

第一，引起对方的注意。如"您能否解释一下……？""关于……的情形到底是怎样的？""如果您能……我们将不胜感谢"等一类的问题，就可收到良好的效果。

第二，给对方以尊重。如"关于……（常人似乎难以知道的事）您是怎么知道的？""关于……您的意见最权威，不是吗？"

第三，获得更多的信息。如"关于……我们很感兴趣，能否说得详细点？""……我们一无所知，可否告诉我们一点？""……怎么会那样呢？不可能吧！"

第四，确认己方的立场。如"我方的观点已如前所述，您觉得我们还须重复吗？""要是您站在我们的角度，又怎样想呢？"

第五，采用反问，为自己赢得主动。例如，相传有一个人说话总爱拐弯抹角，自以为是。一天，他遇到一位友人，就做出一副莫测高深的样子说："你未曾失去过的东西，你是否还拥有着呢？"对这样的问题，回答"是"或"不是"都可能让对方钻空子，使自己陷入被动。于是，友人反守为攻，以问代答："你未曾失去过蹄子，那么你现在还拥有吗？"

提问的确是一门艺术，既要问得好，又要问得巧，是很不容易的事情。因此，提问时应尽量注意为个人和组织的形象考虑，不要提有攻击性的问题；不要提指责、讥讽对方的问题；不要以审问的方式提问；不要以盛气凌人、唯我独尊的方式提问；不要轻易打断对方的话头提问等。

五、巧答

对不同的问题可以有不同的答法，你可以正面回答，也可以拒绝回答，如“无可奉告”等外交辞令就是一种拒绝回答的方式。但对答言的更高要求则是巧答，即在你的回答中透出幽默和机敏。要想答得巧，首先要真正听清对方的问题；其次，要能听出对方问话当中的弦外之音。巧答是在商务活动和交际活动中应变的一种语言艺术，巧答的方法很多，如模糊回答、以问代答、幽默回答等。

（一）模糊回答

模糊回答在辩说中经常运用。在辩说中经常会遇到这样的情形：对方在形势对你不利的情况下，穷追不舍，提出一些棘手问题，如果你不回答，就等于承认了对方的观点；如果你回答，则将使自己处于更加被动的地位。对于这些不能不答、又不能明确回答的问题，使用模糊回答，常常是摆脱困难处境的有效手段。

例如，陈毅同志任外长期间，我军击落美军无人驾驶高空侦察机，有西方记者问：“你们是用什么武器击落美军飞机的？”因为这涉及我军的军事秘密，不便直接回答，所以陈老总回答说：“我们是用竹竿子把它捅下来的。”既是一种玩笑，也是一种模糊的回答。

（二）以问代答

人们在对话时，面对对方的发难，可以不直接回答对方的问题，而是反问对方，这就是以问代答。

例如，某干事在一次与大学生对话时，一位女大学生提出这样一个问题：“我感觉雷锋精神在20世纪80年代已经过时了。你怎么看？”某干事回答道：“假如你在大街上行走，被车撞倒在地，不能动弹。一些人从你身边走过去，嘲笑你，而我此时上前把你扶起来，送进医院。在这种情况下，你是喝令我走开，说这种精神过时了，还是从内心里感激我呢？”对于女大学生的问题，该同志没有开口大谈雷锋精神的现实意义，而是通过一个假设反问对方，引导对方思考，话虽不多，却使对方茅塞顿开。

（三）幽默回答

幽默回答在语言表达的过程中造成一种轻松愉快的气氛，在辩说中使对方的攻击在轻松的气氛中消失得无影无踪。

例如，一次，乾隆皇帝与爱臣刘墉在避暑山庄看到了一尊弥勒佛像。忽然，乾隆指着佛像问道：“他为什么对朕笑？”刘墉答道：“皇上是文殊菩萨转世，是当今活佛，佛见佛笑。”实际弥勒佛笑口常开，对谁都一样。乾隆如此问，意在难为刘墉。刘墉巧妙机智地回答了乾隆的难题。不料乾隆又问：“他为什么对你笑？”刘墉答道：“佛笑臣成不了佛。”刘墉刚说过，佛见佛故笑。若还这么答，自己也成了佛，与皇上平起平坐，可要犯大逆不道的罪名的。刘墉这回把笑说成了嘲笑，既回答了问题，又不会冒犯皇上。刘墉利用幽默回答使对方的进攻得到化解，摆脱了窘境。

相关链接

一次，周恩来总理接见的美国记者不怀好意地问道："总理阁下，你们中国人为什么把人走的路叫作马路？"他听后没有急于用刺人的话反驳，而是妙趣横生地说："我们走的是马克思主义之路，简称马路。"

这个美国记者仍不死心，继续出难题："总理阁下，在我们美国，人们都是仰着头走路，而你们中国人为什么低着头走路，这又怎么解释呢？"周总理笑着说："这不奇怪，问题很简单嘛，你们美国人走的是下坡路，当然要仰着头走路了，而我们中国人走的是上坡路，当然是低着头走路了。"

记者又问："中国现在有四亿人，需要修多少厕所？"这纯属无稽之谈，可是在这样的外交场合，又不便回绝，周总理轻轻一笑回答道："两个！一个男厕所，一个女厕所。"

（资料来源：https：//zhidao. baidu. com/question/269454136795223725. html。）

任务三　语言艺术表达风格

任务驱动

讨论：结合案例谈谈语言口语表达风格。

清朝文学家纪晓岚是一位诙谐幽默的人，他常能语出惊人，解难化愁。据说，他在陪伴皇帝读书时，一天，久等皇帝没来，不免自言自语道："老头儿怎么还没来？"谁知话音刚落，乾隆已来到他面前，皇帝厉声问："老头儿，三字如何解释！"纪公急中生智，从容答道："万寿无疆曰'老'，顶天立地曰'头'，父天母地曰'儿'。"乾隆受到如此恭维，火气也就压了下去，一场干戈顿时化为玉帛。

必备知识

语言艺术的表达风格主要是指表达者通过内容、表达方式、语言运用等途径，综合表现出来的具有个性化特色的表达气派和格调。它贯穿和渗透在表达的全过程，是表达者世界观、理论水平、生活阅历、文化教养、审美情趣、性格气质、个人习惯等各种内在因素在表达中的集中反映。

语言艺术表达风格的形成是个人主观因素和社会客观因素的统一；表达风格的形成要经过反复的表达实践和体验。表达风格一旦形成，就有相对的稳定性。有些表达者在不同的场合说什么或写什么，如选题内容、表达方式，都一如既往地显示其独特的个性，即风格。就连常用的词汇、句式，惯常的语气、声调，都能表现出他较稳定的风格类型。

表现出稳定的风格，并不等于一成不变。由于主观和客观条件随着整个时代和社会的演变发展而不断变化，人们的思想、文化的交流和互相渗透，传播媒介的丰富和更新，表达活动的日益频繁和多变，引起表达风格的变异也是必然的。

语言艺术的表达风格各异，因此，风格的划分也是多种角度的。正如茅盾所说："有的可以从全篇的韵味着眼，用苍劲、典雅、俊逸等等形容词概括其基本特点，有的则可以从布局、谋篇、炼字、炼句着眼，而或为谨严、或为逸宕、或为奇诡等等不一。”语言风格表现在语体上，可分为口语语体和书面语体风格两种类型。在这里我们仅就口语表达风格简述。

最常见的口语表达风格如下。

一、简洁明快

简洁明快，就是口语表达言词精要、言简意赅、干净利索、直截了当、毫不隐讳，去掉毫无意义的口头禅和言不及义的冗词赘语，避免重复。在表达中多用短句、口语句式，不用或少用修饰性词语，用尽可能少的言语表现出尽可能多的内容，使人一听就懂，用不着猜想意会，给人以明朗、舒畅、简洁明快的风格。

1863 年 11 月 19 日，美国葛底斯堡烈士公墓举行落成典礼，亚伯拉罕・林肯以总统身份被邀请讲几句话。林肯决定，以简洁精要取胜，结果大获成功。在这里我们截取一段。

“87 年以前，我们的先辈们在这个大陆上创立了一个新国家，它孕育于自由之中，奉行一切人生来平等的原则。

现在我们正从事一场伟大的内战，以考验这个国家，或者说以考验任何一个孕育于自由而奉行上述原则的国家是否能够长久存在下去。

我们在这场战争中的一个伟大战场集合。烈士们为使这个国家能够生存下去而奉献出了自己的生命，我们在此集合是为把这个战场的一部分奉献给他们作为最后安息之所。我们这样做是完全应该，而且非常恰当的……无疑说，倒是我们这些还活着的人应该在这里把自己奉献于勇士们已经如此崇高地向前推进，但尚未完成的事业……不让这些死者白白牺牲，以便使国家在上帝福佑下得到自由的新生，并且使这个民有、民治、民享的政府永世长存。”

这一演讲只有五百多字，不到两分钟，但听众掌声持续了 10 分钟。当时报纸对这一演讲的评价是：“这篇短小精悍的演说是无价之宝，感情深厚，思想集中，措辞精练，字字句句都很朴实、优雅，行文完善无疵，完全出乎人们的意料。”林肯的这次演讲，就成为口语表达简洁明快风格的典范。

简洁明快是口语表达的一种高水平、高格调。

二、繁丰华丽

繁丰华丽，就是毫不吝惜话语，尽情发挥，表达详尽、具体。浓墨重色，精细雕饰，重视文采，多用比喻、比拟、夸张、排比、层递等修辞方式，力求言词优美，铺叙堂皇，细腻生动。一般说来，说话总是以简明平实、扼要为好，但有时为了突出或强调生活中的某些思想内容，或需要详尽、细腻地叙述事件发生的经过，或需要全面、深入地阐明某一道理；或为使演讲更具文采，表达华丽的风格，就必须综合运用各种表达和修辞方式，淋漓酣畅地表情达意。

李安娜的演讲词《人才在哪里?》就表现了繁丰华丽的口语表达风格，下面是这个演讲词中的两段：

“《光明日报》曾刊过一篇令人震惊、令人惋惜而又发人深省的文章。1983 年，包头市一位名叫陆家羲的中学物理教师，成功地摘下了数学皇冠上的又一颗明珠——斯坦纳系列。这是一道世界著名的数学难题。然而，遗憾的是，最早发现陆家曦这位数学人才的，竟然不是数学家，不是中国人，而是一位名叫门德尔松的加拿大数学教授。在此之前，陆家曦曾无数次把自己用心血写成的论文投寄给国内有关方面，但不是石沉大海，便是被认为没有价值而原样退回。就这样，一块真金被丢弃，一个人才被埋没，时间竟然长达 20 年之久！诸位，人生能有几个二十年啊！最后陆家曦迫不得已，只好把论文寄给美国有名的数学杂志……1984 年夏天，这位拼搏了二十多年、耗尽了毕生心血的中学教师由于过度劳累，在一个昏暗的夜晚……不甘心地离开了这个尚未发现他的世界。他走得太匆忙、太早了……

这件事，令我震惊、令我惋惜，让我思考了良久：中国是没有人才吗？不！然而，中国的人才为什么自己不能发现……中国的人才为什么要死了以后才能被发现？蒋筑英、罗健夫，加上陆家曦。为什么没有在活着的时候被发现、被认识、被关怀、被……我们为什么都这样‘重死’而‘轻生’啊!”

在这个演讲中李安娜详细、具体地介绍了陆家曦的情况，又用了很多修辞方法，展示了演讲的文采，充分显示了繁丰华丽的语言表达风格。

三、庄重平实

庄重平实是指说话时严肃、严谨、周密，用词造句稳妥规范，叙事说理，不加雕饰，不事渲染，不用或少用形容词之类的附加成分，不用或少用修辞方式；使用的言语格调显得规范、严肃；一般采用直叙、顺叙的方式，多用陈述句、判断句，多用长句和常式句。一般适宜于歌颂伟大的人物、崇高精神，表述重大的事件和至关重要的问题。

1998 年 5 月 8 日，时任中共中央政治局常委、国家副主席胡锦涛的《纪念真理标准讨论二十周年座谈会上的讲话》，就充分体现出了庄重平实的口语表达风格。下面摘录这个讲话中的一段：

“真理标准问题的讨论，是在我们党和国家处于重大历史性转折的背景下，在邓小平等老一辈无产阶级革命家的领导和支持下开展起来的。‘文化大革命’的十年动乱结束后，我们党面临着在思想、政治、组织等各个领域全面拨乱反正的任务。但是这一进程受到了‘两个凡是’的严重阻碍。由于‘左’的思想的长期影响和束缚，许多人还不能正确理解毛泽东思想，还不能正确区分毛泽东同志的伟大历史功绩和晚年所犯的错误，还不能从‘文化大革命’的指导理论——无产阶级专政下继续革命的理论中摆脱出来。因此，党的事业在前进中出现徘徊的局面。针对这种情况，邓小平同志首先提出要完整地准确地理解毛泽东思想，世世代代用毛泽东思想来指导我们全党、全军和全国人民，强调毛泽东思想的精神就是实事求是，旗帜鲜明地指出：‘两个凡是’不符合马克思主义，为我们党实现思想路线上的拨乱反正指明了方向……”

但是，要明确：庄重平实不是呆板、生硬、缺乏情趣，而是毫不隐讳地表明自己的立场、态度，强调概括性、说理性和逻辑性。

四、含蓄幽默

含蓄幽默，是将要说的话不直接说出来，或不全部说出来，用表达技巧和修辞方式寓庄于谐、正话反说、反话正说，委婉曲折地表情达意，使听话的人不得不揣摩。这要求运用词语时，把握好含有超出它本义的深层意蕴；借景抒情，托物寓意，以实写虚写的方法去暗藏弦外之音、言外之意；运用象征、拟人、双关、比喻等修辞方式叙事抒情，使口语表达具有含蓄幽默的风格。

含蓄幽默的风格有时是寓庄于谐，冷嘲热讽，犀利泼辣，用来对假、丑、恶的社会现象和事物进行嘲讽戏谑。但含蓄幽默离不开严肃的立题和深刻的思想，绝不是让人看不明白，为发笑而发笑。

相关链接

习近平总书记作为党的核心、军队统帅、人民领袖，在治国理政实践中发表了一系列重要讲话，形成了独具特色的语言风格。

简短精炼，要言不烦。习近平总书记善于用高度凝练的字或关键词，把思想浓缩其中，让人能听懂、记住。例如，他用“亲诚惠容”这“四字箴言”，精辟概括多年来中国周边外交的实践；他用“真、实、亲、诚”四个字高度概括中非关系的发展。

通俗易懂，接“天”连“地”。习近平总书记经常使用群众喜闻乐见的语言。“中国梦成为凝聚13亿多人民力量的‘最大公约数’”，“小康不小康，关键看老乡”……这些语言，既可以拉近与老百姓之间的距离，又收到画龙点睛之效。

新颖别致，推陈出新。2015年元旦，习近平总书记在新年贺词中说，“我们的各级干部也是蛮拼的”“我要为我们伟大的人民点赞”。“蛮拼的”“点赞”都是网络上流传的富有时代气息的语言，习近平总书记用这些语言遣词造句，拨动了无数人民群众尤其是年轻人的心弦。2014年2月7日，习近平总书记在索契接受专访时感叹“你知道，承担我这样的工作，基本上没有自己的时间。今年春节期间，中国有一首歌，叫《时间都去哪儿了》。对我来说，问题在于我个人的时间都去哪儿了？当然是都被工作占去了。”这些富有时代气息的新鲜表达，直抒胸臆，拉近了与人民群众和时代的距离。

幽默生动，妙语天成。无论是在外交舞台上与国际友人交流，还是在国内基层考察调研时与普通百姓交谈，习近平总书记常会以幽默睿智的表达，将想法传递出去，给人以轻松愉悦的感觉。2013年3月，习近平总书记访问俄罗斯，在会见中国驻俄使馆工作人员和中资机构代表时说：“我不是痛并快乐着，是累并快乐着。”他幽默地借用和改造了“痛并快乐着”这一流行语，以此表达他对待工作和生活的乐观主义精神，让听众心领神会。

引经据典，诗情画意。为了更深刻地表达观点见解和思想情感，习近平总书记经常引经据典，达到引人入胜的效果。他用《晏子春秋》里的“德莫高于爱民，行莫贱于害民”说明党员干部要牢记宗旨的重要性；用“勿以恶小而为之，勿以善小而不为”告诫党员干部要从细节琐事提高自身拒腐防变的能力；以“些小吾曹州县吏，一枝一叶总关情”来说明党员领导干部要时刻摆正立场，真正站在人民立场，培养对人民群众的真挚感情。

（资料来源：https：//baijiahao. baidu. com/s? id = 1600696460453480790&wfr = spider&for = pc。）

训练设计

一、思考题

1. 什么是语言艺术？
2. 要做到语言的艺术性，首先要满足哪些基本要求？
3. 选择表达方式的依据主要有哪些？
4. 请你从语言实践中总结出几例灵活运用表达方式的例子。
5. 要提高自己的语言艺术水平，应从哪些方面努力？

二、技能训练

训练目的：语言技巧与语言艺术的运用。

训练实施：1. 以小组为单位举办一次演讲比赛，演讲题目由各小组自定；
2. 每个小组首先在内部进行选拔，优胜者在全班进行演讲；
3. 各小组讨论后形成小组意见，最后由教师点评。

三、看材料完成任务

王钢是某集团公司下属分公司的一位年轻领导，平时好读书钻研，工作非常出色。集团公司领导来检查工作时，总是由他负责接待。有一次，总公司书记与董事长来分公司视察，看到王钢的工作卓有成效，而且谈吐颇有见地，在晚宴上，总公司书记当着分公司老总的面盛赞王钢“会思考能干事，这样的分公司领导很少见”，赞美得王钢十分尴尬。

问题：结合所学知识点评王钢为什么得到赞美还感到尴尬。

项目二参考答案

项目三
销售语言与口头语言

项目三 PPT

学习目标

通过本章的学习，了解销售语言的基本特征，掌握销售语言运用的原则和口语表达的基础及口语表达的技巧，了解口语的功能，熟悉口语的类型。

导读案例

在周末，许多青年男女伫立街头。他们中间有不少人是等待与情侣相会的，有两个擦鞋童，正高声叫喊着以招徕顾客。其中一个说：“请坐，我为您擦擦皮鞋吧，又光又亮。”另一个却说：“约会前，请先擦一下皮鞋吧?”结果，前一个擦鞋童摊前的顾客寥寥无几，而后一个擦鞋童的喊声却收到了意想不到的效果，一个个青年男女都纷纷让他擦鞋。这究竟是什么原因呢?

提示：我们听到第一个鞋童的话尽管他的话礼貌、热情，并且附带着质量上的保证。但这与此刻青年男女心理差距甚远。因为，在黄昏时刻破费钱财去买个“又光又亮”显然没有多少必要。而第二个擦鞋童就与此刻男女青年们的心理非常吻合，“月上柳梢头，人约黄昏后”，在这充满温情的时刻，谁不愿意以干干净净、大大方方的形象出现在自己心爱的人面前?一句“约会前，请先擦一下皮鞋”真是说到了青年男女的心坎上。可见这位聪明的擦鞋童，正是传送着“为约会而擦鞋”的温情爱意。正是顺着对方心思说，擦鞋童取得了生意上的成功。

任务一　销售语言的特征

任务驱动

讨论：谈谈销售语言的基本特征及销售语言的运用原则。

必备知识

一、销售语言的含义

销售语言是语言的基本原理在销售经营活动中的具体运用。

商业企业通过买卖来交换商品，在实现其职能的整个过程中，都离不开语言这一交际工具。商业销售对语言的依赖关系，是由商业销售过程中复杂的社会联系、频繁的社会交往和商业服务、销售的对象及特点决定的。

销售语言是在商业销售活动中，经营者与生产者、经营者与消费者之间传递沟通信息、推销商品、进行现场服务的一种应用性语言。

在商品销售活动中，经营者与生产者、经营者与消费者之间形成了一种特殊关系，而形成和维系这种关系，靠的就是语言。在商贸谈判、产品推销、技术引进、销售服务中，都是语言在起作用。而这种作用的发挥，在整个商务活动中，从接近顾客到向顾客宣传产品、解除疑虑，直到最后成交，都离不开销售语言。销售语言的核心，是说服对方接受自己的产品和服务。销售语言的主要内容，是在商务活动中沟通关系，交流信息，推销商品，为顾客售前、售中、售后服务。

（一）沟通信息

商业企业的销售活动是人流、物流、信息流的统一。为了更好地满足消费者的需求，传递和反馈商品信息，销售者需要用语言引导购物、介绍商品，并从语言交流中发现顾客的需求。

（二）促进销售

在销售现场，营业员可以运用销售语言艺术创造和谐的销售气氛，这对促进消费者购买行为的发生有着十分重要的作用。营业员的促销活动主要是通过销售语言来打动消费者，使犹豫不决的顾客下定购买决心，最终成交。

（三）销售服务

在销售活动过程中，良好的服务态度加上巧妙的销售语言，可以把“死货”变成“活货”，大大提高企业的经济效益。

研究销售语言的目的，是要找出销售者在与消费者、生产者及同行打交道的过程中语言表达的规律和技巧。其根本目的，是在激烈的市场竞争中，为商业企业吸引顾客、创造顾客、提高企业的经济效益、促进社会的文明进步服务。

销售语言的研究范围包括推销语言、柜台服务语言、产品介绍语言、接待投诉语言等。由于销售语言是一种活语言，它存在于经营者与生产者、经营者与经营者、经营者与消费者之间，这就决定了销售语言的研究不仅要着眼于语言本身，还要研究顾客心理、语言环境、语言主体的素质等。

二、销售语言的基本特征

销售语言作为应用性的行为语言，其特定的使用情境、使用对象，决定了它除具有一般的语言特点之外，还具有以下特征：

（一）目的性

所谓目的性，就是说话者的主观意图。销售语言有明显的目的性，从同消费者打交道开始，其目的性就是宣传产品、推销商品。在开口说话前，就要考虑好怎样说，产生什么效果，自己将怎样应付等，决不会毫无目的地乱开口。开口则已，只要一开口，就会影响消费者的思维和行为，就会产生社会效果。哪怕别人并未听清或听懂，这种影响都是一种客观存在。

在一般情况下，销售语言的目的是单一的。某个时间、某个场合，对某个人说什么样的话，目的都应明确。只要获得了期望的效果，目的就达到了。

（二）真实性

销售语言的真实性，一方面指的是语言内容的真实、确切，介绍商品实事求是，不能含糊不清、模棱两可；另一方面是感情真挚、满腔热情地接待每一位顾客，不能虚情假意、油嘴滑舌。语言的真切性是销售语言的基本特征，也是对商品销售者的基本要求。销售，是要通过经营者和消费者的双方沟通，使消费者建立起对商务经营者的信任和信念。人的信任感和信念感的形成有一个过程。信任是确信某种商品具有真实性后的一种感觉和观念；信念则是人们对真的东西的追求得到满足后的一种理念。

在一定条件下，销售人员可以运用语言夸张地表达其对某商品的感受，但决不能胡编乱造，不能欺骗、愚弄公众。真实是商业取信于民、取信于社会的基本前提。

（三）时代性

商业作为窗口行业，是连接生产者与消费者，沟通地区之间、城乡之间、工农之间关系的桥梁和纽带。作为思维和交流工具的语言，在商品销售中的运用是最富有时代性的。社会的政治、经济、文化的发展变化，都可以通过销售语言集中地反映出来。陈旧过时的语言被淘汰，新的语言逐渐产生并传播出来，因而具有很强的时代性，如自媒体、二维码支付等新名词，都在商业经营语言中传播开来。

（四）艺术性

销售语言不仅是为商业活动服务的工具，也是一种艺术。销售语言的艺术性是销售艺术的具体体现，其表现在接待顾客、介绍商品、业务洽谈等具体的销售活动中，尤其集中地体现在经营者与消费者的交往中。例如，一家店铺的广告是这样的："我们的买卖不比卖羊皮靴子的，我们是替上帝当差，这比金银还宝贵，当然是没有任何价钱的……"许多人都情不自禁地被吸引过来，体现了销售语言的艺术性。

如果说话缺乏艺术性，无所忌讳，就会自讨没趣。有一位日用化工厂的销售员到一个研究所里去推销“染发”“防皱”美容化妆品。遗憾的是他并没获得成功，其原因是他的言语引起了人们的反感。他是这样说的：“人过四十，天过午，头上的白发一天比一天增多，脸上的皱纹一天比一天粗，正一步步向老迈进。今天我给大家送来了几种美容商品，虽无返童之力，但总可帮助大家遮遮丑……”顾客越听，心里越不是滋味，讪笑着说：“算了吧！人越老学问越多，也许越懂礼貌，还是听任白发和皱纹自然地增添吧！”说完，都生气地走了。

可见，语言没有艺术性，不会说话，不但丢了赚钱的机会，也得罪了顾客。

（五）直接性

大量的销售语言是存在于销售者与消费者的交际之中的，与书面语言有许多不同之处。书面语言错了可以修改过来，而销售语言在很大程度上是表达与感受同步，即具有直接性。这一特点说明，搞好商业销售、赢得顾客满意不是轻而易举的，也说明了学习和掌握销售语言艺术的必要性。

（六）应变性

消费者各种各样，不同的消费情景，不同的心理需求，对销售者语言的要求也不尽相同。这就需要经营者的语言要适应不同的场合、不同的顾客。例如，人们的文化、情趣、性格、经历各不相同，经营者所使用的语言就应各不相同。对老年顾客、少年儿童，要用耐心细致的语言；对青年顾客，多用富于时代性、干脆的语言。

三、销售语言运用的原则

（一）尽量避免命令式的语句，多采用请求式语句

命令语句是说话者单方面的意见，没有征求别人的意见，就勉强别人去做。请求式的语句是尊重对方，以协商的态度请别人去做。

例如，顾客问推销员：“你们公司生产的牙膏还有没有货？”推销员答：“没有了，这个问题下个月谈。”令顾客不舒服而转向别的公司；但若是：“本公司牙膏已全部订出去了，不过我们已在加班生产，您愿意等几天吗？”这样的答复就会挽留住一位顾客。

（二）少用否定语句，多用肯定语句

对销售人员而言，严格地讲否定语句应视为一种禁忌，要尽量避免。在很多场合下，肯定句是可以代替否定句的，且效果往往出人意料。

例如，顾客问：“这样的衣料没有红色的吗？”销售员回答：“没有。”这就是否定句。顾客听后，反应自然是既然没了，我就不买了。但若答：“目前只剩下蓝色和黄色的了，这两种颜色都很好看。”便成了一种肯定的回答。虽然两种回答都承认没有红色衣料，但否定似乎是拒绝，而肯定给人一种温和的感觉。

（三）要一边说，一边看顾客的反应

销售员切忌演说式的独白，而应一边说一边看顾客的反应，提一些问题了解顾客的需求，以确定自己的说话方式。因为顾客千差万别，性格、年龄、职业、兴趣、爱好不同，所以推销方式要因人而异。

（四）言词生动，声音悦耳

时代不断进步，销售人员必须跟上时代发展，以现代流行的言辞与顾客讲话，如此才能打动顾客。例如，20 世纪 50 年代，人们的称呼都是“同志”，以后又变为“师傅”，现在则称“先生”“女士”。

1. 注意说话中的停顿和重点

调查表明，谈话中的停顿，会使顾客自然地对前后谈话的内容进行回顾，当需要强调谈话的某些重点时，停顿是非常有效的。销售人员还可以加强语气来强调某些重要问题，这比一长串形容词的效果好。

2. 声音悦耳

声音优美动听，讲究抑扬顿挫，这样听起来，才不至于使人感到枯燥无味。对此，销售人员必须进行声音的训练。销售人员不仅要讲究说话内容，也要注重语言的形式。

（五）说话要看语境

说话总是在特定的情景氛围中进行的。因为语境能直接影响说话双方的情绪乃至说话效果，所以，销售人员还要刻意创造、追求良好的情境氛围。销售语言具有时代性、应变性的特点，这些特点又决定了说话人必须注意随着语境的需要来选择话题；随着语境的变化选择语言方式，轻松的、热烈的、详尽的、简略的……如果说话内容或方式不合时宜，必遭顾客“侧目”，也将妨碍实现其销售目的。良好的情景氛围则有助于销售语言轻松明快，说话人心情愉悦；也有助于顾客接受信息，激发购买动机。

（六）主动把握双方语言交流的对接点

销售过程是语言交流的过程，如能把握顾客语言的对接点，就能恰当地理解顾客要表达的意思，给顾客以明确的答复和指导，实现销售目的。

任务二 口语表达的重要性

任务驱动

讨论：请谈一谈口语的特点与类型。根据你的生活经验谈谈口语在人际交往中的功用。

必备知识

一、口语表达的重要性

微课：口头语言的作用与表达技巧

口语，就是口头语言，也就是说出来的话。口语是语言的一种表现形式。

（一）口语表达是每个人必备的基础能力

由于口语是人际交往和个人适应生活的工具，所以每个人都要用到。据国外统计，若一个人平均每天说话 1 个小时。一天 24 小时，除睡觉 8 小时外，还有 16 小时的活动时间，即人每天至少有 1/16 的时间不靠文字，不靠动作，只借“纯说话”表达心里的意思。这样，把一生全部的话加起来，至少要说两年半，假如把这些话用文字记录下来，可能成为平均每部厚达 400 页的著作 1 000 部。这是一个多么惊人的数字！其中还不包括没说出口的“腹稿”。如果我们能充分发挥说话的能力，完善说话的艺术，成功地“完成”这1 000部著作，那该是人生多么愉快的事啊！中外历史上就有许多人因为“说得好”而事业成功，生活幸福；也有许多人因为“说得不好”而一辈子倒霉，乃至身败名裂。

前秦的符坚不肯居于东晋之下，在西北称帝。有一次宴请群臣并作诗。大臣姜子平在自己的诗中把“丁”字写成“T”；符坚见了，就认为他不敬。姜却解释说：“直而不屈，才尚可贵；下面曲一钩，就是屈居于下，可是不祥之物啊。”符坚听了，认为姜是在歌颂自己不屈于晋；大为高兴，马上晋升了他的官职。

（二）掌握口语表达有利于适应激烈的社会竞争

在社会主义市场经济条件下，社会竞争日趋激烈；在我们的生活中，到处充满着机遇和挑战。俗话说：“七分本事，三分机遇。”本事，可以通过不断地学习和实践来获得，而机遇却是可遇而不可求的。越来越多的人专注于获取机遇之技能、技巧上，而口语表达的才能恰恰是这种技能、技巧最常见、最有效的表现。掌握了口语表达的艺术和技巧，就能“推销”自己，展露自己的才华；而缺乏口才的人，则有可能坐失良机。

在西方发达国家里，无不把口才作为衡量优秀人才的重要尺度。在日本，一些大公司在招聘人才进行面试时，专门就口语表达能力规定了若干录用的条文。其中有：

第一，应聘者声若蚊子者，不予录用；

第二，说话没有抑扬顿挫者，不予录用；

第三，交谈时，不得要领者，不予录用；

第四，面谈时，不能干脆利落地回答问题者，不予录用；

第五，说话无生气者，不予录用；

第六，说话颠三倒四、不知所云者，不予录用；

……

日本大公司的这些规定反映了这样一个事实：口才与事业的关系至为密切，它是胜任本职工作重要的条件之一。

（三）掌握口语表达有利于与消费者建立良好的人际关系

口才好的人，会在生活中、工作上更好地发挥作用，促进事业的成功，交友待人更愉快。

人不能一个人生存，在社会中不能避免跟人打交道，不能不依靠口语来作交往的媒介。

人的见解、主张，是经过长期的社会实践形成的，但又是可以改变的。有了这个认识之后，当遇到同别人的意见不合时，一方面，不要过于心急地让人家改变观点，非同意自己的看法不可；另一方面，应该先表示听听对方究竟有什么不同，然后心平气和、真诚地和对方交换意见，阐述自己的看法，互相取长补短。这才是正确地建立良好人际关系之道。

学习掌握口语表达的目的之一，在于使自己的语言充分发挥其积极作用，努力克服其消极作用，成为在销售活动中人际交往的润滑剂。口才好、善于说话的人受人欢迎，能使原来不相识的人携手，也能使陌生的客户彼此了解，还能为客户排忧解难，消除商家与客户之间的隔阂，化解矛盾以及医治他人的忧伤，使人们的生活更愉快、更美好、更幸福。

二、口语的特点与类型

（一）口语的特点

1. 很强的实用性

从实用的角度讲，口语表达从现实的实际需要出发，着眼于日常生活、学习、工作等方面的实际应用。人们可以用它交流思想、沟通关系、传递思想、校正谬论、指导行为。随着生活节奏日渐加快以及通信技术的飞速发展，人们更倾向于用口语来进行交际活动，如过去惯用的书信、贺卡等逐步被电话所取代。方便快捷的直接交流，可以见机而发，见机而答，更助于交际目的的实现。

2. 交流信息快

口语交际，对象就在眼前，针对性很强，双方可以直接表达思想感情，并能迅速得到反馈。而用书面语交流，对象不在眼前，文学符号不能传达说话人的语调语气，交际双方也不能迅速得到对方的反应，在日常生活中，有一定的不便。

3. 表达的独特性

与书面语言比较，口语表达的独特性就可以显示出来。其一，在口语交际过程中，作为外部语言的口语与作为内部语言的思维，它们的运动是同步进行的。实际上，口语表达过程是人们将自己的思维迅速外化为口语的动态过程，在这个过程中，思维——快速选词造句——口语表达，几乎是闪电般的快捷。其二，口语传播的暂留性。口语以声波为载体来进行传播，转瞬即逝，存留的时间极短。口语传播暂留性的特点，使说话来不及斟酌、推敲，说完后也不能收回。其三，利用语音的变化帮助传情达意。口语以声传意，人们说的每一句话，在表意的同时，也将语调的高低、语速的快慢、声音的轻重、音量的大小、语气的徐疾等具体形态展现在听话者的面前，传达出丰富的情绪内涵。

4. 明显的综合性

口语表达不只是单纯的表达问题，而是口语表达主体知识、修养、能力、水平多个方面的综合运用和集中反映。首先，它是生理与心理因素的综合口语表达活动，必须通过心理、口说、耳听、眼看、接收、反馈等各种生理——心理活动的默契配合，协调一致完成。其次，它是整体素质、修养与智能的综合。从根本上说，口语表达是一个人心理素质、基本修养和智能的外现，与一个人的政治理论水平、思想境界、道德情操、知识储备、生活阅历和观察力、表达能力密切相关。再次，口语的表达是传声和表情两种手段的综合。说话人可借助声音、语调、语气的变化表达感情，还经常借用眼神、手势、姿态等身体语言辅助表情达意，使表达的效果更加圆满。

（二）口语表达的类型

按照运用口语的不同目的来分类，口语可分成沟通性口语、宣传性口语和说服性口语。

1. 沟通性口语

人们交际的基本目的是沟通思想感情，交流信息。这种沟通、交流可以有明确的目的和主题，例如到商店去购买急需的生活物品；也可以没有明确的目的和主题，例如在旅途中临时碰上的旅伴。人们相遇，一句问候或一句应答，常常含有关心、友谊和礼貌。在说说笑笑中，交流了信息，沟通了感情，增强了友谊。口语表达在销售活动中目的鲜明，商家与客户交流的目的就是传递买卖信息。

2. 宣传性口语

人们在社交、商务活动和外事交往中，常常向对方宣传介绍一定的人、事、物，急于让对方理解自己的意图，引发对方共鸣。这种有明确目的的交谈就是宣传性的口语表达。“隔行如隔山”，外行往往需要内行引进门，导购、导游、导播，正是他们的导介语言传递了许多信息。在人才竞争中，人们在宣传介绍他人的同时，也在介绍、推销自己，求职业、求晋升、求任务以及形形色色的竞选等，人们力图通过自荐形式，树立自我形象。商家利用各种场合选专人解释自己的产品，宣传企业形象。以上介绍性语言都带有明确的宣传鼓动性。

3. 说服性口语

世事繁杂，人们的观点往往各异，为了统一思想、统一步调，人们往往通过议论说理，求同存异。求同存异的过程，就是使双方思想趋近或趋同，从而行动合拍的过程。通过运用洽谈、推销、论辩等口语表达，实现目的。洽谈使人们摆脱野蛮和暴力，合理分配权益，有助于经济繁荣和社会进步。推销是对消费行为做促成工作，它借助于销售口语，力图说服对方改变消费观念，直接发生购物行为。中国古代的诸子游说活动和当代世界许多国家正在发生的游说策动活动，都是思想家、政治家们推销其政治主张的过程；辩论更是直接以辨别是非曲直为目标的说服性口语。说服性口语表达重内涵，充满理性，内容广泛，有深度、有广度，丰富了语言宝库。

三、口语表达的功用

口语表达的方式很多，包括演讲、发言、报告、谈判、辩论、对话、聊天等。人们每天都要表达思想、情感、意见、建议，大到风起云涌的政治斗争，安邦定国；中到经济活动中的一言九鼎，事业发展；小到家长里短、排解纠纷，交友待人，处处都离不开口语表达。口语表达对社会的生存发展、对个人的为人处世起着重大作用。

（一）口语表达在政治生活中的功用

社会离不开政治生活。古今中外的执政者和有识之士，历来看重口语表达的重要作用。

纵观历史，成功的政治家无不以自己突出的口才取胜。他们机敏睿智，伶牙俐齿，为维护国家、民族的利益，或游说，或劝谏，或答辩，或谈判，或演讲，或辩论，以口才来协助左右政治。

战国时的安陵君派唐雎到秦国交涉，同专横、凶残、贪婪的秦王进行了一场唇枪舌剑之战，痛斥了秦王的无理要求，打击了秦王的嚣张气焰，维护了国家的领土和主权。汉末，诸葛亮对刘备的“隆中对”，一席话将天下三分，奠定了蜀汉的基业。明末，李自成起义，他每到一处都以“均田免粮”之说宣传自己的政治主张，推动了农民革命的发展。近代的“五四”运动，大批的仁人志士上街演讲，极大地调动了广大民众反帝反封建的热情，推动了历史的向前发展。1976 年数百万民众聚集天安门，以悼念周恩来总理的名义，对“四人帮”做出了愤怒的声讨。他们慷慨发表演讲，诵读诗词，点燃了全国人民心中早已蕴蓄的怒火。这次行动为“粉碎‘四人帮’”做了必要的舆论准备。改革开放以后，邓小平同英国首相撒切尔夫人关于“一国两制”的谈话，使被割让出近百年的香港顺利回到了祖国的怀抱。

（二）口语表达在经济活动中的功用

作为中国改革开放总设计师的邓小平，他的很多谈话，都在中国的经济活动中掀起巨大的波澜。如 1992 年年初，他视察南方，沿途就中国的改革开放、经济建设发表了许多谈话，如解放生产力问题、市场经济问题、三资企业问题、“两手抓”问题、发展速度问题等等。这对中国后来建立市场经济体制、大力引进外资、高度发展经济、严厉打击经济犯罪等国策的制定，都起到了奠基作用。

口语表达在商贸谈判、产品推销、技术引进等经济活动中的突出表现，比比皆是。可以说，这类活动，凡是成功的，无不与口语表达的成功运用有关。2001 年中国加入 WTO，是经过专家们多次艰苦卓绝、斗智斗勇、据理力争的谈判较量。谈判中，他们充分展示了自己的谈判能力，维护了国家、民族的尊严。

（三）口语表达在外交公关中的功用

国家之间、团体之间、企业之间、组织之间的交往离不开口语。善表达者，对双方来说，能够化解彼此的矛盾，消除彼此的隔阂，增进彼此的友谊，表明自己的立场，维护自己的权益。

我国春秋战国时，朝秦暮楚的策士为了某国某时的需要，出使外国进行游说。今天联合此国对付彼国，明天又联合彼国对付此国。其中，以战国时主张“合纵”的苏秦与主张“连横”的张仪最为典型。

苏秦以口舌为业，先后鼓动唇舌连番游说燕、赵、韩、魏、齐、楚国，以东方六国应当联合起来一致对秦方可自保久安为理由，说服六国联合，使“秦兵不敢窥函谷关十五年”。六国之所以能够结成联盟，共同抗秦，其根本原因就在于苏秦在其穿梭外交中出色的公关口语表达。与苏秦作对的是他的同学张仪。他担任秦相，推出“连横”主张，就是要拆散苏秦的“合纵”，让西秦东出，吞并六国。他利用六国之间不可避免地存在的一些矛盾，挑拨离间，拉拢收买，恐吓威胁，终于拆散了“合纵”；然后远交近攻，各个击破，最后秦得以胜利，统一了天下。张仪的成功，靠的也是其在穿梭外交中出色的口语表达能力。古代利用口语表达，在外交中取胜，治国平天下的事例举不胜举，如“勾践灭吴”“晏子使楚”、苏武出使匈奴、张骞出使西域，又如文天祥出使元军、郑和下西洋……都有出色的外交口才的表现。

在现代社会，国家、团体、企业、组织间的交往日渐频繁，外交公关中的口语表达的能力愈加重要。周恩来总理的外交口才著称于世。1955年4月他率团出席在万隆召开的亚非会议。会上，伊拉克代表大肆诬蔑共产主义，一些国家则直接攻击中国会搞渗透和颠覆活动，会议宗旨一下被扭转。轮到周总理发言，他丢开事先准备好的发言稿，针对现场形势即兴发言，第一句就是：“中国代表团是来求团结，而不是来吵架的。”既表明了立场，又扭转了气氛。接着，周总理直言不讳地指出：中国信仰共产主义，但并不要求别国也信，中国是为求同而来，不是为立异而来，我们中间完全有求同的基础。他态度真诚，口气温和，吸引了听众。他在阐述了中国的外交政策后，提高声音说：“16万万亚非人民期待着我们的会议成功。全世界愿意和平的国家和人民期待着我们的会议能对扩大和平区域和建立集体和平有所贡献，让我们亚非国家团结起来，为亚非会议的成功努力吧。”全场爆发出经久不息的雷鸣般的掌声。①

1972年，美国总统尼克松访华。为“中美联合公报”的诞生，周总理利用他的口才，与美方唇枪舌剑，最终达成共识。基辛格后来回忆周总理时说，他是我所遇到的最善于谈判的人。

（四）口语表达在个人生活中的功用

口语表达是靠具体的人来体现的，会不会说，怎样说，说的效果如何，所产生的作用，只能由社会来检验。

1. 思想交流的工具

一个人的思想在自己的脑子里，究竟怎么样，别人无从知道；但一个人要完全禁锢自己的思想，也不可能。人的思想需要表达，需要与别人交流。交流的方式很多，可以是文字、表情、手势、肢体动作，但更多、更普遍、作用更大的则是口语。俗话说：“听君一席话，胜读十年书”；管子说：“心思虑，虑必顺言，言得谓之知。”即心主管思想，思想由言语表达，表达出来别人就知道了。这就是思想交流。

生活在社会中的人，思想千差万别，对人、对事、对问题的认识不可能都完善、正确。通过口语表达这一工具，可以与别人切磋、沟通、交换意见，在不断地修正中，获得

① 摘自中国网《新中国外交的伟大开拓者——忆周总理与亚非会议》，载于《万隆精神普照大地——纪念亚非会议50周年》。

相对正确的认识。只有这样，自己的思想才会进步，境界才会提高。另外，通过口语，个人的喜怒哀乐也可以得到宣泄，既可净化自己的心灵，又可增进彼此了解，消除人际的隔阂。

毛泽东同志是一个善于接触群众，经常与群众进行思想交流的人。在陕北的一个晚上，毛泽东同志出外散步，警卫员李银桥紧跟身后。毛主席问过李银桥的名字后说："听说你不愿意到我这里工作。"

"不愿意。"李银桥以实相告。毛泽东说："嗯，你能讲真话，这很好。可是我喜欢你呢，想要你来嘛，怎么办？总得有一个应该妥协啊。"

"那就只好我妥协了。"

"也不能太委屈你了，我们双方都作一些妥协。"毛泽东略一沉吟，做了个手势，认真地说："半年，你帮我半年忙吧，算是我借用，你看行不行?"

"行!"李银桥用力点点头。

毛泽东同志作为党的主席，不是对李银桥下命令，而是从尊重李银桥的需要出发，表明对他的好感和重视。毛泽东在同李银桥的思想交流中，一方面了解了李银桥的需要和希望，另一方面也表明了自己的心愿，使李银桥心悦诚服地留下来。

2. 获取信息的媒介

任何人都需要获取信息，获取信息的媒介有很多种，但最简洁、方便、迅速的还是口语的传递。从效果上说，口语传递往往比其他形式要好。因为它有一种现场交流感，更能引起他人的注意与重视。这种口语传递，无论是哪种形式——演讲、报告、谈话、问答、论辩、谈判、推销，无不蕴含着信息。发布者借助口语的媒介将他的信息传递给接收者。这种信息的传递，无论是有意的，还是无意的，你都可能获取。例如，街上兜售商品的小贩，在那里高声吆喝，你无意去听，可它仍要传入你的耳际，也许你就在无意中认识了某种事物，获得了某种信息。有意的信息获取，像听报告、听演讲、听讲座、听课等，则要求信息的接收者主动地聆听，以获得自己所希望得到的信息。

3. 保护自己的武器

善用口语表达，可以完整、流畅地表达出自己的思想感情，也能够合情合理地驳斥对方对自己的伤害、指责等，保护了自己。抓住时机，以口才辩诬、申述、宣传，进行自我保护。

1933 年 2 月 27 日，希特勒党徒焚烧当时的德国国会大厦，却嫁祸于共产党人。在对共产党人的大肆逮捕中，当时在德国的保加利亚共产党总书记季米特洛夫也被逮捕。在莱比锡的审判法庭上，季米特洛夫义正词严地反驳敌人的陷害，寸步不让地为自己辩护，无情地揭露敌人的阴谋，弄得敌人狼狈不堪，丑态百出。由于他成功的自我辩护，法庭不得不宣布无罪释放他。

（五）口语表达的二重性

口语表达存在着正面和反面的效应，如"祸从口出"也是值得分析的。

相关链接

1945年7月26日，敦促日本投降的《波茨坦公告》宣布之后，日本天皇就明确表示接受公告提出的条件。但因为接受投降的声明还没有通过正式的途径和手续送到日本内阁手中，当时担任首相的铃木接见新闻记者时说，内阁对声明持“默杀”态度。这是日语的一个多义词，有两种解释：一是暂不予评论；二是暂不予理睬。而译员竟不加审慎地偏偏选择了后一种译法，造成了一种灾难性的差错。这个报告一公布于世，就在1945年8月6日8时15分，美国在广岛投下一颗原子弹，使广岛变成了一片废墟，有20万人丧生，并留下了长久的后遗症。如果当年的铃木在表达时不选用“默杀”这个多义词，如果那位译员不采用“不予理睬”这个译法，那广岛的灾难可否避免呢？

任务三 口语表达基础

任务驱动

周恩来总理就是一位口语表达的语言大师，他常常将谈判中的对方驳斥得哑口无言，却又无可奈何，以至于对手在背后恶意地公然说：“跟周讲道理，简直就像在对牛弹琴！”周总理听到这话时非常平静，略思片刻道：“对，牛弹琴。”

讨论：谈谈上面案例所反映的口语表达的素质。

必备知识

一、口语表达的要素

口语表达的要素，可以概括为主体要素、客体要素和内容要素。

（一）主体要素

口语表达的主体是社会性传播行为的主体，也是社会性传播的中心。任何口语表达行为的产生，首先是表达主体的参与。口语表达活动的全过程，是表达主体反复认识客观事物、认识表达对象的过程，是表达者语言能力的显示。口语表达的结果如何，主要取决于表达主体的素质，它包括表达主体的思维能力、文化素养。

1. 表达主体的思维能力

从说话的角度说，思维与口语密切相关。

首先，语言是思维的工具，也是思维赖以进行的载体。口语是由外界的语音与发音器官的动觉刺激在人脑的听觉区和动觉区构成的联觉，缺少这样的生理机制，口语就无法产生，思维也无法展开。削弱这种生理机制，口语构成障碍，思维也陷入困境。正是从思维必须借助于外部语言的形式来表达这个角度出发，我们说语言是思维的工具和物质外壳。

其次，思维选择语言的运用方式。思维将通过推理判断来选择说话的策略方式，即说什么和怎样说。

再次，口语的运用节奏靠思维控制。在社交过程中，思维不断地发出语言信号，控制口语的表达节奏，或分轻重缓急，或分是非曲直。口语表达的过程，既有接收信号、分析综合的环节，又有选择和调节口语运用策略方式的环节。思维的调控作用十分重要。

2．表达者的文化素养

表达者的文化素养是构成口语表达能力的重要因素。说话，有说得好的，有说得不好的，这同表达者的文化素养有很大关系。语言贫乏首先是由于知识贫乏。在生活实践中，对某一事物确实有感受、有体验，却不能描绘和概括，甚至不能用一个恰当的词语形容，则思维中断，交流也随之中断。因此，高文化素养和合理的知识结构，特别是扎实的语言功底十分重要。有了这些，张口说话时会侃侃而谈，旁征博引，左右逢源。

3．表达者的心理素质

心理素质主要指表达者的性格、气质、情绪、兴趣、意志、人格、能力等的状况及特点的总和。口语表达主体的心理素质在口语表达过程中有着重要作用，良好的心理素质有助于口语表达主体调控自我、适应环境、移情倾听、说服对方、开发话题、接受挑战、解决困难、化解矛盾等。

（二）客体要素

口语表达的客体要素主要包括对象和环境两个方面。口语表达的成功与否，最终取决于接受者是否接受有关信息和交谈的环境，是否有利于接受者接受信息。

1．口语表达的对象

对人的行为的认识是任何交际的基本因素。了解人的方法多种多样，因人而异。我们可以通过读、听、观察及在某些特定场合的反应，了解他们的习惯、本能和智力学识，揣度其动机与需求、情绪与情感以及性格特征等，然后确定说什么、怎么说、什么时候说。

在口语表达的过程中，要做到在任何情况下都尊重对方，要根据对方的反应，不断地及时调整话题、方式，甚至是调整时间和环境。及时反馈信息，对对方的反应变化发现得越多，调整得越及时，交谈的效果越好。

2．口语表达的环境

说话需要一个和谐的对话环境。说话态势是一个大环境，谁是说话的主动者？谁更急迫需要调整？双方说话之前，应酌情造势，一旦平衡局面被打破，说话态势滑坡，交流就可能中止。

说话氛围是指一种相宜的气氛环境。应努力创造激发听众的热情，或轻松幽默，或平静和谐，或词锋逼人，或亲切热情。相宜的氛围是口语表达中出机智、出妙语的催生素。

说话还需要一个理想的外部场景。一般说来，封闭式的安静环境，较小的空间，适合做较长时间的深谈；开放式的场所则适合比较大型的活动；如果在喧闹的公共场所谈心或者在静室中一对一地宣讲，效果都会大打折扣。说话的场景是面对面、电话、电台、电视台还是其他一些特殊场合，说话人应该注意媒体特点，选用相宜的说话方式。

（三）内容要素

口语表达的内容要素主要包括主题与材料两大部分。

1. 构成主题的核心是信息个性

对谁？为了什么事？为了什么目标？在考虑说话目标时，应事先把握住说话对象及其需要。在说话过程中，相应地根据需要调整内容。必要时，还应该更换说话主题。

2. 口语表达的材料

材料是主题赖以存在的支柱。在口语表达中，主题往往是单一的，但是材料则一定是丰富的。同样的主题，在表达时效果不一样，材料的选用是关键。

材料源于生活积累，源于调查研究。在积累的过程中，要去粗取精、去伪存真。通过调查研究获取信息材料，为提炼核心内容、为说话主题服务，所以必须客观细致。选用的材料应是积极务实的，围绕主题的，有典型意义的，通俗易懂的。

二、口语表达的能力结构

口语表达的能力结构主要包括以下五点：

（一）语言能力

语言能力指有声语言能力，即驾驭语言的语音、语气、语调、节奏以及运用词汇、修辞、语法的综合能力。

“说”是一个言语表现过程，但是这个过程不是孤立的，而是表达者在一定时间、地点和表达受体合作完成的综合行为过程，是口语表达主体运用声音、语气、语调、节奏通过思维完成口语表达的过程。这一切都涉及“说”的一些基本知识和规律，是构成口语表达能力的重要因素。因此，掌握口语表达的基本知识和理论，对口语表达能力的培养和提高是不可缺少的。在这个基础上，加强表达实践，才可能把“说”的知识转化为“说”的能力。

（二）自我控制能力

说话是面对面的信息传播、交流和反馈过程。由于听者年龄、职业、经历、文化素质和受教育程度的差异，情况千差万别。在特定场合，要求表达者必须具备良好的心理控制能力。“心不平，气不和”的状况下口不择言，往往会一语伤和气，一语断交情，一语坏大事，甚至一语出人命。在日本曾发生这样一件事：富士宫北高中二年级一位16岁的学生，当夜因看电视而没做功课。父亲知道后很生气，就脱口骂了他一句：“真是人头猪脑，还不如去死。”这位父亲没有控制自己的情感而一任发泄，导致了孩子自杀的悲剧。

自我控制能力主要表现在三个方面：

第一，控制感情。控制感情就是不必因别人的一句话或某种态度而动怒，相反，应镇静、理智地思考对策，通过温和的声音表达出自己的观点。

第二，控制欲望表达。在遇到自己熟悉的话题或自己反对的观点时，不要情不自禁地马上把它表达出来，不要打断别人的话。抢先发表意见或喜欢打断别人的话，不但对自己谈话无益，还会造成很多害处。

第三，控制急于求成的心情，不要强求一次谈话见效。任何事情都受到客观环境制约，不可能全按自己一方的意愿发展，必须学会忍耐，否则会把局面弄僵，大家不欢而散。总而言之，要把话说得好，使说话顺利进行，必须有自我控制能力。

（三）引导对手情感的能力

自我控制的目的在于研究对手，了解对手。研究、了解的作用在于左右对手的情感，达到使对手主动接近自己的目的。美国有位著名的营销学家荷伊拉，有一次他到市场调查自己的衬衫究竟能卖多少时，发现售货员拼命地叫卖："特价特价，要不要买一件?"而光顾者无几。于是，他走过去"示范"。他拿起衬衫，对着来往的女士说："请参观一下吧，太太们，你看这扣子缝得多牢固，用洗衣机洗也不会掉。"这些话，果然引来了不少女士，衣服很快就卖完了。荷伊拉的话中所表现出的正是引导对方情感的能力。他抓住了主妇的心理，使她们对不掉扣子的衬衫产生方便感、满意感，使商品的特征与买者的情感吻合。

在谈话中控制自己，才能取得谈话的主动权；而谈话中有意识地引导对方的情感，使其向自己所希望的方向靠拢，才能使主动权发挥出最好的效果。

（四）灵活应变的能力

灵活应变，在这里是指机智灵活、迅速适应语境变化的快速反应能力。表达活动一般都在有准备的基础上进行，就连即兴表达也不例外。但是，由于交际活动中主观和客观诸方面的原因，出乎意料的因素难免发生。在这种情况下，当机立断，酌情做出应变处理，就十分必要。

归纳起来，主要有以下几种意外情况：

第一，对内容多、时间少的矛盾的处理；

第二，对表达者自身发生失误情况的处理；

第三，对表达环境不良、气氛压抑情况的处理；

第四，对听众反应冷漠、缺乏合作精神情况的处理等。

对于这些在谈话中意想不到的变化，要灵机应变、化险为夷、急中生智、应对自如。谈话或讲话中的灵机应变，是表达者综合修养的集中反映。经验、知识、智慧、气质和对情况的了解等都是对灵机应变产生影响的重要因素。表达者只有反复实践，不断总结经验教训，加强应对突发事件的心理素质，才能不断提高表达的应变能力。

（五）即兴表达的能力

即兴表达，是在没有现成演讲稿的情况下，因事而发，触景生情的讲演。这种能力就称之为即兴表达能力。

即兴表达的应用范围很广，应用频率非常高。在现代社会中，人们在各种各样的场合运用口头表达，直接传播信息、阐发见解、交流感情、沟通思想的机会日趋频繁，这就要求人们能随时随地根据需要发表得体的讲话。

即兴表达能力是最能反映表达者的修养和功底的表达能力。能做到缘事而发，并且出口成章、天衣无缝，确实非易事，非经过一番刻苦磨练不成。因为即兴表达面临具体课题多变、情况复杂、具有突发性等未知情况。这要求表达者头脑清晰、思维敏捷、词汇丰富、句式娴熟，能够迅速进入角色，捕捉到需要表达的精义要害，有针对性地快速组织话语。由此可见，即兴表达的能力，需要有一定的功底，又需要反复地实践锻炼。

三、口语表达技巧

要想具备良好的口才，要掌握口头表达技巧。要注重在科学理论指导下，加强实践锻炼。口语表达的一般技巧主要是语音、咬字、停连、重音、节奏、语气等。

（一）语音

语音是人的发音器官发出来的，能表达一定意义的声音。好的声音，不仅能准确、恰当地表情达意，而且能声声入耳，娓娓动听，听起来让人感到舒服。如果语音不佳，不但不能准确无误地传达思想感情，反而会使听者感到厌烦，影响讲话效果。

如何才能使发出的声音悦耳动听呢？

第一，要掌握语音知识，必须按照普通话的语音标准，把每个音节都清清楚楚、真真切切地送到听众的耳朵里。讲演朗诵等口语的发音还应做到字正腔圆，表意真切，音色优美。只有使用规范优美的语音，才能扣动听众的心弦，引起听众的共鸣。学习的方案要在“准”字上下功夫，要准确掌握 21 个声母、38 个韵母的读音，准确读出四个声调的读音。

第二，掌握正确的呼吸。充足、稳定的气息是发音的基础，有了充足、稳定的气息，才能发出响亮持久的声音。正确的呼吸，即指胸腹联合呼吸。只用胸呼吸，呼吸浅，并且容气较少，从事艺术语言活动时，往往感到气不够用。采用胸腹联合的方法呼吸，可使全部呼吸器官协同操作，气的容量大，是较理想的呼吸方法。练习时，应注意吸气时要迅速，呼气时要缓慢、均匀，逐渐做到轻松自如。

（二）咬字

讲话必须以咬准每一个字为基础，咬字的问题直接关系到思想交流、信息传播的效果。一旦讲话者吐词不清，就会造成交流的隔阂。如何才能做到咬字、吐字清晰呢？

一是吐字发音时要咬准字头（主要指声母）、吐清字腹（韵头和韵腹）和收住字尾（韵尾）。例如发 bān（班）这个音节时，要找准 b 的发音部位，即咬准字头；而后，在一股较强气流的作用下，冲破障碍，清晰、响亮地吐出字腹 a；紧接着舌要回抵上牙床（即 n 的发音部位），收住字尾，即传统戏曲中所说的归音。它要求吐咬清晰，归音到位。

二是讲话时一定要按普通话的构成要求读准每个音节。常用汉字不过 4 000 左右，而这些汉字都没有离开 418 个音节，其中最常用的音节有 14 个，次常用的音节有 33 个，这 47 个音节经常出现。所以，只要肯下功夫，就能掌握。

三是适度地掌握音量、音高、音长。如果讲话时音量过大或过小、音高过高或过低，都会给听众模糊的感觉。因此，过大过高的语音刺激，会使人厌烦，听觉的兴奋被抑制；而过小过低的语音，对听觉的刺激又达不到程度，也引不起兴奋。另外，讲话的音长要适度，如拖长腔，显得故作姿态；而音长太短，则听不清楚。所以，要科学地控制自己的音量、音高、音长。

（三）停连

停连指的是停顿和连接两个方面。口语表达必须注意适当的停顿。话总是一句一句说的，这样势必有断有连。这些长短不同的停顿，在句与句的连接上自然形成了疏密不同的状态。书面语可以借助标点符号来表示这种断和连，而口语只能依靠说话人准确的停顿来体现。

停连要服从思想感情运动的需求，要在传情达意的过程中，积极发挥“区分、转折、呼应、回味、想象”等作用，不可随意，不可因生理需要而破坏心理需要，不可因停害意或因停断情。在口语表达过程中，需要运用区分性停连来区分语言序列各成分，表达出清晰的语意；运用呼应性停连使层次清楚，结构严谨，一环扣一环；运用并列性停连将相近的并列成分进行划归，使内容更集中、紧凑；运用分合性停连使语句关系更明确，语言链条更完整；运用强调性停连使目的鲜明，重点突出；运用判断性停连使思维过程能够更准确地体现出来，使表达更生动；运用转折性停连使转折呼应更自然，前后衔接得更合理；运用回味性停连给受众留下想象和思考的时间，创造出意境……能够熟练掌握和灵活运用停连的基本方法，有利于揭示语意，抒发情感。

停和连是由表达的内容决定的。

（四）重音

重音是指语句中最能表明说话目的，需要在说话时着意加以强调的词或词组。重音不仅能和停连一起使语意更清楚准确，而且还能使语句目的更突出，逻辑关系更严密，感情色彩更鲜明。因此，正确使用重音一直是口语表达中不容忽视的重要技巧之一。

如何掌握口语表达的重音选择问题呢？

首先，要抓住那些能够突出语句目的的中心词。因为，它们是准确、鲜明地传达语句目的的核心。

其次，是要抓住那些能够体现逻辑关系的对应词，即那些具有转折、呼应、对比、并列、递进等作用的词语。因为它们是语句目的实现过程中的重要逻辑线索。

最后，要抓住那些能够点染感情色彩的关键词，即那些对显露丰富的感情色彩、描摹形象、再现情景和烘托气氛等有重要作用的比喻、象声以及其他形象性的词或词组。

在口语实践中，为了准确、细微地表情达意，显示重音的方法是：

1. 拖长音节

拖长音节即用拖腔的方法将重音音节拖长一些。对于号召性、鼓动性的话语，呼口号、发口令和表现某种特别强烈的感情时，重音音节往往需要延长。音节拖腔的长短，要视具体内容感情而定。例如：

（1）让暴风雨来得更猛烈——些吧！

（2）伟大的中国共产党万——岁！

（3）立——正，向前——看——。

（4）周——总理，我们的好总理。

2. 加强音量

加强音量即说得或读得重一些、响一些，增强音势。

3. 重音轻吐

表示重音，不能只是一味地增加音高，有时在表达极为复杂而细腻的感情时，可以降低音高，加强音势，即将重音低而有力地轻轻吐出。这样，往往比简单地增加音高、加大音量效果更好。例如：

周总理啊，周总理，全国人民都在哀悼您，都在呼唤您，都在想念您。

强调和突出重音，不仅不会使“话”说得“单调”“呆板”，而且可以使口语表达对比更强烈，变化更丰富。

（五）节奏

节奏指的是口语表达中的语调速度变化。速度的快慢是语言节奏的主要标志，它是表达者波澜起伏的思想感情所造成的抑扬顿挫、轻重缓急的声音形式的回环往复。

掌握语速快慢的变化要注意：

第一，看交流对象。青少年精力充沛，思维敏捷，反应快，跟他们交流，语速可以稍快些。如果跟老年人和学龄前儿童交流，速度则应稍慢些，使他们能听清楚，容易接受。

第二，看环境气氛。一般在热烈、紧张的场合，或要表达激动、惊异的心情，争辩、斥责的态度，语速应稍快些；若在宁静、庄重的场合，或要表达平静、失望、沉痛的心情，犹豫、宽慰的态度，语速要稍慢些。

第三，看人物性格。一般跟聪明机智、性格豪放、作风泼辣的人交谈，话语应稍快；而与心思迟钝、性格憨厚、作风懒散的人交谈，话语应稍慢，他们更容易接受。

第四，看作品体裁。作品的体裁和语言风格等不同，听者接受声音信息的速度也不一样。因此，从语速的快慢上看，诗歌一般比散文慢；而在诗歌中，旧体诗一般比新体诗慢。此外，论说文应比一般散文慢；同是论说文，理论性较强的专论比一般论文慢。这是一般规律。

口语的节奏并无绝对标准，快和慢是相对的。在口语交流中不分快慢，不好；脱离实际，快慢不当，也不好。

（六）语气

语气就是说话的口气，是指在一定思想感情支配下，口语表达主体运用具体语句的声音形式。语气是一种综合的表达技巧。由于各个语句的本质不同，语言环境不同，每一个语句必然呈现出具体的感情色彩和分量，并且组成千差万别的声音形式。语气的感情色彩体现的是表达者的态度和感情；语气的分量是指每一句所包含的是非和爱憎的程度。生活中我们对所发生的事物的看法都不一样，有肯定、否定；有疑问、感叹；有赞叹、不满……这些在说话时须用不同的语气加以表现。由于人对事物的看法形形色色，说话的语气也就变化无穷。仅回答“是”就有近五十种说法，“不是”则有近五百种说法。

在一定的场合，使用适当的语气，能更好地表达情感、态度和意志。但说话仅有语气仍不够，还需通过语调、语势等语言形式来传达。因此，在口语表达中，语气形式就是思想感情、词句篇章的体现。这说明，恰当的语气首先要服从内容、语句表达方式，同时还要把咬字、吐字、重音、停连、节奏等技巧配合协调起来，进行综合性处理，使之产生整体效应。

四、口语表达的过程

口语表达都有一个过程，从构思、开局、调整到结束，有一定的规律可循。

（一）口语表达的设计

口语表达的设计主要包括：研究目标、选择主题、制定策略。

（二）口语表达的准备

口语表达的准备主要包括：收集材料、调整策略、制造情境。

（三）口语表达的实施

口语表达的实施主要包括：预期性、程式性、有序性、随机性。

训练设计

一、思考题

1. 口语表达有何重要性？
2. 口语表达的特点及功能是什么？
3. 口语表达的能力结构包括哪些内容？
4. 以“礼貌”为题，做一次即兴发言小品练习。
5. 口语技巧包括哪些内容？
6. 请做下面的绕口令练习。

（1）四是四，十是十，十四是十四，四十是四十。谁能说准四十、十四、四十四。

（2）半盆冰棒半盆瓶，冰棒碰盆盆碰瓶。盆碰冰棒盆不怕，冰棒碰瓶瓶必崩。

二、技能训练

日常商务交往对白练习。

（1）电话预约

甲：你好，我是北方商务公司的王平，我想和张总通电话。

乙：对不起，王先生，张总正在开会，您有什么事情我可以转告吗？

甲：是有关商贸代理的合作问题，我能不能和张总预约见面。

乙：您看什么时间呢？

甲：今天下午可以吗？

乙：对不起，王先生，张总今天的日程安排上没有空闲了。

甲：那明天上午呢？

乙：明天上午九点到九点半张总会有时间。

甲：那好吧，请你转告张总，我明天上午九点钟和他见面。

乙：一定转告，再见。

（2）电话订票

甲：您好！这里是民航订票中心，请问您有什么需要？

乙：您好，我想预订明天到上海的机票。

甲：请问您准备乘坐哪次航班？

乙：我明天下午三点钟要召开会议，你能为我安排一下行程吗？

甲：您可以乘坐明天中午十二点钟的国航 757 次航班，将在下午一点半到达。这样您可以轻轻松松地吃午饭，稍做休息，保持良好的状态。

乙：你想得太周到了，请给我订两张明天中午十二点出发去上海的机票。

甲：请问您的姓名和地址是什么？

乙：我叫王平，我太太叫李娟。我们住在北京饭店 128 号房间，请在今天晚间八点钟送到。

甲：好的。您还有别的需要吗？

乙：最好有一个靠窗子的座位。

甲：好的，没问题。再见，王先生。

（3）商业午餐

甲：王先生，您是北方人，不知道您是否喜欢南方的口味？

乙：没问题。我经常来这里，早就习惯南方的口味了。

甲：那不知道您是否喜欢海鲜？

乙：当然了，海鲜是南方的一大特色嘛。

甲：您说得不错，来南方的人，大多喜欢吃海鲜。

乙：不光是海鲜的味道好，南方的菜还有一个特点就是精细。

甲：看样子，您比我还了解。

乙：那倒不敢当了。

甲：这样吧，我们先尝尝这里鲜美的醋鱼和新鲜的海蟹，然后再点几道特色小菜，您认为可以吗？

乙：已经很好了，让你破费真是不好意思。

甲：您太客气了。

（4）销售与代理

甲：我是北方商贸公司的代表，我们有兴趣代理一种南方品牌的饮水机。如果满意的话，我们可以考虑进一步的订单。

乙：谢谢您对我们的关注。这里展示的是我们公司最新推出的高档饮水机，它既满足了日常饮水的需要，同时也可作为很好的室内装饰。

甲：很不错。这种产品的专利权怎么样？

乙：这种新型饮水机获得了多项国际专利。

甲：贵公司能否提供专利权或生产权转让呢？

乙：那要根据地域来划分了，目前我们公司只选择了东北三省。

甲：我会考虑的，有产品的说明书可以提供给我吗？

乙：当然可以，这里是产品目录。

甲：有没有价格表和订货协约呢？

乙：在这里。

甲：好的，谢谢，我会再和你联络。

（5）迎接客人

甲：王先生，很高兴再次见到您！

乙：我也很高兴，毕竟两年没见面了！

甲：旅途还顺利吗？

乙：很好，飞机上很舒服。

甲：顺便问一下，家里人都好吧？

乙：都很好，谢谢！对了，我太太还让我带给你一件礼物呢！

甲：真是太客气了，代我谢谢她。

乙：一定转告。

甲：您的行李多吗？

乙：不多，这不，就这一个包。

甲：一路的颠簸，您肯定累了，这样吧，我先送您到宾馆休息一下吧。

乙：也好，下午我们再开始谈生意。

（6）商业交流

甲：王先生，十分感谢您带给我们这么多的合作机会。

乙：我也非常高兴能有机会认识您。我这次来还想寻找有可能合作的供应商。

甲：王先生，您可能有所不知，我们公司最近正在扩大经营范围，也许我们可以为您提供这方面的服务。

乙：真是太好了，我承认贵公司近年来在市场上下的功夫。我想你们在商品供应方面也应该十分出色。

甲：是的。我们公司的质量管理和服务管理是非常严格的，我们必须做到让客户满意。

乙：那么，你们现在生产运动产品吗？

甲：我们已经开发出了高档次的网球和羽毛球拍，另外还有各种配套材料。

乙：我对贵公司的球拍系列特别有兴趣。

甲：我这有详细的资料可以供您参考。您看这是目录、价格表、宣传册和一些用户的满意评价。

乙：非常感谢，我先和总部取得联系。合作的事情我们下一步商定。

甲：好的，十分感谢。

三、看材料完成任务

1. 一位学历并不高的女青年到一家大公司应聘管理人员。一位考官提问："请问，一加一是多少？"女青年先是一愣，略一思索后，便出其不意地反问考官："请问，你是说的哪种场合下的一加一？如果是团队精神，那么一加一大于二；如果是单枪匹马，那么一加一小于二。所以，一加一是多少？要看你想要什么了。"由于女青年采取了非常规性应对方式，在众多应试者中，脱颖而出。

问题：请结合销售语言的特征，谈谈女青年成功应聘过程中语言表达的特点。我们在面试的时候应该注意什么？

2. 有一家外贸进出口公司在一次人才交流会上招聘秘书，某女士过关斩将，各方面的条件都符合招聘单位的要求。正当招聘单位欲拍板录用她时，一名考官灵机一动，又提了一个问题："女士，如果在将来的工作中，你接待的客人要你陪他跳舞，你不想跳，但不跳又不行，你会怎么办?"没想到考官的语言刚落，那位女士当即涨红了脸，对着招聘人员愤怒地说："你们是什么鬼单位，在这里摆摊招舞女!"说完，连求职材料都未取回就气呼呼地扬长而去。

问题：请从口语表达的能力方面进行点评。

项目三参考答案

项目四
销售语言运用

项目四 PPT

学习目标

通过本章的学习，掌握各种类型的销售语言技巧，掌握商品推销、柜台服务、收银工作、售后服务以及商务洽谈过程中的语言艺术，熟悉销售工作中的禁用语，准确运用销售人员的规范用语，培养推销人员的商品推销语言能力，特别是灵活运用各种语言技巧和创新实践的能力。

导读案例

据报载：四川省农学院留法研究生李华经过几年努力，终于使中国的葡萄酒奇迹般地打入法国市场。可是，中国葡萄酒从香港转口时遇到了难题。港方认为葡萄酒是洋酒，不是中国土生土长的产品。香港的关税规定，洋酒征30%的税，国产酒只征8%的税，面对这个难题李华急中生智吟出一句唐诗：“葡萄美酒夜光杯。”他解释说，这说明中国唐朝就能生产葡萄酒，要比法国和英国生产葡萄酒的历史早十几个世纪，怎么能说中国的葡萄酒是洋酒呢？港方无言以对，只好承认中国葡萄酒并非洋酒，同意按8%的规定征税。这真是口才解难题，一语值千金。

任务一 推销语言

微课：销售语言运用技巧

任务驱动

讨论：谈谈议价的语言技巧与报价的技巧。

必备知识

一、推销语言的种类

推销语言的形式多种多样，每种语言有其特定的运用条件和目的，有时又需要若干种其他形式的配合。

（一）有声语言与无声语言

按照语言的表达方式，可以把推销语言分为有声语言和无声语言。

有声语言是通过发音器官来表达的语言，一般理解为口头语言。有声语言是推销语言中最常用的一种，是介绍产品、排除顾客异议的主要手段。它具有直接、迅速、准确、易于理解等特点。

无声语言是指通过人的形体动作表达出来的信息，一般理解为行为语言。这种语言借助人的视觉来传递信息，表达态度。

在推销过程中，巧妙运用这两种形式的语言，可以起到珠联璧合、相辅相成的效果。

（二）专业性语言、法律性语言、外交性语言、文学性语言

专业性语言、法律性语言、外交性语言、文学性语言，是从语言表达特征的角度对推销语言所作的分类。

1. 专业性语言

专业性语言是指有关推销业务内容的一些名词术语。不同的推销业务有不同的专业性语言，不同地区也有不同的推销用语。例如，国际市场营销有"询盘""发盘""还盘"等专业性用语。专业性语言通常具有简练、明确、专一等特征。熟悉专业性语言，不仅信息传递更快捷，还可以向潜在顾客表明推销员对业务的熟悉程度。

2. 法律性语言

法律性语言是指推销洽谈过程所涉及的有关法律规范的用语。法律性语言具有强制性、严肃性，主要用来明确购销双方各自的权利与责任。现代商品经济广泛运用法律法规规范交换的有序进行。

3. 外交性语言

外交性语言是指含义不十分明确，使用委婉、礼貌的方式来表达的用语。外交性语言通常用来避免矛盾激化、过早摊牌，还用来表达某些不宜直接说明的信息。使用外交性语言既可表明意图，又可以避免失礼，为进退留有很大的余地。外交性语言通常具有模糊性、缓冲性和圆滑性等特征。

4. 文学性语言

文学性语言是指推销洽谈中使用的优美动人的修辞，它富有感染力。文学性语言在推销过程中使用范围很广，尤其适合在说明产品或服务的优点、告知潜在购买者可能获得的基本利益时使用。

（三）生活化语言与规范化语言

按照语言的风格，可以把推销语言划分为生活化语言与规范化语言两种形式。

生活化语言是指在风格上近似于日常生活的推销语言，具有随和、灵活、易于接受、易于沟通等特征。使用生活化的语言还可以起到活跃洽谈气氛、联络双方感情的作用。

规范化语言是指遣词造句上比较讲究、正规，比较接近推销语言规范的语言。它比生活化语言更准确、更简洁、更通用。在某些方式和场合下，需要使用规范化的语言，如贸

易谈判、合同签订、商店柜台零售、商品展销会等。

例如，一对老夫妇准备卖掉他们的住房。他们委托一位房地产经纪人承销。这位房地产经纪人请老夫妇出钱在网上发布了一条广告。广告的文字很简短：“出售住宅一套，有六个房间，壁炉、车库、浴室一应俱全。交通十分方便。”

广告发布一个月后无人问津。老夫妇又发布了一条广告，这次他们亲自拟写了广告词：“住在这所房子里，我们感到非常幸福。只是由于两个卧室不够用，我们才决定搬家。如果您喜欢在春天呼吸湿润新鲜的空气，如果您喜欢夏天庭院里绿树成荫，如果您喜欢在秋天一边欣赏音乐一边观看窗外的落叶，如果您喜欢在冬天的傍晚全家人守着温暖的壁炉喝咖啡时的气氛，那么请您购买我们这所房子。我们也只想把房子卖给这样的人。”广告发布后不到一个星期，他们就把房子卖出去了。

这个例子告诉我们，只有优秀的推销语言才能起到激发购买欲望的作用。

二、销售商品的语言技巧

（一）介绍说服技巧

良好的语言表达能力是胜任推销工作的基本条件，是指推销员运用有声语言及行为语言准确传递商品信息的能力。语言艺术是推销员用来说服顾客决定购买行为的主要手段，每一次推销过程都要使用陈述、提问、倾听、质疑及行为语言等多种语言技巧。从某种意义上讲，没有语言艺术就没有推销。

销售员从事的工作是一种销售行为，整个行为过程是在销售员和顾客双向沟通中进行的。销售员在和顾客面对面的接触中，主要通过语言活动交流。销售语言的艺术体现在能让顾客通过销售员的语言了解他所需求的商品，也能从中体会该类商品给予的价值，从而使顾客决定选择意向。

例如，一位女士在一个服装商厦中停步在一款女装货架前，仔细地捏摸面料。销售员看在眼里，迎上前去热情地说：“小姐，这件衣服从款式和颜色来看，很适合您穿。”就是没提面料的质地。顾客不无遗憾地说：“我是很喜欢这件衣服的，但这面料不理想，我不想买。”销售员抓住顾客说话中的“喜欢”一词，不失时机地说：“您挑选衣服第一眼的印象是很重要的，而这第一眼主要是款式和颜色，款式和颜色满意对决定购买起主要作用。如果首先考虑面料质地，就算把一块质地满意的布料披挂在身上，也没有意义啊。何况这件衣服的面料无论手感还是厚薄程度都是不错的，你看它挺括但不显得‘撑’，有悬重感，穿着不会有臃肿感，还防缩免烫呢！”短短一番话语，把女士爱苗条的心理说动了，顾客购买衣服后满意而归，销售员的一项销售活动也圆满告成。

从以上事例我们可以看出，销售员除了运用语言，还可以配合目光交流、动作交流、神态交流。通过顾客表情和行为反应，因地制宜地说服顾客，激发顾客的好奇兴趣，刺激顾客的购买欲望。

销售员进行介绍说服时应注意以下问题：

第一，销售语言必须语气诚恳，既介绍商品优点，也介绍商品的特殊性。

第二，通过与顾客目光接触，观察顾客神态，随时调整自己的语态。优秀的销售员要掌握察言观色、随机应变的销售语言技巧。

第三，销售语言的技巧要从选择顾客的兴趣点打开话题，建立好印象，抓住销售契机。

第四，讲究销售语言技巧是销售活动中的重中之重，但销售员说得过多也不好，超出了顾客想要了解的范围，喋喋不休地去介绍，也会引起厌烦，效果适得其反。

（二）遇到反对意见时的语言技巧

在销售时，顾客会随时提出各种问题或是用各种理由来挑剔商品以达到某些目的，疑问和挑剔说明顾客在未购买商品之前对商品的性能、质量、外观、价格、售后服务等方面不清楚、需要进一步的解释，或是对商品不信任而产生疑问，也有可能是其他各种各样的异议。我们把这些疑问和挑剔统称为反对意见。

顾客对商品提出反对意见是销售活动中的必然现象，它既是成交的障碍，又是顾客有购买意向的征兆。如果顾客没有购买的兴趣和动机，也就不必在商品上多费心思和口舌了。实际上，顾客的反对意见使他参与到了销售活动中来，说明他期望与导购代表沟通信息。

根据不同顾客的反对意见，销售人员应选择相应的处理方式，并加以解释和说明。回答和解释的过程，实质上就是说服的过程。在这个过程中，销售人员绝对不能把反对意见变为对销售有影响的负面效应，失掉销售时机。

1．“YES”—“BUT”法

以“YES”的回答来接受顾客的意见，接着用“BUT”的方式来陈述反对的意见。

例如：“您刚才说睫毛膏用上去比较干，是的，如果您每次使用之前来回拉动几下，就可以让膏体充分附着在杆上，那样就不会感到干了。”“我理解您的感觉，不过……”

2．先发制人法

当顾客可能要提出某些反对意见时，最好的办法就是自己先把它指出来，然后采取自问自答的方式，主动消除顾客的疑义。这样不仅会避免顾客反对意见的产生，同时坦率的态度还能给顾客一种诚实、可靠的印象，从而赢得顾客的信任。但是，导购代表千万不要给自己下绊脚石，要记住：在主动提出商品不足之处的同时，也要给顾客一个合理的、圆满的解释。

例如：“您现在可能在考虑压力是否过大了，不必担心，这个安全阀的作用正是防止压力过大的。”

3．询问法

从顾客的反对意见中找出误解的地方，再以询问的方式来征询意见。

例如，一位顾客正在观看一把塑料把柄的锯，问道：“为什么这把锯的把柄是塑料的而不是金属的呢？看起来像是为了降低成本。”导购代表回答道：“我明白您说的意思，但是，改用塑料柄绝不是为了降低成本。您看，这种塑料是很坚硬的，和金属的一样安全可靠。您使用的时候是喜欢又笨重、价格又贵的产品呢？还是喜欢用既轻便、价格又很便宜的呢？”

4．引用比喻法

通过介绍事实或比喻以及使用展示等（如赠阅宣传资料、商品演示），用较生动的方式消除顾客的疑虑。

例如，顾客说："一张好好的脸上抹那么多层化妆品，那还不抹坏了呀！"导购小姐回答："您看，裹在很多层衣服里面的皮肤，因为衣服阻隔了大部分的阳光照射和空气中的粉尘、污垢，不容易受到伤害，所以皮肤就细嫩。但是面部皮肤就不一样了，它会因为经常受到阳光的暴晒导致黑斑的产生，皮脂腺分泌出的油脂沾上了空气中的粉尘和污垢之后，就很容易阻塞毛细孔，使皮肤产生黑黄色素、面疱、粉刺和过敏等问题。所以我们应该给面部皮肤穿上衣服。"

5. 自食其果法

使顾客对商品提出的缺点成为他购买商品的理由，这就是自食其果法。对压价的顾客，可以采用这种方法。

例如，某顾客："你们的制度为什么那么死，不如别的商家灵活，你们能卖出去吗?"此时，导购代表要用肯定的语气回答："因为某某商品是通过质量创建品牌，而不是通过销量创建品牌，商店一直认为没有一个严谨的、稳定的制度是不能制造出好的产品来的，也不能对消费者负责。您说呢?"

三、推销企业的语言

1. 销售员要有自己是企业形象的代言人的意识

企业形象是商品质量的一种保证，是品牌的象征。树立良好的企业形象是商品销售的一种有效手段。

在经济改革大潮的推动下，我国一大批品牌企业不断崛起，如希望集团、海尔集团、长虹集团等。他们都以良好的企业精神打造了响当当的企业形象，以一流的创新精神、优秀的企业素质、凝聚的团队精神、无可挑剔的企业形象立足于市场、开拓市场，占有了消费者所认可的市场份额。推销员在推销品牌产品时，要树立企业良好形象，维护企业的声誉。每个销售员要努力充当该企业产品的代言人，因为销售员是企业和顾客间沟通的桥梁，必须清楚自己代表什么。

例如，国内家电行业的龙头企业春兰集团通过产品国际认证后，以后春兰集团的任何一款产品都可以免检进入欧洲市场，从而赢得企业品牌攻坚战的胜利，同时提高了该企业产品在国内市场的知名度。销售员在介绍春兰产品时应利用这一大好契机，树立起春兰品牌效应的形象，提高企业在顾客心目中的可信度，让顾客明确，选择春兰产品就是选择放心，顾客可以获得真正的实惠。

2. 销售员对企业的历史、当前的发展和前景要有一个认识

当顾客对该企业品牌产品露出不了解、不信任的表示时，销售员要努力树立该企业的可信形象，如该企业已成立控股集团、企业发行的股票已经上市并已取得可喜的业绩、前景看好等，以增强顾客对该企业的信心。

3. 销售员树立企业形象可通过非常规的销售语言

销售员要树立某企业的形象以提高该产品的身价。

例如，一个绚丽无比的黄昏，推销员带着"艾丝蒂"香水来到巴黎某个化妆品公司门口。她没有拿着香水向来往的人们介绍推销，要知道那时正是下班时候，购物的人群川流不息。聪明的她灵机一动，便把随身带的10瓶香水喷洒在公司的门口。刹那间，醉人的芳香沁人心脾。禁不住香水诱惑的人们，纷纷前来询问这是何种香水。要知道法国人对香水是“情有独钟”的。聪明的推销员抓紧时机大作宣传，达到了她语言推销的最佳状态。更幸运的是，其中有几位新闻记者。第二天，几家报纸同时刊出了这一消息，“艾丝蒂”品牌在巴黎引起不小的轰动。“艾丝蒂”企业在巴黎人心目中留下了良好的印象。

四、推销自己的语言技巧

在销售过程中充当主角的是销售员而不是商品，销售员使用的语言技巧必须立足于树立自己的良好形象，要表现出诚恳、客观、中肯而不是圆滑、虚假、主观。这些一般都通过推销的语言技巧来表现。

例如，有个推销员拜访客户，递上名片说：“先生，您好！我叫杨海东。杨浦区的‘杨’，上海的‘海’，东南西北的‘东’，就是杨浦区在上海的东边。”客户一听觉得好记。于是，对推销员留下了深刻的印象。

另外，“相信自己”也是推销人员工作动力的源泉，只有相信自己，推销人员才会斗志昂扬，乐观地迎接挑战，才能调动自己的智慧去克服困难，争取成功。首先，推销人员要相信自己所从事的职业。推销作为一种职业，它是与社会进步和经济发展密不可分的，是推动社会进步、繁荣市场经济的崇高职业。推销人员将会被越来越多的人所尊敬。其次，推销人员要相信自己有能力干好推销工作。成功的推销人员不是天生的，而是后天锻炼的结果，只要有志于从事推销工作，只要肯努力，就一定会取得不凡的业绩。最后，推销人员一定要始终表现出乐观、自信的态度，谦虚地面对顾客，勇敢地面对困难。

例如，卓越先生去一家整洁优雅的餐馆用餐。他问服务员：“你们这儿有什么值得推荐的吗？”“我推荐我自己。”服务员的回答让他感到很诧异。“先生，是这样，我向您保证我不仅能为您提供一顿美味的饭菜，而且能让您对我的服务感到满意。”服务员自信的回答让卓越先生感到选对了餐馆。

五、销售服务中的禁用语

“言为心声，语为人镜。”销售人员每天主要是靠语言与顾客沟通、交流。语言是否热情、礼貌、准确、得体，直接影响销售人员和企业的形象，也影响顾客对商品和服务的满意程度。

事实上，许多推销障碍并不是顾客有意为难造成的，而是由于得不到推销员的满意答复引起的。越来越多的地区和部门注意到了这一点，提出了销售工作的禁忌用语。所谓禁忌用语，是指在接待顾客过程中所发生的粗语、脏语、讽刺语等不礼貌、不符合服务要求，不适应人们通俗用语习惯的一些语言。

粗话是接待顾客时说话粗鲁。如“老头，你要买什么？”“扯淡！你要的货早就脱销了。”“你这么胖，这种尺寸的衣服没有！”“急什么，搞错了你负责？”等。有的语句词不达意，甚至带有“帮话”或“黑话”的味道，如“哥们，来两件?”“怎么样? 够刺激吧。”……这些语言都属于服务粗语，在销售活动中是禁忌的。

脏话是对顾客说不干净的骂人话。在柜台服务中，公开骂顾客也罢，隐讳骂顾客也罢，都是绝对不允许的。无论粗话或是脏话，都是恶语伤人，说脏话尤其厉害。说粗话不文明，说脏话更显得庸俗下流，有失人格。

所谓讽刺语，是指销售员用歧视的态度对顾客进行责备和挖苦，如：“没钱别来凑热闹。”“瘦得像猴子！你这种体形的衣服尺寸这里没有。”“这么简单的问题你也不明白。”等等，容易伤害顾客的自尊心，甚至会引起争吵。此外，还有“你自己看吧”；“不可能出现这种问题”；“这肯定不是我们的原因”；“我不知道”；“我只负责卖商品，不负责……”；“这些产品质量都差不多，没什么可挑的”；“想好了没有，想好了就赶快付钱吧”等。销售员杜绝禁忌用语不但是自身形象的表现，也是企业形象的表现，决不能等闲视之。

相关链接

总之，销售人员的职业语言规范概括起来就是要求做到“五不”：低级庸俗的口头禅不讲；粗鲁侮辱的刺人话不骂；讥讽挖苦的责备语不吐；矫揉造作的体态语不露；生硬唐突的操作语不用。应该坚持文明用语，纠正不良的说话习惯，努力为自己清除语言污染。

某某电器有限公司管理有方，对其销售人员明确提出以下禁用语：

（一）顾客导购时禁止使用

我不知道。

我不懂。

你买吗？不买就别问！

你不会自己看啊！

我下班了，找别人去！

不要乱摸！

（二）顾客挑选商品时禁止使用

买的时候你怎么不挑好？

摸来摸去真麻烦！

别乱动，坏了你赔！

都一样！

你到底要不要？

你买得起吗？

（三）工作忙时禁止使用

你没看见我正忙吗？

你急什么？

你怎么这样，别啰嗦！

（四）发生矛盾时禁止使用

有意见找经理去！

你管不着！
这个东西就这个质量！
质量不好不关我的事！
有本事你告去！

六、议价的语言技巧

销售过程中最具体、也最让销售人员棘手的问题，是如何让顾客接受产品的报价。若不掌握议价的语言技巧，往往会使销售行为功亏一篑。

（一）讨价还价的策略

在销售人员进行产品价格解释后，顾客往往会以价格的贵贱作出不认同的反应，这也叫“价格评价”。顾客进行价格评价后，会要求销售人员重新报价或改善报价，这就是“讨价”。有时，顾客对销售人员报出自己目前愿意付出的价格，这就是“还价”。

讨价还价是买卖双方相互试探对方的虚实、诚意的过程，因此，必须了解顾客的意图和掌握讨价还价的手段，以便采取相应的策略。

1. 投石问路

王女士看到一双令她满意的拖鞋，销售人员告知单价15元。王女士问：“我如果购买500双或1 000双，优惠价是多少呢？”王女士其实只需购60双，希望通过销售人员的开价，进行选择比较，试探对方让价的幅度。

顾客常用的“投石问路”法主要有：

（1）如果货物运输由我们解决，你们的价格是多少？

（2）有意购买你们其他系列的产品，能否在价格上再优惠些呢？

（3）假如我们买下你们的全部存货，报价多少？

（4）如果我们当场以现金付清全部货款，可以优惠多少？

对“投石问路”者，卖方应考虑采取以下几方面对策：

（1）仔细倾听买方的“问路”，找出买方购买的真正意图，探摸其购买实际数额。

（2）如果买方投出一个“石头”，最好立刻回敬一个，如对方探询价格和数量之间的优惠比例，可立刻要求对方订货。

（3）有些问题不要正面回答，有时拖后回答效果更好。

（4）使对方投出的石头为己方探路，如买方订货数为1 000时的优惠价格，你可试探：“你希望优惠多少呢？”

例如，某外商向我方购买香料油，出价每公斤40美元。我方开口便要价48美元。他一听急了，连连摇手：“不，不，你怎么能指望我出45美元以上来买呢！”外商一下露了底，我方立即抓住时机追问一句：“这么说您是愿意以45美元成交了？”外商只得说：“可以考虑。”结果以45美元成交了。

2. 吹毛求疵

买主常常利用吹毛求疵的战术来讨价还价。买主再三挑剔，提出的问题有的是真实的，有的却只是虚张声势，对付此类买主的策略是：

（1）用足够的耐心让那些虚张声势的问题露出马脚来。

（2）避重就轻或视若无睹地一笔带过。

（3）向买主建议一个具体而彻底的解决方法，但不去讨论那些无关紧要的枝节。

（4）拿出已购此商品的顾客记录，也可用回头客的概率来说明产品和服务的质量保证。

3. 有意抬价、压价

抬高价位往往会有令人意想不到的收获。许多人常常在双方已商定好的基础上，又反悔变卦，抬高价格，以达到不让对方压价的目的。

例如，乔治先生代表公司购买一栋小洋房，对方开价为150万元，房主还答应支付1万元的搬运清洁费。他与公司有关人员分析后都深信，只要用130万元就可以完成此项交易。两周后，他开始与房东谈判，想以130万元购房，另请房主将室内空调、沙发作为交易的一部分留下来。房主看出了乔治的心思，声称原先的报价有误，现在开价160万元，并且清洁费只能付4 000元。这倒使乔治怀疑自己原先的估计是否正确。他当即放下空调、沙发的事，大费口舌地与房主谈判，最后维持原先的报价和条件。乔治非常满意，因为他认为以低于对方要价10万元之差达成了交易。而房主则成功地遏制了乔治的进一步要求，空调和沙发也留下了。

在讨价还价中，双方都不能确定对方能走多远，能得到什么。时间越久，局势就会越有利于有信心、有耐心的一方。

4. 示弱以求怜悯

买卖是交易，买卖双方一般对价格都不愿意做出让步，但又非常想促成此笔生意。卖方可以作出以下陈述，例如“假如按照你要求的价格出售，我们的公司就会亏本”；或者“你这个要求不合公司的规定，如果我答应了，很可能被公司解雇”；“我今天一笔生意没做成，如果有可能优惠的话，我肯定答应你们，可现在你提出的价格，我实在无法满足”。

5. 循序渐进，得寸进尺

在议价中这是一种有效的渐进策略。有这么一个有趣的例子：当甲想要从别人袋子中得到一根香肠时，若直接去抢夺，乙反而会抓得更紧。甲不妨先恳求乙给出薄薄的一片，这种要求乙不会介意。然后，第二天，第三天……甲都恳求乙给薄薄的一片，最终，整根香肠都属于甲的了。

6. 权利受限

表示自己的权利受到限制的时候，往往成为对方的烦恼——告诉对方，在接到新的指示以前，无法做出任何一步的让价。如果顾客这时正在提出一种要求，也只好不了了之而无法紧逼。例如销售人员对顾客说：“我的权力只能将衣服打9.5折出售，您若要打9折，我必须去请示经理。”一般客人打了9折就满意了，不会再要求8.8折。

（二）议价的原则

1. 只有在非谈不可时才谈判

应该记住，当对方需要求购时，再与他讨价还价，尽量摆出一种不会讨论价钱的姿态。这个原则在实际中要真正做到并不容易，在实际操作中，我们并不能做到完全不讨价还价，但是，牢记它的时效性是正确的。“该出手时才出手”是关键。连修理水管的工人都知道商议修理施工价钱最适当的时刻是地下室正在大闹水灾的时候。总之，不到时机，尽量不要与对手讨价还价。

2. 掌握让步幅度

不同的商品应有不同的议价方法，不同的顾客对价格的要求也是不同的。越是高档的商品，价格越高，这点连买方也是心知肚明的。这时告诉顾客：“我们的产品，质量上乘，服务到位，实价实销，任何一家专卖店都是统一价格，我们不打折，是因为货真价实。我们的品牌就代表其价值。”有些品牌的商品，因为它不轻易打折，反而让人觉得“物有所值”。销售员的让步幅度要掌握好分寸，主要应注意的是：

（1）不要做无谓的让步。在推销议价中，做出较小的让步，其目的是得到更大的利益，否则，不要在价格上让步。

（2）让步要让在刀口上，让得恰到好处，使己方以较小的让步获得对方较大的满意。

（3）在未完全了解对方的所有要求以前，不要轻易作任何让步。

（4）不要承诺同等幅度的让步。假如，销售员开价100元而对方开价60元，对方说：“我们取个平均值吧。”销售员应予以婉言谢绝。

（5）一次让步幅度不宜太大，节奏也不宜太快，不要给对方留下过于随便、“无所谓”的印象。

（6）要敢于说“不”。即使作出的让步对己方损失不大，也要使对方觉得得来不易。

（7）沉着地做最后一次报价，要让对方明白这个报价没有再让步的余地了。要给对方留面子，使他有机会收回。

3. 创造和谐的议价环境

创造议价的和谐气氛，必须让对方对销售人员没有反感，千万不要做丢顾客面子的事。不可对顾客说：“出这么少的钱就想买这件衣服，没钱就别来问。”对顾客的一些误解，应用“据我了解”“我认为”“是否可以”等委婉的说法来阐述自己的意见。让顾客觉得是设身处地为他着想，销售人员的诚恳会使顾客爽快地把钱从钱包里掏出来。

推销商品的过程也是一个人际交流过程，推销人员要与顾客建立融洽的关系，这是销售工作一个永恒的原则。如果营业员对顾客说：“你们要识货，地摊上的东西怎么能和我们的商品比”；“便宜没好货。你们若诚心买，我就打个九折给你们好了。”顾客听了心中不悦，就是再打折，他们也不会领这个打折情，最终一走了之。

4. 互利互惠

顾客与销售员还价，是因为他想从讨价还价中获得利益。买卖双方都希望交易成功时，应遵循互利互惠的原则，积极地进行商谈。例如对方增加购买数量或购买成套商品，则可提供给顾客更多的服务或适当给予优惠。

5. 不要过早地泄露自己的底价

相信所有的讨价还价者都明白这个道理：“知己知彼，百无一弊。”在了解对方购买意图前，销售员还有一件很重要的工作要做，那就是保守自己的商业秘密，不要让它不失时宜地泄露，以致让对方知道自己的底牌。如果买主知道卖主进货成本或愿意接受的最低价格，可能原来愿意花500元买的东西，现在让他花300元买下都会觉得冤枉。

推销员在与客户讨价还价的过程中，由于各自的心理素质、所处的环境以及彼此息息相关的利益影响，难免产生对立情绪。要做成交易，只能求同存异，双方各做一定程度的妥协与折中。

（三）报价技巧

许多顾客喜欢某种商品，却往往由于价格较高而犹豫。销售人员在议价时如能巧妙运用报价技巧，就能打开因产品价格问题而发生的僵局。下面介绍几种常用的报价技巧：

1. 用“切换法”报价

一公斤人参八百多元，但销售人员在报价时说成每克 0.80 元，顾客就很愿意接受这个价。又如，当顾客打听新茶的价格时，应该告诉他：“200 元一两”，而不要说“2 000 元一斤”。使用切换法的较小单位报价，可使顾客有一种价廉的感觉，更易促成交易。

2. 用算账法报价

使用此法的关键是，将价格与产品使用寿命周期结合起来，计算出单位时间对应的支出（或节约额），以表明产品的价格并不昂贵。例如，一男士看中了一块价格 2 400 元的进口手表，但又嫌其价格太贵，正在犹豫，此时，一位营业员对他说：“这种表 2 400 元，可使用 20 年。您想，每年只花 120 元，每月只花 10 元，每天仅花 0. 33 元，考虑到你节约的时间，3 毛多钱算什么呢？同时，它可使您在 7 300 天里，天天争辉。”经营业员这样一讲，那位男士立即掏钱将表买了。

3. 用抵消法报价

对产品的高价，经销人员可先将构成价格的要素一一列出，再与其可能抵消的价格因素比较，这样高价也就变成低价了。例如，一位经销人员将一台设备报价 8 000 元，用户认为太贵。他说：“该设备一台生产成本 6 200 元，附设零配件 500 元，获金牌加价 300 元，送货上门运输费 200 元，所以盈利只有 800 元，销售利税率仅为 10%，如果后面三项不算，每台价格只有 7 000 元，比一般设备还要便宜。”所以，采用抵消法报价更能显示产品在价格上的优势。

4. 用负正法报价

经销人员在报价时，要讲究说话艺术。例如，对同种产品的价格可有这样两种讲法：一是“价格虽然高了点，但产品很牢固”；二是“产品的确很牢固，只是价钱稍微高了点。”这两种说法除了前后颠倒以外，其余都相同。但是用户听了却有截然不同的感受。第一种说法，是将重点放在产品的“牢固”上，所以价格才这么贵，于是认定此产品质量好，这就可增强用户的购买欲望；相反，第二种说法是将重点放在“价钱高”上，使用户望而生畏，不乐意购买。

5. 用比较法报价

比较法报价可从两方面进行：一方面，是将企业的产品与另一种价格高的产品进行比较，这样相比之下就显得本企业的产品价格低了；另一方面，可将产品的价格与日常支付的费用进行比较。例如，一位销售钢笔的推销员向人出售钢笔时，经常向男同志说：“这支笔是贵了点，但也只相当于两包‘红塔山’，一支笔可使用 3 ~ 5 年，但两包烟只能抽两天。”被他这样一比，有些人也就乐意购买了。

6.“先价值，后价格”报价法

推销人员常常听到顾客说商品“太贵了”。贵与贱之间其实并不是以价格的高低来衡量，花上千元购买一条生产线会认为很便宜，花几百元买一个电话机会认为很贵。因此，在销售过程中，应先讲产品的价值与使用价值，不到最后成交时刻不谈价格。顾客对产品的使用价值越了解，就会对价格问题越不计较。

总之，推销语言的内容是十分丰富的。在推销过程的不同阶段，需要运用不同的语言技巧；针对不同的潜在顾客，也需要不同的语言风格。推销过程中出现的阻碍成交的因素多种多样，这也决定了推销语言的艺术性。

任务二　柜台服务语言

任务驱动

某服装店的一位年轻售货员，有一次接待一位老年顾客。老人要看一件加肥上衣，小伙子说："那衣服您穿不得！"老人问："怎么穿不得？""穿上麻烦，能装您俩。""啊！你这是说的什么话？""你这卖衣服，还是卖棺材？"由于说话不当，两人吵了起来。

讨论：男售货员的问题出在哪？结合案例谈谈柜台服务语言的规范。你会介绍商品吗？

必备知识

一、柜台服务语言规范

销售人员每天要接待许多顾客，要和这些陌生人说话。"嘴甜是宝"，"话有三说，巧说为妙"，这不仅关系到生意是否兴隆，而且是销售人员文化、修养等素质的自然流露，是建立在职业道德和社会责任感基础上的文明表现，并关系到社会风气和整个社会的文明进步。

销售人员接待顾客时，语言要准确规范，意思完整、明确，合乎语法；语气要柔和诚恳，使顾客感到温和、亲切、真诚；语音要高低适度，使顾客易于接近。切忌说怪话、脏话；决不可用粗野、庸俗的语言讽刺和侮辱顾客。此外，要学会用普通话接待外地顾客，还要逐步学会用外语接待外宾。

（一）招呼用语

要求说好第一句话，落落大方，笑脸相迎，亲切称谓，让顾客有宾至如归之感。不允许呆若木鸡，爱理不理，不主动，不亲切，甚至目中无人。

例如："早上好"；"您好"；"欢迎您光临"；"请您稍等一下，我就来"；"请您慢慢地欣赏"；"需要我帮忙吗"。

（二）介绍用语

要求热情、诚恳、实事求是，突出商品特点，抓住顾客心理，当好"参谋"。不允许哗众取宠，言过其实，不符合实际，欺骗顾客。

例如，销售人员说："如果需要的话，我可以帮您参谋一下"；"这些新品，它的特点、优点是……"；"这种商品有两个品种，您自己比较一下，我看这种挺适合您"。

（三）包装商品用语

要求在包装过程中关照顾客应注意的事项，不允许把商品扔给顾客不管。

例如，"让我帮您把这些东西包装一下，这样携带方便"。

（四）答询用语

要求热情有礼貌、认真负责，耐心帮助顾客解决疑难。不论顾客有什么问题，不允许用质问、审问的口气同顾客对话。

例如，"这种商品暂时缺货，方便的话，请留下姓名及联系电话，一有货马上通知您，好吗"；"对不起，我们商店不经营这种商品，请您到……商店去看看"；"这种可以吗？如不合适，我再给您拿别的"；"对不起，请您稍候，我马上过来"。

（五）道歉用语

要求态度诚恳，语言温和，争取得到顾客的谅解。不允许做错了不向顾客道歉，反而刺激顾客、伤害顾客或戏弄顾客。

例如，"对不起，让您久等了"；"对不起，让您多跑了一趟"；"刚才的误会，请您能谅解"。

（六）调解用语

要和气待客，站在顾客的角度想问题、看问题、处理问题；虚心听取顾客意见，多检查批评自己，不允许互相袒护，互相推诿，强词夺理，压顾客，欺顾客，激化矛盾。

例如，"对不起，给您添麻烦了，您有什么样要求，请告诉我，我能帮您解决好"；"有事好商量，我们尽力帮您解决"；"两位顾客都不要生气，互相谦让一下就是了"；"非常抱歉，我马上换一个新的给您，请稍等一下"。

（七）解释用语

要求委婉，用语适当，以理服人，使顾客心悦诚服。不允许用生硬、刺激、过头的话伤害顾客，不能漫不经心，对顾客不负责任。

例如，"您慢慢选，我过去接待一下那位顾客就过来"；"请原谅，您的心情我们很理解，因有政策规定，我们实在不便给您解决"。

（八）道别用语

要求谦恭有礼，和蔼可亲，使顾客感到愉快和满意；无论是否成交，都应说一声"谢谢"。也可提醒顾客请检查一下，不要遗忘东西，带好自己物品。

例如，"谢谢，欢迎您下次再来，再见"；"请把雨具带好"；"请慢走，欢迎有空再来"；"谢谢您对我们的鼓励"。

（九）接待外宾用语

要求态度热情，举止大方，服务周到，懂外语的营业员可用外语接待。不允许嘻笑，口称“老外”，采取让他听不懂也不理睬的态度。

礼貌用语，例如，“您好，欢迎您来中国观光旅游，能为您服务感到十分荣幸”；“再见，欢迎您再来中国”。

（十）日常礼貌用语

要求说话亲切，礼貌待人，热情招呼，谈吐自然。不允许见面不打招呼，有问不答，高傲自大，目中无人，应形成人与人之间和谐的人际关系。

例如，“您好”；“谢谢”；“对不起”；“请原谅”；“不用谢”；“请拿好”；“请走好”。

二、产品介绍的语言

推销过程实际上也是一种信息沟通过程，语言则是这个沟通过程的重要工具和手段。众所周知，推销过程的基本目的是促使潜在购买者最终购买产品或为这些购买者提供服务。但是，要促使顾客采取购买行动，必须首先使顾客充分了解产品的特性及购买该产品可能带来的利益。作为推销员，必须拥有丰富的商品知识，能够以自己的语言技巧说服顾客，使那些对产品了解甚少的顾客接受你所推销的产品。

（一）产品提示

要把产品清清楚楚、明明白白地介绍给顾客。这种介绍，不仅仅是把商品拿给顾客看看就行了，还要求能在顾客看到商品之后，提高顾客的联想力，刺激其购买欲望的产生。所谓产品提示，就是想办法让顾客了解产品。

1. 让顾客了解商品的使用情形

顾客在购买某一商品时，一定非常想知道这一商品在使用时效果是怎样的，因此，营业员一定想方设法多向顾客介绍这方面的情况，具体途径有：

（1）通过商品陈列或柜台展示。例如，将缝制好的各式窗帘挂在墙壁上，引导顾客产生联想：“这副窗帘挂在家中让人觉得有一种温馨的感觉。”

（2）让顾客试穿试戴。因为试用有两大功效：一是试用过后，顾客总觉得亏欠销售人员一份人情；二是顾客很难抗拒试用商品后的那份快感。这两点对促进成交有很大的帮助。

（3）让顾客实际操作。目前，随着生活水平的提高，许多家庭都想购买室内健身器材，营业员在销售时，应把运动器材架起来，让顾客实际操作试一试。

又比如，现在各种家用电器名目繁多，销售人员应当把操作方法说明得清清楚楚，然后让顾客自己实际操作。在这些操作过程中，顾客一方面可以进一步了解商品，一方面也容易丰富联想。

2. 让顾客触摸商品

人的五种感觉各有妙用，并且产生的效果也不相同。据心理学家分析，人们对亲身实地参加的活动能记住90%；对看到的东西能记住50%；对听到的只能记住10%。因此销售人员不仅要将商品解释给顾客听，拿给顾客看，更要让顾客触摸试用，充分调动顾客的多种感官，来达到刺激其购买欲望的目的。有位顾客在货架上看到一件浅色毛料衣服，此时销售人员应鼓励顾客。“您摸摸这料子，手感多好，穿在身上一定很舒服，我拿一件给您试试?”顾客触摸了产品，对产品有了一个真实、全面的感受，终于买下了这件衣服。

3. 欣赏自己的商品

要记住，当你观察顾客时，顾客也在观察你，顾客时刻都在注视着你对待商品的态度。对一件商品来说，不论它价格高低，营业员都要小心处理，轻拿轻放。假如你对待商品马马虎虎，乱扔乱放，就会给顾客一种“这种东西不值钱，没有必要买”的感觉。相反，顾客看到你对这种商品十分爱护、珍惜，就会感到此商品可能有较高的价值投入，值得去买。

不少化妆品公司，要求其销售人员在上柜前必须使用自己公司的产品，是很有道理的。因为，若顾客来到柜台前问：“小姐，我要一支口红，就是你涂的这种。”如果销售人员回答：“对不起，我用的是美宝莲的产品。不过，我们公司的产品……”再怎么介绍也没用了，顾客会想，连自己公司的人都不用其产品，这个产品一定不如美宝莲。

我们再看一位保险推销员的例子：他到准客户家里推销保险，遭到了拒绝。各种尝试均告无效，实在谈不下去了，他就站起来，频频向客户赔礼说：“很抱歉，我的功力还不够，不能说服您买这么好的保险，不能帮您的小孩争取利益，这是我的错。我回去一定好好学习，等我学成了再来与您谈好吗?”结果当场把客户打动了：“老婆，拿4 000块钱来，这个营销员实在太热诚了，我要买他的保险!”

从他的一番话，可总结出三点行为本质：

(1)“很抱歉，我的功力还不够。”把遭到拒绝的原因揽到自己身上，而不是指责准客户。

(2)“不能说服您买这么好的保险……”强调了产品的好处，并对准客户未能拥有产品深表遗憾。

(3)“等我学成了再来与您谈好吗?”创造下次推销的机会。

只有懂得欣赏自己公司产品的人，才会创造好的销售业绩。即便当时没有出现戏剧性结果，这个业务员也已经树立了良好的形象，为自己留下了回旋余地。

4. 将顾客的需求和产品能带来的益处联系起来

销售人员只懂得产品成分、产品结构、产品如何使用是不够的，还要懂得产品能为顾客做什么才是最重要的。所以，在销售中要针对顾客的需要来作商品说明。对注重商品外形的顾客，营业员应针对商品优美的造型与款式来说明；对注重商品质量的顾客，营业员应以材料的精良为重点作说明；对嫌商品太贵的顾客，营业员可以向他强调此价格的合理性；而对重视商品使用性能的顾客，应着重说明优异的内部机能。总之，销售人员应在把握顾客需要的前提下，有针对性、有重点地加以说明，如果销售人员做不到这点，就可能向节俭的钱先生推荐漂亮的桌子；向注重排场的孙先生推荐实用的桌子；而向注重实用性的赵先生推荐豪华气派的桌子，而使大家都没有了购买欲望。

销售人员一定要牢记，对顾客来说，什么才是最好的商品？那就是对顾客最有用的。

因此，在介绍商品时不要一味地讲商品如何如何好，而要将重点放在顾客使用商品后的效果上。

相关链接

一位推销瓷片的推销员的一句话打动了顾客："你把这种天蓝色的瓷片铺在淋浴室里，每当你洗澡的时候，就有种置身大海的感觉。"这一方法中，推销人员向顾客勾画出梦幻般的情景，让顾客去想象，使产品更具有吸引人的魅力，从而达到强化顾客购买欲望的良好效果。

一位推销灯光设备的推销员对顾客说："这些光彩夺目的灯光设备，在白天您可能感觉不到它的好处，但是夜幕降临时，可以使所有的行人都看到贵店的橱窗。如果不安装这些灯光设备，即使人们从你的橱窗外面经过，也注意不到橱窗里的展品。反之，安装了这些灯光设备之后，会使贵店的外观比对面的商店显得更舒适、温馨。耀眼的灯光照射在橱窗内的展品上，行人都会清楚地看到。您想一想，要是这些灯光设备能为您吸引成千上万的顾客，那您就会多做多少生意啊！"

（资料来源：张晓青，宋启平．现代推销实务［M］．上海：上海财经大学出版社，2018.）

（二）推荐说服

销售人员为顾客作了详细的产品说明之后，顾客在一定程度上会了解此产品的特性、使用方法、价格等。这时，销售人员应把握机会，及时游说顾客购买产品，这个阶段就叫"推荐说服"。

推荐说服有以下五个原则：

1．实事求是，不夸大其词

销售人员在柜台前不仅销售了产品，更体现了自身的素质、做人的品质和服务的风格。在商品琳琅满目、服务竞争激烈的今天，顾客往往是先接受了销售人员的为人后，再接受其所售的商品。因此，在推荐说服时，要真诚，不要夸大其词，不要把不适合顾客的商品介绍给他们。

例如，"这台空调的质量相当的好，就是价钱稍微高了点儿"和"这台空调的价钱稍微高了点儿，但它的质量非常好"。

这两句话比较起来，除了前后顺序颠倒以外，字数、措辞没有丝毫的变化，但让人产生截然不同的感觉。前者先告诉顾客"质量好"的优点，然后再说"价钱高"的缺点，听起来会给顾客一种"这么贵，值得买吗？"的感受。后者的情形刚好相反，先把"价钱高"的缺点告知顾客，然后再点出"质量好"的优点，所以整句话听起来重点在后头，顾客可能会想："有道理，其实也就是买个放心，贵点就贵点吧！"

2．让商品自我推荐

把商品自身的特点展示给顾客看，效果会更好。

例如，介绍服装的面料时，销售人员可以用手使劲揉搓衣服，然后松开手让顾客看面料毫无褶皱、像刚熨过的一样；介绍微波炉时，可以打开炉门让顾客看到里面的内部结构，然后接上电源，放一杯水烧开，让顾客亲眼看到方便、快捷的优点。

为了得到顾客的依赖，销售人员不仅要熟悉自己的企业和销售的商品，还要对其他竞争产品、类似产品加以研究，搜集“比较权衡”时需要用的资料，以便在接待顾客时加以灵活地运用。这样，推介工作才能有说服力。

3. 察言观色，投其所好

销售人员要善于观察顾客对商品的反映，了解其真正的需要。要学会聆听，做到“听其言，观其色，思其好”。同时，须设身处地地为顾客着想。

4. 热情诚恳，留有余地

销售人员要帮助顾客将此商品与其他商品比较，利用各种例证充分说明所推荐的商品与其他商品的不同之处；在销售过程中，要给顾客提供实实在在的服务来扩大销量，而不要为争一日的销售额欺骗了顾客。曾听说一位销售员有过这么一件事：一位顾客到柜台前要买美容仪，可由于断货，仅有一台质量不太好的样品。当他了解到顾客是外地来的，就十分热情地推销给了这位顾客。然而，他的兴奋仅延续了两个星期，那位顾客便找他算账来了。意外的是，她拿着两台美容仪来退，其中一台是一个朋友买的，现在并没有毛病，听说买到了不合格品后一并要求退掉。销售员说给换一台，顾客不答应：“我不相信你。”

过分热情的推销，容易让顾客感到虚伪。营业员总能讲出无数的理由说明所售商品适合顾客，让顾客感到不买不行，什么“你穿着真漂亮”“这种款式卖得特快”“就剩这一件了”“漂亮、潇洒的人适合这种样式”等，一切一切都不是为顾客设身处地着想，而是盯着顾客的钱包。

有人对顾客的调查结果显示：95%以上的人对过分热情的营业员表示反感；在“假如有两个营业员，一个过分热情，一个冷淡，你去哪个柜台购物？”的问题下，竟然有绝大多数顾客选择了“冷淡”的营业员。“冷淡”仅让人感到无趣，而过分热情则令人生厌。

我们在介绍自己的产品时，要注意讲话留有余地，不要把话说满，更不要说其他同类商品的坏话，否则容易引起顾客的怀疑和不满。诸如“用了我们的眼霜，保证一周内眼角的皱纹就不见了。”“保证吃了我们的营养胶囊，你的腰酸病自然会痊愈。别相信外面那些商品，其实一点功效也没有。”试想这位顾客若天天熬夜，用了这商品，她的皱纹在一周内并未消失，找你来退货，怎么办？

5. 简短扼要，具体形象

在推荐商品时，销售人员一定要把“销售要点”指出来，语言越简练越好。美国市场专家艾尔蒙·惠勒说：“说明销售要点时，字数要像打电报那样的简短，而不要像写信那般的冗长。”

例如，导购代表在推销衬衫时说：“这种衬衫只要用温水泡上中性洗涤剂，就可以洗得很干净了，而且洗后不用熨。”这种销售要点说明得有些长，顾客不容易抓住重点。如果突出主题说“这件衬衫是免熨的”或“这件衬衫干得快而且免熨，头天晚上洗，第二天就可以穿着上班”，就比较容易吸引顾客的注意力。

（三）促使成交的技巧

在大多数情况下，顾客在听了销售人员所作的销售要点说明之后，还是犹豫不决，或即使下了决心，还未明确表示。这时，需要销售人员做进一步的说服和服务工作，促使交易及早实现。

1. 掌握成交的10个时机

（1）话题集中在某个商品上时。顾客想买某种东西时，销售人员会拿出很多同类的商品让顾客比较。但是，渐渐地就会发现顾客舍弃了其他的商品，而只对其中的一件详加询问。此时，应该意识到顾客对此商品有了浓厚兴趣，如果稍加劝说，就可能达成交易。

（2）不讲话而若有所思时。顾客本来是对商品摸摸看看，并不断地发问或陈述自己的意见，但从某个时刻起，他突然不再发问，似乎若有所思，这说明他内心正在权衡买还是不买。这时销售人员应抓住机会，用恰当的语言鼓励顾客购买。

（3）不断点头时。当顾客一边看商品，一边微笑地点头时，就表示他对此商品很满意。这是成功的好机会。

（4）开始注意价钱，询问购买数量时。如果顾客对商品做了一番考察之后，开始向销售人员询问"这条裙裤需要多少钱？"或"这种口服液要服多少个疗程才能见效？"说明顾客已动心要购买了。

（5）关心售后服务和赠送品时。假如顾客询问销售人员："这种空调买回去后，如果质量有问题，你们是不是负责退换呢？"或者问"这种电风扇在我们这儿有维修点吗？有没有保修期？"等，说明此项交易很快就要实现了。

（6）反复关心商品的某一优点或缺点。当顾客不断反复地问销售人员同一个问题，说明他对这个商品非常有兴趣，只是还有一点不放心。例如，一个年轻女孩到专卖店买毛衣，销售人员拿了几件适合她穿的毛衣给她看，她左挑右选，终于拿出一件式样最新的毛衣，问销售人员："这种毛衣洗后会不会缩水掉颜色？"销售人员回答："不会。"但她不放心，又问了一次："真的不掉色吗？"销售人员说："保证不会。"过了一会儿，她又追问道："你不会骗我吧？"特别不放心表示特别关注，成交有希望。

（7）再三询问同伴对商品的意见时。顾客扭头问同伴："你从前边看，这条裙子怎么样？""从后边看呢？""哎，你再看看，你可得给我好好看呀！"

（8）讨价还价，要求打折时。顾客开始挑剔商品的小毛病，进一步压低价格："这里有点跳丝，应属次品，能不能找你们店长商量商量，打个折？"

（9）同时索取几个相同商品时。顾客可能让导购代表左一次、右一次地拿来同一类的商品，然后非常仔细地比较商品的颜色、款式、价格等方面。

（10）离开卖场后再度转回，并察看同一商品时。顾客在购买商品时心里一定会有"货比三家"的想法，当顾客咨询完商品离开卖场一段时间之后（也可能是几天），再度光临察看同一商品时，这是非常明显的购买信号。

在以上10个时机中，顾客只是已有购买的意图，但还未最后下决心，能否付诸行动，还有赖于销售人员的说服和帮助。因此，销售人员在这时应适当采取一些方法和技巧，促使顾客尽早成交。

2. 建议顾客购买的方法

（1）请求购买法。在归纳了商品的特色及顾客能得到的好处之后，营业员坦诚地要求顾客购买，这是很自然的事，也是促成交易早些结束的有效方法。

有些营业员担心请顾客购买商品会遭到拒绝，所以，在本该结束销售的时候还滔滔不绝地向顾客介绍商品，以致忽略了顾客发出的购买信号。其结果轻则拖延了成交的时间，重则失掉使本该成交的机会。因此，当时机成熟时，营业员应大胆请求顾客购买，顾客有时也希望营业员这样做。

例如，有位女士来到商场购买香水，周小姐向她介绍了都彭、巴宝莉两款香水。女士问：“哪一种留香时间长？”周小姐指着都彭香水说：“这一种留香长一些，早上出门洒的香水到傍晚回家还有芳香。”女士又问：“留香时间真有这么长？”“很多老顾客就冲这点，再来买它。”女士又开始询问都彭的价格。“30ml 的 380 元。”周小姐反问：“您是自己用，还是送人？”“自己用。”“哦，我们的老顾客大都用50ml 的，50ml 价格为 489 元，算下来每毫升比 30ml 的要便宜得多，自己用很合适。”那位女士正犹豫不定时，周小姐问：“我给您开票，是买 30ml 的还是 50ml 的？”“50ml 的。”

（2）二选一法。这是促进成交的最好和最常使用的一种方法。

请顾客做一下选择，可以用含蓄的方式促使顾客早作决定。但是一定要注意，选择是让顾客选择购买哪种商品，而不是选择买还是不买，所以销售人员不能问顾客：“您要这个吗？”因为里面包含了一个否定的答案“不买”，给顾客留下了说“不”的机会。而应该问：“您要蓝色的呢？还是要浅灰色的？”“这两种型号功能都非常符合您的要求，我建议您不妨选这种容量大些的，家庭用还是这个更实惠。”像这样稍加一点提示，就会帮助顾客很快地决定购买哪种商品了。

（3）化短为长法。顾客在犹豫不定时，通常会列举商品的几个缺点来表示对商品的担心，这时销售人员应能够把商品的短处变为长处，并作为说服顾客的理由。例如：

顾客：“这双鞋好看是好看，就是好像不太结实。”

销售人员：“现在买鞋哪能指望它穿上三年五载的，只要样式好，能穿上一两年就行了。太结实了，您想淘汰还舍不得扔呢！”

（4）讨论购买细节法。暂时不再介绍商品本身，转而热诚地帮对方挑选颜色、尺寸、式样以及向其交代商品的交货日期、付款、保修、日常维护等问题。

这种试探购买意图的方法，一定要在顾客有了买的信号后（如顾客开始讲价、挑剔等）才有效，否则顾客马上就会问：“你急什么，我还未考虑好，东西卖不出去了吧？”容易给销售环境造成裂痕。

（5）扬长避短法。一种商品的长处总是多于短处。但当顾客拿不定主意时，往往看到的都是商品的短处，这时，营业员可以用突出商品的长处来弥补其短处，从而消除顾客的疑虑。

（6）价格优惠法。当顾客对商品基本满意，可还是犹豫不决时，营业员还可以采用价格优惠的办法鼓励顾客迅速作出购买决定。例如，营业员看到顾客该问的都问过了，低头沉思不语时，就可以对他说：“这样吧，您要诚心想买，价格上给你优惠 10 元钱，怎么样？”或者说：“您要买这部手机，我们可以赠送您一个手机壳。”

（7）最后机会法。例如，“商品的数目已经不多，错过机会很难再买到”，营业员采用这种方法可以鼓励顾客尽快采取购买行动。

3. 促使顾客及早成交的技巧

（1）缩小商品选择的范围。太多的商品会使顾客目不暇接，难以下购买决心。因此，导购代表最好把顾客选择商品的范围限制在两种以内，至多不超过三种。然后尽量帮助顾客缩小选择范围，选择的范围缩小了，成交的时机也会尽快到来。

如果顾客还想看其他的同类商品，这时最好先将其他商品拿给他，再把顾客不喜欢的商品移开或拿走一两种。这样不但可以免除顾客过多的犹豫不定，同时也能帮助导购代表掌握顾客的喜好。在拿走多余的商品时，导购代表的态度应尽量轻松自然，最好一边和顾客聊天，一边随手将商品收回去，不能只顾埋头收东西，而让顾客产生不愉快的感觉。

(2) 要尽快帮助顾客确定他喜欢的商品。在顾客所喜欢的几种商品之中，营业员还应当进一步促使顾客确定究竟更喜欢哪一种。

假如营业员能及时地将顾客最喜欢的商品推荐给顾客，则不仅会使成交尽快实现，而且还会赢得顾客的好感，争取回头客。

(3) 知道顾客的喜爱物之后，应加上一些简单的要点说明。在向顾客推荐他最喜爱的商品时，最好再简单地说明一些顾客所感兴趣商品的特性，以此来加强对顾客的游说工作。如果营业员诱导有方，相信此时十有八九的顾客都会立刻付诸购买行动的。

最后要注意的是，在"成交"阶段，营业员一定要避免催促和强迫顾客的言语，要以平缓的语调建议顾客购买，而不能使用粗暴、生硬的语言，诸如："怎么样，您到底买还是不买？""您快点行不行？我可没时间老陪着您。"

营业员要经常想一想自己当顾客时的心情。当我们购物时乐意让营业员采用什么样的方式对待我们，我们就应采取同样的方式对待顾客。

(4) 让步、妥协。如果买卖双方在某个方面未达成一致，那么销售人员可以在商店政策的允许范围内作出适当让步，从而促使成交。例如："给您打个9折，您拿一件吧"，同时递上商品。

"这样吧，由我们商店运货，送货上门，您的地址是……"或"后天我们公司会派专人上门给您安装调试，您先填个表格"，然后拿出表格和笔。

相关链接

掌握AIDA法则，提高成交率

爱达模式是世界著名的推销专家海因兹·姆·戈德曼总结出来的推销公式，它被认为是国际成功的推销公式。"爱达"是四个英文字母AIDA的译音，也是四个英文单词的首字母：A为Attention，即引起注意；I为Interest，即诱发兴趣；D为Desire，即刺激欲望；最后一个字母A为Action，即促成购买。它的具体含义是指一个成功的推销员必须把顾客的注意力吸引或转变到产品上，使顾客对推销人员所推销的产品产生兴趣，这样顾客欲望也就随之产生，而后再促使顾客采取购买行为，最后达成交易。

爱达模式比较适用于店堂的推销，如柜台推销、展销会推销；适用于一些易于携带的生活用品与办公用品的上门推销，也适用于新推销人员以及首次接触顾客的推销。具体操作步骤如下：

第一步，引起顾客的注意。通常人们的购买行为都是从注意开始的，因此，推销的第一步就是先要引起顾客的注意。引起注意是指推销人员要在推销活动中充分刺激顾客的感官，使顾客对推销的商品有一个较好的感觉，进而把顾客的注意力等吸引到所推销的商品上来。顾客的注意一般分为有意注意和无意注意两种。推销人员要通过各种方式，想方设法唤起顾客的有意注意，这是推销工作最关键和最重要的第一步。

第二步，唤起顾客的兴趣。唤起顾客的兴趣是指唤起顾客对推销活动及推销品的兴趣，或者说是诱导顾客对推销的积极态度。兴趣与注意有着密切的关系。顾客的兴趣是在注意的基础上产生的，反过来又能强化注意。兴趣也与需要有密切的关系。顾客对推销的兴趣都是以他们各自的需要为前提的。因此，要很好地诱导顾客的兴趣，就必须深入分析顾客的各种需要，让顾客认识到购买所能带来的好处。推销人员要利用各种方法向顾客证实推销品的优越性，以此引导他们的购买兴趣。一般来说，诱导顾客兴趣的最基本的方法是示范表演法和情感沟通法。

第三步，激发顾客的购买欲望。激发顾客的购买欲望是指推销人员在成功地激起顾客对推销品的兴趣后，还要使顾客产生强烈的拥有推销品的愿望，从而产生购买的欲望。在推销过程中，刺激顾客的购买欲望可分为三个步骤进行。推销人员首先提出推销建议，在得到顾客反映之后，找到症结所在，然后有针对性地进行理由论证，多方诱导顾客的购买欲望，直至达成交易。

第四步，促成顾客购买行为。促成顾客购买行为是指推销人员要不失时机强化顾客的购买意识，培养顾客的购买意向，促使顾客最终产生购买行动。促成顾客购买行动是爱达模式的最后一步，它是推销员推销商品的最终目标。这一过程要求推销人员在推销活动中必须抓住机会，坚定顾客的购买信心。顾客从产生购买欲望，到采取购买行动，还需要推销人员运用一定的成交技巧来施加影响，以促成顾客尽快做出购买决策。请看以下案例：

某推销员敲开了一家顾客的门，下面是他运用爱达模式成功推销其产品的过程：

推销员：“您好，我是喜乐公司的王涛，我带来了一种新型的调料盒，您看，就是这种。”

顾客：“调料盒？我家有，不买！”

推销员：“那您的调料盒一定有好几件喽？”

顾客：“那当然。你看，这是花椒盒，这是味精盒，这是……”

推销员：“真不少，看来您对烹调很内行啊，光调料盒就排了这么一大溜，挺占地方吧？”

顾客：“为了吃得可口，没办法。”

推销员：（开始示范产品）“您看，这种调料盒，能分装十种调料，可以挂起来，对，就挂这里。您看，既卫生，又好看，还不占地方，使着特别方便，如果用它，您的厨房就更利索了。”

顾客：“是不错，多少钱？”

推销员：“5 元钱，一种调料盒仅 5 元钱，挺便宜的。”

顾客：“确实不贵。”

推销员：“那您就把这套留下吧？”

顾客：“好。给你钱。”

（资料来源：张晓青，宋启平．现代推销实务［M］．上海：上海财经大学出版社，2018.）

三、接待的语言技巧

接待语，是指接待顾客经常使用的语言，即所谓基本用语。它主要包括招呼用语、致意用语、一般问话、一般答话、迎送用语等。讲究接待语艺术，就是面对不同的顾客对答如流、内容正确、条理清楚、合乎礼节，这是一门艺术。

接待语的表达技巧内容丰富，接待语言的表达能力是个人的、具体的，并非千人一面、万口一词。顾客来自社会各个阶层，情况千差万别，一个售货员每天要为百名、甚至为千名顾客服务，这就意味着需要一个统一、适应和应变的用语原则，解决接待顾客中服务与被服务的各种问题。

（一）接待用语的原则

1. 讲求讲话的顺序和逻辑性

思维混乱、语无伦次，必将导致顾客不知其然，无所适从。因此，销售员必须把握好说话的条理性、层次性，清晰、准确地向顾客表达自己的意思。

2. 突出重点

首先，销售用语的重点在于推荐和说明，其他仅仅是铺垫。因此，在接待顾客中，必须抓住重点，以引起顾客的注意和兴趣。

其次，不讲多余的话。与上述相适应，销售员在接待过程中，要尽量不讲与买卖无关的话，以致分散顾客的注意力。说东道西、说长道短，会引起顾客的反感。顾客入店的目的不是来聊天，所以，销售员的语言选择必须服从于怎样使顾客产生购买行动。

3. 不夸大其词

不着边际地吹嘘夸大，可能暂时会推销出商品，但并非永久的良策。顾客吃亏上当只能是一次，其后决不会再受骗。所以，最终受损失的还是商店。因此，诚实、客观地介绍推荐是接待用语的基本点。

4. 决不能对顾客无礼

对顾客在语言上失礼，甚至使用讽刺、挖苦或侮辱性语言，不仅会气跑一个顾客，对其他在场的顾客也会产生不易消除的恶劣影响，会使企业形象受到极大损害。因此，不论遇到什么情况，都必须避免言语冲撞顾客。若顾客有不同意见，应耐心地倾听，决不可反驳顾客。如确需要纠正顾客的看法，应面带微笑，言语柔和地陈述自己的观点。

5. 因人而言

营业员每天接待的顾客性情、习惯不一，应根据不同的接待对象，选择不同的表达方式和表达技巧。对有的人可以侃侃而谈，对有的人则应洗耳恭听，有时候可以从正面说明，有时候要从反面叙述，不能千篇一律。

6. 不使用粗俗语言和方言土语

在接待顾客过程中，营业员不能讲粗俗不堪的市井语言，即便是对同事讲话，也要讲究文明用语。另外，尽量不使用方言土语，不使用时尚语言。

（二）常用的接待用语

接待顾客时常用的用语，并不是什么特别的语言，而是一些简短的待客用语。

1. 与顾客初次接触时——“欢迎光临”

在打招呼的同时，应一边与顾客点头微笑一边说，必须注意语调应因人而异，如接待年纪较大的顾客，语调应略为平缓、稳重；接待年纪较轻的顾客，语调应以轻快活泼为宜。站在店内的营业员要以礼貌、友善、亲切的心态竭诚为顾客服务，对距离3米内的来客，都应主动点头，并说“您好”。

2. 被顾客呼唤时——“好的”

譬如顾客说：“请拿这个给我看一下”，销售人员应面对着顾客，回答顾客：“好的”或是“请您稍等一下”，再出示商品。

3. 请顾客等一下时——“请您稍等”

不管顾客等待的时间长短，只要发生让顾客等待的情况，就要说“请您稍等”。在说这句话之前，销售人员可以简短地阐述让顾客等候的理由，例如：“我马上去库房查一下有没有37码半的鞋，请您稍等一下。”这样，顾客不仅明白为何要等一下，即使等待的时间稍长一些，也不会觉得烦躁不安了。

找到商品后，拿给顾客看的时候要说：“让您久等了”，或说：“很抱歉，让您久等了。”

4. 对顾客的要求无法做到时——“对不起”

例如：“真对不起，这种商品刚好卖完。不过，请留下您的姓名和电话，一到货，我马上通知您，好吗？”及时而又坦诚的“对不起”，能够在很多时候将问题顺利解决。

5. 顾客购买商品离去时——“谢谢您”“慢走”“欢迎下次再来”

6. 同时招呼几个顾客时——“对不起，我过去招呼一下”

销售人员正在招呼顾客，同时又要邀请其他顾客到自己负责的区域时，营业员可对接待中的顾客说：“对不起，我失陪一下”；“对不起，请您稍候，我马上过来”；“对不起，那边有位客人，我过去招呼一下，马上过来”。

7. 请顾客看商品时——“请您看一下”

请顾客看商品（小型时），尽可能在展示柜或商品的近处请客人仔细观看，并说：“这是您要购买的商品，请您看一下”；“商品在那边，请您稍等，我去拿来”。

此时最重要的是将商品展示在最方便顾客查看的角度上，让顾客看清楚。

8. 顾客看了商品之后却不买时——“不要紧，希望下次再来。”

顾客看了商品之后因为不合意而不买是经常发生的事，所以，营业员仍要一边致意一边说：“很抱歉，没有您喜欢的东西”；“希望下次有机会能为您服务”。

同时，要当着客人的面将他看过的商品郑重其事地一一整理好并归放原位，并始终面带微笑。

9. 顾客口出怨言时——“非常抱歉”

当顾客对你抱怨时，最重要的是聆听顾客抱怨的内容，并且郑重地向顾客道歉。如，“实在很抱歉，我马上请人拿另外一件给您，请您稍等一下”；“谢谢您给我们的建议，我马上请示经理，给您满意的答复，请您在这里坐一下”；“非常抱歉带给您许多麻烦。我马上换一个新的给您”。

（三）吸引顾客注意力的语言

在销售中，“酒香不怕巷子深”已不再是真理。许多优质商品，看客往往比买客多。

在琳琅满目的商品中，如何让顾客停下脚步听销售介绍，可以使用以下方法：

1. 迂回接近法

对于那些并无专门目的、只是随便看看走走的顾客，不能急于求成，而是要找到顾客感兴趣的话题。当顾客抱着只看不买的警戒线放松时，再介绍商品，顾客就没有抵触情绪，容易调动其购买欲望。

例如，刚下过雨，上海一家著名商场里的人比较稀少，苏小姐、周小姐、黄小姐在商场进口处搞护肤品促销。她们连续几次上前对过往的顾客说："请过来看看我们的新产品"；"请坐下来我给您试用一下产品，不买不要紧"……顾客一个个摇摇头，匆匆走开了。三位小姐没了信心。

这时，走来了一个怀抱婴儿的女士，那孩子大大的眼睛，粉红的小脸，吸引了苏小姐。苏小姐不经意脱口而言："这个小孩长得真漂亮。"那女士听罢停下脚步，周小姐也上前问道："几个月了？母乳吗？"黄小姐拿来凳子请女士坐下，她们谈起孩子的喂养问题。一会儿，黄小姐接过女士手中的孩子，逗孩子玩。女士说："没想到带小孩这么累。""是呀，女人有了小孩后，因为辛苦，所以老得特别快，尤其是刚生完小孩，人瘦下来了，皮肤松弛了，护肤特别重要……"那女士最终买了好几件护肤品。付完钱，她对自己的购买行为都有些惊讶："本来今天是来给小孩买衣服的，怎么钱全花在了护肤品上？"

三位小姐从中得出了经验。她们对过往的潜在顾客说："小姐，这件衣服真别致，在哪儿买的？""您这头发盘得真好……"让顾客停下脚步，在交谈中迂回到商品销售，常常会取得意想不到的良好业绩。

当然，对于那些急于买东西的顾客，最好还是单刀直入："您要买哪一种裤子？""我能帮您的忙吗？"

2. 关心体贴法

对老顾客，如果用"欢迎光临""您好"打招呼，会显得与顾客距离较远。若用："张小姐，最近设计完成了吗？""李先生，您好，最近在忙什么？""赵小姐，上次那双鞋穿上满意吗？这次准备看点什么？"会让顾客觉得你一直惦记着他，关心他；若他再有需要，一定会乐意让你帮忙。

3. 介绍优点法

扼要地介绍商品的优点，以获得进一步与顾客交流的机会。

如果一个顾客正在观看一种商品，营业员可以告诉顾客："您看的这种微波炉是目前国产产品中质量最好的"；"这种羊绒衫是今春最流行的一款"。

介绍商品法要求营业员具备娴熟的沟通技巧和业务知识，了解商品的主要特色，并能够把这些特色与顾客的实际需要挂起钩来。

（四）接待用语的技巧

同一句话，不同的说法，会产生不同的效果，既可以让顾客心情舒畅，慷慨解囊；也可以让顾客分文不出，拂袖而去，关键就在于语言技巧。

1. 避免使用命令式，多用请求式

命令式的语句是说者单方面的意思，没有征求别人的意见，强迫别人照做；而请求式的语句，则是以尊重对方的态度，请求别人去做。

对顾客不能使用命令式，因为顾客没必要听从你的命令。例如，顾客去某小商店买牙膏，正好牙膏卖完了。营业员说："没有了，你明天再来买吧！"顾客听了这话，一定很反感。同样的一句话，如果改成："实在对不起，牙膏刚好卖完了，不过我们已去进货了，能不能请您明天早上再来买？"用这种请求的语气向顾客表示抱歉时，顾客即使没买到东西，心情也是愉快的。

请求式语句可以分成三种说法：

肯定句："请您稍微等一等！"

疑问句："您能稍微等一等吗？"

反问句："热面包马上就要出炉了，您不等一下吗？"

一般说来，疑问句比肯定句更能打动人心，尤其是反问句，更能体现出营业员对顾客的尊重。

2. 少用否定句，多用肯定句

肯定句与否定句意义恰好相反，不能随便乱用。但是，如果运用得巧妙，肯定句却能代替否定句，而且效果要比否定句好得多。

例如，当顾客问："这种样式的衣服没有红色的吗？"营业员回答："没有。"这就是否定句，顾客听了这句话后，一定会想：既然没有红色的，那我就不买了。于是掉头走掉。

但是，如果营业员换个方式来回答，顾客的反应可能就不同了。顾客问："这种样式的衣服，没有红颜色的吗？"营业员回答："是的，目前只剩下蓝色和白色的，但这两种颜色都很好看，你穿上效果一定会不错的。"这就是一种肯定的回答。

3. 采用先贬后褒法

请看下面这两句话：

（1）价钱虽然稍微高了一点，但质量很好。

（2）质量虽然很好，但价钱稍微高了一点。

这两句话除了前后顺序颠倒以外，字数、措辞没有丝毫的变化，但让人产生截然不同的感觉。

先看第二句。它的重点是放在"价钱高"上，因此，顾客可能会产生两种感觉：其一，这商品尽管质量很好，但也不值那么多钱；其二，这位营业员可能小看我，觉得我买不起这么贵的东西。

再分析第一句。第一句的重点是放在"质量好"上，所以，顾客就会觉得，正因为这商品质量很好，所以才会这么贵。

因此，在向顾客推荐、介绍商品时，应该先提商品的缺点，然后再详细介绍商品的优点，也就是先贬后褒，此方法效果非常好。

4. 言词要生动，语气要委婉

向顾客推荐和介绍商品时，一定要采用生动、形象的语言，使顾客听起来既容易产生联想，又容易产生购买欲望。

请看下面三个句子：

"这件衣服您穿上很好看。"

"这件衣服穿上显得很高雅，像贵夫人一样。"

"这件衣服您穿上显得很年轻，至少年轻十来岁。"

第一句话说得不够生动，第二、第三句话比较生动、形象，顾客听了即便知道你是在恭维她，心里也是高兴的。

除了语言生动以外，委婉陈词也很重要。对一些特殊的顾客，要把顾客忌讳的话说得很中听，让顾客觉得你是尊重和理解他的。例如，对身材较胖的顾客，不说"胖"而说"丰满"；对肤色较黑的顾客，不说"黑"而说"肤色较深"；对想买低档品的顾客，不要说"这个便宜"，而要说"这个价钱比较适中"。

四、告别的语言艺术

第一，对已购买商品的顾客，在送客的时候，营业员要注意以下事宜：

要怀着感激的心情诚心诚意地向顾客道谢："谢谢您的惠顾，欢迎您下次再来。"同时，也可以有礼貌地请顾客向他人推荐此家商店和此种商品，如"用得满意，请再光顾"；送客时别忘了提醒语："请检查一下，别遗忘东西。"要避免没等顾客离开就匆匆忙忙地收拾货架上的东西。

与顾客道别时要亲切、自然，用语要简单、适当，如"再见，欢迎您再来"；"请拿好，慢慢走"；"谢谢您，请您拿好东西"。对外地来旅游的顾客，可说："祝旅途愉快，欢迎下次再来。"对新婚顾客，可说："祝新婚幸福。"

第二，对没有达成成交的或是无意购买商品的顾客，营业员应避免恼羞成怒、藐视对方，或是自暴自弃地说自己真没用。正确的做法是要真诚地感谢顾客："谢谢您的惠顾，欢迎您下次再来。"一个没有购买商品的顾客，也会因营业员的出色表现而再度光临。

任务三　收银员工作语言

任务驱动

讨论： 如果顾客在付款时使用的是银行卡，将如何再现服务语言和行为？

必备知识

商品出售后要收取货款及找零，这是售货过程中"货出去，钱进来"的环节。在此，如果语言表达不规范，也会发生某些差错和引起顾客不满。

一、问候的语言

收银员应面带微笑、诚心诚意地迎接前来交款的顾客："您好！"然后再确定收取金额。如果排队交款的人较多，则要说一声："让您久等了！"收取货款及找零完成后，收银员应以感谢的态度恭送顾客："谢谢您的惠顾，欢迎再来！"

二、运用行业规范用语

收银员在收找货款时，必须做到唱收唱付，清楚准确，并让顾客知道商品价格，避免在货款结算方面与顾客发生不愉快。

在“三唱一复”中，收银员应运用行业规范用语。

第一，让顾客知道商品价格。开票之前，应将价格标签指给顾客看，并说出来：“这件衣服是 150 元，打 8 折后是 120 元。”这样做能避免由于顾客看错金额而导致的纠纷。

第二，收到货款后，要将金额说出来。收银员从顾客手中接过货款，一定要说：“谢谢您，您给我的是 300 元。”假如顾客所付的钱刚好和票据上的价格相符，则应说：“谢谢您，您给我的刚好是 220 元。”总之，一定要让顾客确定一下，他所付的钱与配收到的钱是否一致。

第三，最后点清。当收银员将钱放进收款箱前，应再次向顾客说：“这件衣服是 220 元，您给了 300 元，对不对?”可能有人认为这样做多此一举，或因为工作一时太忙而省掉这道手续，但是可能会因此遇到麻烦。因为钱一旦进入收款箱内，除非能记住钞票的号码，否则谁也无法确定哪些钱是自己的。如果收银员记得收的是 300 元，顾客记得自己递交的钱是 400 元，双方必定会因此而产生纠纷。因此，必须再做最后的确认，以便发现有误时做及时补救。

第四，将找钱交给顾客时，要再次确认。在找还的同时，收银员应向顾客说：“对不起，让您久等了，应收您 220 元，您给我 300 元，现在找您 80 元，请点收。”一定要等顾客数完钱确认无误后，才算结束收款工作。

任务四 售后服务语言

任务驱动

讨论：谈谈售后服务的方法及如何处理顾客的抱怨。

必备知识

一、售后服务的方法及语言要求

常用的售后服务包括送货服务、安装服务、包装服务、“三包”服务等。

（一）送货服务的语言

对购买大件商品、大数量商品、自行携带不便的商品，尤其对有特殊困难的顾客，要提供送货上门服务。

在约定的时间内到达顾客指定的地点，服务人员应先出示证件再作介绍：“您好！我是某某公司的送货员，这是您所订购的A产品，请点验。”然后打开包装，根据送货单上的明细项目，请顾客逐项核对，最后，请顾客签收：“一共9件货品，核对正确，麻烦您在送货单上签名，谢谢!”

（二）安装服务

有些商品由推销人员上门提供免费安装，当场调试，保证顾客放心，它是售后服务的一种主要形式。

安装人员到顾客那儿，同样要出示证件，作自我介绍，带产品上门安装的要请顾客验收货物，然后询问：“您这台空调准备安装在哪里?”征得顾客同意后再操作。若有收费项目，在操作前须向顾客说明清楚。安装完毕，进行调试，并说：“您的空调安装好了，我试一下机，您看看运行情况是否满意。”顾客满意后，请顾客签收。

（三）包装服务

根据顾客的要求，推销人员为其提供各种形式的包装，以满足顾客的需要。

“请问，您这件产品是随身带走还是托运?”“托运的产品要扎结实，封箱带封好后，我再给您打上包带。”“包好了，请拿好，路上当心不要倒放。”此类语言让顾客感到您的服务周到、细致。

（四）“三包”服务

“三包”是指对售出商品的包修、包换、包退服务。“三包”服务方便顾客，利于树立企业声誉。

销售人员应向顾客说清楚有关“三包”的具体内容和操作要求，例如，“我们的产品有一年的保修期，保修期内由于产品质量问题包退、包换”，或“保修期内，您打保修卡上的电话，我们在24小时内会派人上门修理。保修期外，上门修理，要收修理用的材料费”。

二、用电话征询商品售后反馈信息

精明的商家决不采取商品售出后即置客户于不顾的方式。一个有经验的老推销员说过：“最好的潜在顾客就是目前的顾客。”如何留住老顾客，并以此发展新顾客，最主要的方式是通过售后服务来检查顾客的满意程度。电话征询是最便捷的沟通方法。

例如，上海有一家护肤品销售公司，对其销售人员提出了“333售后服务”的要求。

（一）3天

顾客购买产品3天后，销售员打电话了解顾客对产品的使用方法，其目的是及时发现顾客使用产品中的不妥，给顾客带去非常关心他的感觉。

推荐用语：

“张小姐您好！我是某某公司的美容顾问，您前天在商场买的晚霜开始用了吗?”

“这个产品由于营养成分高，您使用时应注意……您是这么用的吗?”

“好，每天坚持用，过一段时间一定会有效果的。”

"使用中，您随时可以打电话给我。"

（二）3 周

顾客购买产品 3 周后销售员打电话倾听顾客的使用感受。其目的是了解顾客对所使用产品的感觉，树立顾客对品牌的信心。

推荐用语：

"我们的产品您使用后满意吗？"

"您使用效果明显吗？用与不用不一样吧？"

"我们许多顾客使用产品 3 周后，效果都不错，您用了感觉怎么样？"

（三）3 月

顾客购买产品 3 个月后，销售员打电话了解顾客皮肤改善情况及进一步的需求。其目的是跟进服务，扩大销售。

推荐用语：

"您对我们的产品和服务有什么意见吗？"

"您的皮肤一定有所改善吧，有时间的话，请来我们专柜，我给您测试一下。"

"现在季节转换了，人的皮肤随着季节的变换，有不同的护理要求，我们公司最近刚好进了一批新品，很适合您，有空来看看。"

"产品用完了吗？经过 3 个月，您可以进一步用某某系列的产品了。"

注意：不要每次打电话都邀请顾客来柜台购买商品，这样会留给顾客您不是真正关心他的皮肤而是在关心他的钱的感觉。

三、售后服务抱怨的处理

（一）正确认识顾客的抱怨

所谓抱怨，就是顾客对服务的不满和发牢骚。

当顾客对一家商店不满时，4% 的顾客会说出来，96% 的顾客会默默离去，其中 90% 的顾客永远也不会再光临此家商店；而这些不满的顾客又会分别把他的抱怨至少转述给 8 ~ 12 个人听，向他们宣传此家商店的商品或服务质量是如何的糟糕。这 8 ~ 12 个人当中的 20% 还会再转述给 20 个人听。如果商店能及时而又令顾客满意地解决抱怨，82% ~ 95% 的顾客还会回到这里来购物，但会有 5% 的顾客流失；如果商店把抱怨拖到事后再解决，即使处理得再好，也只会有 70% 的顾客再来此店购物，顾客的流失率增加到 30% 。

抱怨是不可避免的，关键是在于如何认识和处理顾客的抱怨。

对于销售员来说，听顾客喋喋不休地抱怨绝非一件快乐的事情，甚至许多人一听到顾客抱怨便头疼不已，采取充耳不闻、敷衍了事的态度。其实，顾客对商场的商品或服务有所抱怨，说明顾客对商场还抱有某种期待和信赖。

例如，一日，曹太太带着她 6 岁的儿子去公园，在公园门口的小摊上看见一种电动工具小汽车，孩子吵着要买，曹太太只好花了 50 元买了一辆。可是到了第二天，不知是小孩的玩法不合适，还是玩具车本身质量有问题，车子一动也不动了。无奈之中，曹太太只好安慰伤心的儿子说："没办法，这是在地摊上买的，过几天再买一个好的给你。"

几天后，曹太太在单位附近的一家商店里看到了同一款式的电动小汽车，就履约给孩子买了一辆回去。这次的价格比小摊上的贵了10元钱。孩子很高兴地玩了起来，可到了第二天，车子又动也不动了。曹太太在确认孩子的使用方法无误之后，感到十分地恼火，认为在正规的商店买的玩具绝不应该出现这种情况。于是，她拿着小汽车到那家商店据理力争，最后，商店又换给她一辆新的小汽车。

以几乎同样的价格购买了同一种玩具小汽车，在同样是第二天出故障的情况下，曹太太对不同的售卖者表现出截然不同的态度：对小摊主只能一笑了之，自认倒霉，因为她本来对小摊主的产品质量就没抱太高的期望，完全是以碰运气的态度来购买的；而对于百货商店、专业店或一流的大商场，则完全不同。因为这些商店的信誉高，因此，曹太太就会期待获得与其相符的商品和服务水准，一旦商场的商品和服务与曹太太期望的有出入，她就会产生抱怨，并要与之理论，期望得到补偿。所以说，遭到顾客的抱怨，代表这家商店值得信赖，正因为顾客对这家商店的商品和服务有着很高的期待，他们才会有提出最强烈抱怨的行动。

当然，抱怨同时也反映出该商店提供的商品和服务存在着弱点。顾客抱怨的地方，正是商店做得不够的地方。所以，顾客的抱怨对企业来说，又是宝贵的信息，它可以指示经理和营业员更好地为顾客提供服务。由此，我们可以得出一个全新的观点，所谓顾客抱怨，是顾客对于某商店的信赖与期待，同时也是该商店的弱点所在。顾客将问题告诉销售人员，并不是给他找麻烦，相反是为商店提供树立形象、建立口碑效应的绝好机会。因此，我们不必害怕顾客抱怨，但必须重视顾客抱怨，从顾客的抱怨中获得珍贵的信息，努力改善我们的服务工作，使顾客对商店更加满意。

（二）对顾客抱怨的处理

1. 找出抱怨产生的原因

要妥善地处理顾客的抱怨，首先要搞清楚顾客为什么抱怨，只有找出不满的原因，才能有的放矢地加以解决。

销售人员仔细听完顾客的话后，若自己无法单独解决，应将顾客不满的原因记录下来，作为经理或售后服务人员解决抱怨时的主要依据。

需要记录的要点包括：

（1）发生了什么事件；

（2）事件是何时发生的；

（3）如果是因为商品问题，那么是什么商品？型号、价格、购买商品的时间，顾客不满的问题点在哪儿；

（4）当时接待顾客的是谁；

（5）顾客真正不满的原因是什么（商品、服务，还是另有原因）；

（6）顾客讲不讲理；

（7）顾客希望以何种方式解决；

（8）这位顾客是老顾客还是新面孔；

(9) 记下顾客的姓名、家庭地址和联系电话，以作跟踪处理之用。

销售人员边记录边告知顾客："我会将你所说的情况马上汇报到经理那里。"

如果顾客要求请主管出面，那么销售员就要立刻停止这些工作，马上报告主管。若主管恰巧不在，销售员一定要将此情况据实告诉顾客，当主管回来后，马上汇报，以便采取补救措施。

"对不起，我们的主管恰好去公司开会了，等他回来，我一定请他与您联系。您的问题一定会得到妥善解决的。"

2. 处理抱怨时的语言技巧

在处理顾客投诉的过程中，绝不能推卸责任地说"这不归我负责""这不关我的事"，更不能教训顾客，与其争辩。在抱怨发生初期，销售人员若能巧妙地运用语言艺术加以缓和，把抱怨平息在"萌芽"状态，往往能起到事半功倍的效果。

(1) 诚恳使用"非常抱歉"来平稳顾客情绪。一般在抱怨发生初期，顾客常常是义愤填膺、情绪非常激动，以至于措辞激烈，甚至伴有恶言恶语。在这种情况下，销售人员先要冷静地聆听顾客的全部委屈，全盘了解顾客的不满原因，然后要诚恳地向顾客表示歉意，用"非常抱歉""真是对不起"等话语来平息顾客的情绪。待顾客情绪较稳定时，再商谈投诉之事，问题就容易解决了。

(2) 妥善使用"请到贵宾室坐下来谈好吗?"许多怒气冲冲的顾客会当场在商店内高声抱怨。在这些顾客当中，有些人原来讲话的嗓门就大，加之情绪激动，嗓门就更大了；有些人是想借高声来压制对方，表明自己有理；也有个别的顾客纯属于胡搅蛮缠者。对于这些怨气冲天的顾客，商店即使增派调解人也无法使其安静下来。

当抱怨的顾客在店面大声吵闹时，会直接破坏购物气氛，影响到其他顾客的购物情绪，有的顾客只顾看热闹而没了购买兴趣，有的顾客则也会因遇到同样的烦恼，一走了之。有的顾客在情绪激动时，会说出许多不利于商店形象的话，诸如："你们商店怎么净卖些假冒伪劣品""你们这家商店怎么这么不讲信誉"等，甚至该顾客还对其他顾客说："千万别买这儿的东西，根本不新鲜!"诸如此类，对商店的影响极大。

在这种情况下，应邀请顾客到另外一种场合进行交谈，具体方法有：

第一，可对顾客说："您看，站着讲话多不方便，请到贵宾室坐下来谈，好吗?"或者说："这里太热，我们先到办公室喝点茶，再慢慢谈好吗?"

第二，引导顾客到招待室（办公室）坐下，最好先泡一杯茶或倒一杯果汁招待顾客，让顾客缓和一下他的情绪。"来先喝口茶，慢慢谈。"

第三，当顾客到招待室后，情绪还不能平静时，调解人（或当事导购代表）可以对顾客说："我们现在正调查事件的原因，请您先休息一下。"或者说："负责人马上过来，请您稍候。"然后关起门来让顾客一个人留在里面，以平息他过于激动的心态。

对于大声吵闹的顾客来说，突然远离争吵现场，独自一人留在空旷的招待室里，精神会一下子松弛下来，加之店方为他提供舒适的场所和茶水以缓解情绪，他会很快地冷静下来。如果他是反省力很强的顾客，甚至还会为刚才的激动而暗暗后悔。

这虽然是一种解决问题的好方法，但一定要注意让顾客独自等待的时间要适当：太短的话，顾客的情绪未完全缓和下来，容易再度发怒；如果时间太长的话，顾客又会认为没人理他，可能火气更大。所以，一般让顾客等待 2~3 分钟为宜。

（3）及时使用“经理刚巧出去了，明天经理到您家中拜访好吗?”的征求语。

（4）不忘使用“这是我的错”的道歉语。顾客由于使用不当而造成商品损坏，在一定程度上应归咎于营业员售货时未介绍清楚。因此，在处理这类抱怨时，应诚恳地向顾客道歉，坦率承认是由于自己交代不周而造成顾客的损失。

（5）礼貌使用语如“给您添麻烦了……”；“为了表示歉意……”顾客花了钱，买回去的商品却发现有质量问题；或者发现不适合，以“颜色不好”等借口退换货时，应尽量满足顾客的希望和需要。在办理退换货的手续时，说：“真对不起，还让您多跑一趟。”“给您添麻烦了，为了表示歉意，这瓶香水我给您用包装纸包装一下。”

在向顾客解释或说明时，应把握两点：

第一，说话语气要婉转，不能让顾客难堪。

第二，不能老强调自己的清白无辜。一般人不喜欢承认自己误会了别人，因此，营业员在解释的时候，一定会受到顾客表面上的抵抗。顾客很可能用“我不可能冤枉你”或“我决不会那么糊涂，连这么简单的事情都搞不懂”等话语来为自己辩解，掩饰自己的过错。

在这种情况下，营业员不要反复强调自己是正确的，而应诚恳地告知顾客，并不是要使他难堪，只是想消除他的疑问和不满，这样，顾客就比较容易接受说明了。

相关链接

产生抱怨的顾客犹如一堆干柴，任何一点火花都会燃起满腔怒火。如果在沟通过程中，负责调解的营业员说话不慎、用语不当，就容易使顾客火冒三丈，使矛盾更加激化。因此，在沟通中最好避免使用以下话语：

1.“这种问题连三岁小孩都会”

当顾客不了解商品特性或使用方法而向营业员询问时，营业员最容易说这句话。这句话极容易引起顾客反感，认为营业员是在拐弯抹角地嘲笑他。

2.“一分钱，一分货”

当营业员说这句话时，通常会让顾客感到营业员小瞧他，认为他买不起高档品，只配用廉价品，因此，会伤害顾客的自尊心。

3.“不可能，绝不可能发生这种事儿”

一般商家对自己的商品或服务都是充满信心的，因此，在顾客提出抱怨时，营业员常常用这句话来回答。

其实，当店方说这句话时，顾客已经受到严重的心理伤害了，因为这句话表示店方并不相信顾客的陈述，怀疑顾客是在撒谎，因此，必然引起顾客的极大反感。

4.“这种问题与我们无关，请去问生产厂家，我们只负责卖货”

尽管商品是由厂家生产的，但是商店购进其商品进行销售，就应当对产品本身的品质、特性有所了解。因此，以这句话来搪塞、敷衍顾客，表明店方不负责任，不讲信誉。

5.“嗯……这个问题我不太清楚”

当顾客提出问题时，营业员的回答若是“不知道”“不清楚”，表明这家商店没有责任感。有责任感的商店一定会尽一切努力来解答顾客提问，即使真的不知道，也一定会请教专门的人来解答。

6. “我绝没有说过那种话”

在商场上没有“绝对”这个字存在，不管营业员说与没说，都不可以使用这个富有挑战意味的字眼，以免激起顾客的逆反心理。

7. “我不会”

“不会”“没办法”“不行”这些否定的话语表示店方无法满足顾客的希望与要求，因此，应尽量避免使用。

8. “这是本店的规矩”

“对不起，这是本店的规矩”，以这种话来应付顾客抱怨的营业员为数不少。

其实，商店的店规通常是为了提高营业员的工作效率而制定的，制定店规的目的是更好地为顾客服务，而绝不是为了监督顾客的行为和限制顾客的自由。因此，即使顾客不知情而违反了店规，营业员也不可以用店规做挡箭牌来责怪顾客。

9. “总是会有办法的”

这一句态度暧昧的话通常会惹出更大的麻烦。因为对于急着想要解决问题的顾客来说，这种“车到山前必有路”的不负责任的说法令人失望。

10. “改天我再和你联系”

这也是一句不负责任的话。

在顾客提出的要求或问题需要花费一些时间解决的情况下，最好的回答是：“3天以后一定帮您办好”“某月某日以前我一定和您联系”。

给顾客一个明确的答复，一方面代表店方有信心帮助顾客解决问题，另一方面也不会让顾客感到受愚弄。

以上是解决顾客抱怨时应该避免使用的“禁言”，因为这些话语容易在有意或无意中对顾客造成伤害，使抱怨升级，所以，必须严禁使用。

任务五 商务洽谈语言

任务驱动

讨论：谈谈下面案例在商务会谈中用的是什么语言技巧？

美国科学家爱迪生发明了电报机后，因为对行情不熟悉，也不知道自己的发明能卖多少钱。于是同妻子商量，他的妻子说：“卖三万。”“三万！太多了吧？”爱迪生半信半疑。“我看肯定值两万。要不，你卖时先套套对方口气，让他先说。”妻子提醒他。爱迪生在同一位经纪商进行关于发报机技术转让时，当商人问到价格时，爱迪生总认为两万太高，不好说出口，总是沉默不答。商人忍耐不住，说：“那么我开个价吧，10万元怎么样？”这一下大出爱迪生意料，于是当场拍板成交。

提示：这就是他在不自觉间运用了“沉默是金”的策略，取得了意料之外的良好效果。沉默是一种无声语言。

必备知识

一、商务洽谈的语言内容分类

（一）商务洽谈的语言

外交语言是指商务洽谈中所有委婉、礼貌的表达方式的用语。外交语言的特征是可能性、圆滑性、缓冲性。

商务洽谈人员虽不是外交官，但外交官的风度及训练有素的谈吐在谈判场合会给人以高雅之感。

富有外交色彩的谈判语言，可被视为商务洽谈中的外交语言。在商务洽谈中使用外交语言，给人以尊重感，有利于搞明问题、进退自如。

典型的外交语言有："很荣幸能与您共同洽谈该项目""有关洽谈议程悉听尊便""愿我们的工作能为扩大双方合作做出贡献""此事可以考虑""有待研究""我已讲了我所能讲的意见""请恕我授权有限""可以转达贵方要求""坚持贵方立场是您的权利，但竞争失败的责任则由您自己负责""我们谈判的大门是敞开的，贵方请示过后，可以随时和我们联系""您说了我想说的意思""我没有这么说，这是您的说法"……

（二）商业法律语言

商业法律语言是指与交易有关的技术专业、价格条件、运输、保险、税收、产权、企业法人与自然人、商检、经济和法律制裁等行业习惯用语和条例法规的规定。商业法律语言的特征是刻板性、通用性、严谨性。

商业法律语言是商务谈判的基础语言，由于经济利益多以商业、法律语言来表述，所以形成了其语言的刻板性，简单，明确，毋庸置疑。

典型的商业法律语言有："装运港船上交货（FOB）""成本加运费（CPR）""成本加保险费、运费（CIF）""货交承运人（PCA）"和"市场垄断""竞争""电汇""信汇""托收"、"信用证""保函"等。

（三）文学语言

文学语言是指在洽谈中使用的优美动人的修辞。文学语言的特征是优雅、诙谐、生动、形象和富有感染力。

鉴于人们受民族文化的熏染及个性的爱好，文学语言自然而然地被谈判者所引入，并具有很大的魅力。

文学语言具有制造良好的气氛、化解紧张谈锋、增强感染力的作用。谈判者把经济利害明显的话题以文学语言表达，自然会得"文雅"或者"诙谐"之名，从而获得"轻松而不生硬，虽难却不使人介意"的效果。

典型的文学语言有"平分秋色""浑水摸鱼""得寸进尺""春风化雨"等。

（四）军事语言

军事语言是指在商务洽谈中运用的军事术语，即简明、坚定的语言。在商务洽谈中难免产生激烈对峙的局面，而且有的对手“吃硬不吃软”，从谈判的效果出发，使用军事语言就不可缺少。

军事语言的特征是干脆、简明、坚定、自信。

商务洽谈始终围绕着债权与债务、得与失进行。军事语言排斥了模棱两可、犹豫不决，给双方创造了决战气氛，加速了谈判进程。

典型的军事语言有“价格防线”“集中突破一点”“知彼知己，百战不殆”“坚守阵地”等。

二、商务洽谈中语言表达的技巧

商务洽谈既是一个紧张思维的过程，又是一个要求具有高度语言运用艺术的过程。在这一过程中，语言的叙述、辩驳、论证、说服等功能被加以综合运用，并得到了最大限度的发挥。洽谈的成败以及如何在最有利的条件下达成协议，取得圆满的结果，在很大程度上取决于洽谈中语言的技巧和艺术。

商务洽谈中对对方内心活动、思维动态的探视，对对方真实动机、预定目标的了解，对对方不合理要求、不正确观点的辩驳，对对方的循循诱导、启发暗示，对自己观点的阐述、正当利益的维护，对洽谈中意外情况的处置，对洽谈走向的控制和引导，都有赖于语言运用的艺术。驾驭语言的能力越强，这些环节就能处理得越好，洽谈的结果也就会越理想。因此，要提高洽谈的技巧，必须首先在语言表达技巧上下功夫。

（一）对人软，对问题硬

在交谈活动中，只有尊重对方、理解对方，才能赢得与对方感情上的接近，从而获得对方的尊重和信任。尊重对方，还应包括发现对方失言或有语病时，不要立即加以纠正，更不要当场表示惊讶。若对方固执己见、骄傲自负，又确有必要指出其不足时，应当婉转地告诉对方：“对您的意见，我还需要进一步考虑，等考虑较为成熟时，咱们再谈好吗？”

在洽谈中，维护面子与自尊是一个极其敏感而又重要的问题。多数专家指出：在洽谈中，如果一方感到失了面子，即使是最好的交易，也会留下不良后果。因此，要避免上述问题，必须坚持区别人与问题的原则，对问题硬，而对人软，对运用的语言尤其要进行认真地推敲。例如，对方提出某种观点，而你并不同意时，你可以说：“根据你的假设，我可以知道你的结论，但是你是否考虑到……”或者说：“有些资料你可能还不晓得。”这要比说“你们的意见是建立在片面考虑自身利益的基础上，我们不能接受”要好得多。

（二）用语不含糊

商务洽谈就是协商合同条款，明确双方各自的责任、义务，因此轻易不要使用模棱两可或概念模糊的语言，除非在个别的时候出于某种策略需要。例如，卖方介绍产品质量时，要具体说明质量、性能所达到的标准，不要笼统地讲性能很好、质量过硬，出于策略需要的弹性语言须用得心中有数，做到不含糊、不会被误解。在谈判中，运用准确的语言，还可以避免出现误会和不必要的纠纷，掌握谈判主动权。

在商务洽谈中，应注意根据对方是否能理解你的讲话以及对讲话重要性的理解程度，控制和调整说话的速度。在向对方介绍谈判要点或阐述主要议题的意见时，说话的速度应适当减慢，要让对方听清楚并能记下来。

总之，要收到良好的说话效果，语言表达要努力做到：态度诚恳，观点明确；准确真实，通俗易懂；主次分明，层次紧凑；语言生动，叙述流畅。

（三）及时肯定对方

在谈判过程中，当双方的观点出现类似或基本一致的情况时，谈判者应当迅速抓住时机，用赞誉之词积极地肯定这些共同点。如有可能，还要想办法及时补充、发展双方一致的论点，引导、鼓励对方畅所欲言，将交谈推向高潮。赞同、肯定的语言在交谈中常常会产生异乎寻常的或积极或消极的作用。从积极作用方面看，当交谈中适时中肯地确认了另一方的观点之后，使整个交谈气氛变得活跃、和谐起来，陌生的双方从众多差异中开始产生一致感，进而十分微妙地将心理距离拉近。在此基础上，本着求大同存小异、互惠互利的原则达成协议就比较可行了。从消极作用方面看，有时交谈一方虽然注意了对对方观点的赞同和肯定，但其态度虚伪，多用谄媚之词讨好对方，会引起对方的反感。因此，运用赞美语言要态度诚恳，肯定要恰如其分，既不要言过其实，又不可词不达意。

在对方赞同或肯定己方的意见和观点时，己方应以动作语言如点头、微笑等进行反馈交流。这种形象语言的双方交流，易使双方谈判人员感情交融，从而为达成一致协议奠定良好的基础。

三、商务洽谈中提问的技巧

在商务洽谈中提问的目的，在于洽谈时打开话匣，获取信息，以利沟通。一次提问能否得到完美的答复，很大程度上取决于“如何问”。

（一）提问的几种方法

在商务洽谈中常运用提问作为摸清对方需要、掌握对方心理、表达己方感情的手段。

1. 封闭式提问

封闭式提问指能够带出一定答复的问句，多用在提问者想获得特定资料或确定的回答。例如：

（1）我们能否得到最优惠的价格？

（2）你对于我们的产品有什么不满意的地方？

（3）请告诉我为什么它值这个价钱？

2. 能刺激思考的提问

以下提问能引起他人的注意，为他人思考提供既定的方向：

（1）请你考虑订一份两年的合同好吗？

（2）你有把握吗？

（3）你曾经做过房地产的买卖吗？

3. 含糊性提问

一个语意含糊不清的提问，也就是一个可以作多种解释的问题。问这种问题的人，很可能是想套出对方的话或者他自己搞不清是什么意思。例如：

（1）你的报价是怎样算出来的？

（2）那样看起来好像不对，不是吗？

（3）成本看起来好像很高，不是吗？

4. 引发性提问

引发性提问指对答案具有强烈暗示的句型，一般为反义疑问句形式。引导性的提问往往能够使对方对自己的观点产生赞同的反应，也可以在引导性的提问里安排一些陷阱，以证实对方是否说实话。例如：

（1）这样的价格，是我们双方都能接受的，是不是？

（2）你如何处理利息？为什么要这样处理？为什么我要负担这些费用呢？我一向都是准时付钱的。

（3）你卖给他多少钱呢？哦，这和他告诉我的数目可不一样。

5. 证实性提问

证实性提问是针对对方的答复重新提问，使它得到进一步的证实或延伸的一种提问，表现出发问者对对方答复的重视。例如：

（1）您刚才说优惠我们30%，这是不是说您拥有全权跟我谈判的权限？

（2）您认为根据信用可采取不同付款方式，是不是表示像我们这样的公司可以分期付款？

（3）你能确定是这个数字吗？这个数字和第2页上的数字好像不太一样，究竟哪一个才对呢？

6. 反诘式提问

反诘式提问是用来加重语气的，并不是真正的问句，本身并不期待任何回答。例如：

（1）你真的希望我相信吗？

（2）你是不是永远都准备得这样充分，或者只是我们太幸运了？

（3）你相不相信，我刚好把那份资料带来了？

7. 坦诚性提问

坦诚性提问指能够推心置腹地友好发问，这种发问往往能制造出某种和谐的气氛。

（1）那是很合理的，不是吗？

（2）我们的价格如此低廉，您一定会感到惊奇，不是吗？

（3）要解决你们目前的困难，需要我供多少货？你说吧！

8. 结束性提问

结束性提问是一个结论或一个承诺，能够暂时或永远冻结讨论。这种问题往往能够迫使对方决定完成交易或者促使谈判破裂。例如：

（1）你要订多少货？

（2）你希望我们现在就开始动工吗？

（3）假如九折，你是不是把全部订单都给我们呢？

（二）掌握提问的时机

提问的时机很重要。掌握提问的时机，可以控制谈话的引导方向。

第一，倾听对方的议论是问话的前提。即使急于提出问题，也不要打断对方的议论，把想到的问题先写下来，等待合适的时机再提。

第二，不要随便发问，要伺机而出。

第三，在对方没有答复完毕以前，不要急于提出问题。

第四，把有关的重要问题事先准备好，并设想对方可能会有的几种答案，针对这些答案考虑好己方的对策，然后再提问。

第五，如果想从被打岔的话题中回到原来的话题上，就可以运用发问；如果希望别人能注意自己的话题，也可以运用发问。

（三）讲究提问方式

在商务洽谈过程中，根据具体情况设计、使用提问技巧，有时能取得出奇制胜的效果。比如，在谈判中直接问对方“我们产品的质量是不是你们使用过的产品中最好的”，对方绝不会给肯定的回答。在以提高自己产品的地位为目的的提问中，完全可以换个角度、换个方式，不妨这样问：“以前你们使用的产品中质量最好的是××吧？”“是的。”“这是某品牌产品的各项性能的检测结果，您一定看过吧？”“是的。”拿出自己产品的检验结果，边递给对方边说：“这是国家质检部门对我厂产品的检验结果，各项指标均优于某某牌。我很荣幸地告诉您，我们的产品在你们厂使用过的产品中质量最好。”巧妙的提问，达到了意想不到的效果。因此，在与对方的沟通中，一定要注意提问方式，应做到以下几点：

第一，要预先准备好问题，最好是一些对方意想不到、不能迅速想出答案的问题，以收到出其不意的效果。

第二，一般不要指责对方，尤其是不要指责对方的诚意，否则容易引起对方的反感。不要故意提出一些问题显示自己的聪明才干或其他优越条件。

第三，要有勇气提问，哪怕是一般人觉得难以启齿的或者看起来很笨的问题。

第四，要注意采用谦虚的态度、和蔼的口气提问，要求对方帮助或坦白地说明自己对某些问题不懂，这种态度会鼓励对方给出一个较好的答案。

第五，提问题后要闭口不言，等待对方回答。

第六，提问不仅要考虑自己的退路，同时也要考虑好对方的退路，把握好时机和火候。

第七，假如对方的答案不够完美，要有耐心和毅力等待时机，继续追问。

第八，提出一些自己已经知道答案的问题，以了解对方的诚意。这样做也可以给对方一个暗示，即我们已经充分掌握了对方的信息。

第九，在提问时，要注意不要夹杂着含混的暗示，避免提出可能使自己陷入不利境地的问题。如当提出要求后，对方还没有接受时，如果再问：“那你们还要求什么呢？”这种问话必然会使己方陷入被动。

四、商务洽谈中答话的技巧

在商务洽谈中，应答时要弄清对方的真正含义，回答问题实质上也是叙述，因而叙述的技巧对于回答问题通常也是适用的。但是，回答问题并非孤立的叙述，而是和提问相联系、受提问制约的叙述，这就决定了回答问题应当有其独特的技巧。

在一般情况下，在商务谈判中应当针对对方的提问实事求是地回答。但是，由于谈判中的提问往往千奇百怪、形式各异，而且又是对方处心积虑、精心营构后提出的，其中有谋略、有圈套、有难测之心。如果对所提问题都正面提供答案，并不一定是最好的答复。所以，回答问题也必须运用一定的策略。

（一）不要彻底回答

当全部回答对方的问话会对己方不利时，可缩小对方的问话范围；或者只回答其中的一部分问题，避开对方问话的主题；或者闪烁其词，似答非答，作非正面的间接回答。比较安全的回答是：

“对于这个专门性的问题，通常是这样处理的……”

“请把这个问题分成几个部分来说。”

“哦，不！事情并不像你所说的那样。”

（二）不要马上回答

对于未完全了解对方意图的问题，千万不要马上回答。有些问题可能会暴露己方的观点、目的，回答时更要谨慎。对于此类问题，或以资料不全或不记得为借口，暂时“关门”；或答非所问；或回避话题；或提出反问；或把有重要意义的问题淡化，掩盖问题的重要性；或找一些借口谈别的、做别的事情，如到洗手间去，有意拖延；或提出一项新的建议，转移对方的思路……这样既避开了提问者的锋芒，又给自己留下了一定的思考时间，实为稳妥之举。比较安全的回答是：

“请您把这个问题再说一遍。”

“我不是十分了解您的问题。”

“您的问题太吹毛求疵了，就像一个玩文字游戏的教授。”

（三）不要确切回答

在谈判中，有时会遇到一些很难答复或者不便于答复的问题。对于此类提问，并不一定都要回答，要知道有些问题并不值得回答，而且针对问题的回答并不一定就是最好的回答。所以，有时使用含糊其词、模棱两可的回答，或使用富有弹性的回答，效果更理想。比较安全的回答是：

“我不记得了。”

“对于这种事情我没有经验，但是我曾听说过……”

“至于……那就在于您的看法如何了。”

（四）降低对方继续追问的兴致

面对对方连珠炮似的提问，应想法使对方降低乃至失去追问的兴趣。例如，鼓励己方做不相关的交谈；倘若有人打岔，就姑且让他打扰一下；讨论某个含混不清而不重要的程序；让某个说话不清且有点不讲道理的人来解释一个复杂的问题等。比较安全的回答是：

"您必须先了解一下历史的渊源背景，然后再谈这个问题。"

"在我回答这个问题前，您必须先了解一下详细的程序……"

"有时候事情就是这样演变来的。"

（五）婉言回答

在谈判中，当你不同意对方的观点时，不要直接选用"不"这个具有强烈对抗色彩的字眼，而应适当运用"转折"技巧，巧用"但是"，先予以肯定、宽慰，再用委婉的表示否定的意思来阐明自己不可动摇的立场，既表示了对对方的同情和理解，又赢得了对方的同情和理解。比较安全的回答是：

"是啊，但是……"

"我完全懂您的意思，也赞成您的意见，但是……"

"我实在弄不懂您的提议为什么是合理的，可是……"

相关链接

你具备优秀营销员的基本条件吗？

测试说明：

从以上的学习中我们对自己各方面的素质及能力都有了较为充分的认识，那么你是否具备了优秀营销员的基本条件呢？下面的测试题可以给你一个相对准确的答复。

测试题：

1. 当你叩开一家客户的大门时，客户告诉你他不需要这种产品，这时你会（　　）。

a. 无奈地告辞　　b. 问清楚他为什么不需要

c. 赖着不走　　d. 弄清原因，下次再来

2. 通常你是如何看待你所推销的产品的？（　　）

a. 一种普通的产品　　b. 比其他同类产品有多种优点

c. 没有人会对这种产品感兴趣　　d. 一种很好的产品

3. 你的一位客户突然向你大发脾气，遇到这种情况时你会（　　）。

a. 不去理会他　　b. 弄清原因，然后恰当解决

c. 尽快平息他的愤怒　　d. 同他大吵一顿

4. 你通常如何处理在去拜访客户路上的时间？（　　）

a. 欣赏路边的风景　　b. 唱首歌以放松自己

c. 思考如何才能说服客户　　d. 脑子很乱，什么也不想

5. 当你设定一个工作计划时，你希望这个计划能够(　　)。

a. 有趣，并要和其他人一块实施　　b. 取得预期成果就行

c. 计划性强　　d. 能产生有价值的新成果

6. 在参加较为盛大的宴会时，你一般是(　　)。

a. 只与熟悉的人谈话　　b. 找个僻静的地方独自坐着

c. 与许多人甚至陌生人交流　　d. 和大多数人打招呼

7. 你对自己的哪种品格比较满意？(　　)

a. 埋头苦干　　b. 热情张扬

c. 机智沉稳　　d. 幽默风趣

8. 在会议上，你对一些问题迷惑不解时会(　　)。

a. 站起来提出　　b. 等一会看有没有别人提出

c. 会后私下提出　　d. 默不作声

9. 你在拜访客户时通常如何装扮自己？(　　)

a. 穿运动装　　b. 穿西服打领带

c. 用大手镯装扮自己　　d. 视时令及需求而定

10. 你对自己人际交往能力的评价是什么？(　　)

a. 非常强　　b. 比较强

c. 一般　　d. 很差

评分标准：

题号	选项				题号	选项			
	a	b	c	d		a	b	c	d
1	1	3	2	4	6	2	1	4	3
2	2	4	1	3	7	1	2	4	3
3	2	4	3	1	8	4	3	2	1
4	2	3	4	1	9	2	3	1	4
5	1	3	2	4	10	4	3	2	1

点评：

本套题共计40分，如果你的得分在：

33分以上，你完全具备了优秀营销员的基本条件，能够从容地应对营销中的各种问题，你可以向更高目标出发了。

27～32分，你的基本素质同样很出色，能解决多种突发性问题，赶快向更高目标努力吧！

21～26分，你的测试结果不尽如人意，平时要多注意提高自身的综合素质。

20分以下，你离优秀营销员的要求还有一定距离。

训练设计

一、思考题

1. 推销商品时，克服反对的语言技巧有哪些？
2. 推荐说服应掌握哪些原则？
3. 建议顾客购买的方法有哪些？
4. 接待用语原则有哪些？
5. 如何处理顾客的抱怨？
6. 商务洽谈的答话技巧有哪些？
7. 对于价格较高的商品，你用哪几种报价方法？

二、看材料完成任务

1. 某商场的进货员到一个皮革制品厂去采购皮箱。他提出的单价为200元，而对方却开出了320元的价格，而且无论如何都不作出让步。这时，进货员突然说："那，请你卖我一条皮带吧。"对方十分惊奇，问他为什么要一根皮带，他回答说："以这个价格进货，老板肯定会杀了我，我还是自己上吊吧。"对方听了，不自觉地笑了起来，终于同意降低了价钱。

问题：进货员讨价还价用了什么语言技巧？

2. 一位女推销员总是从容不迫、平心静气地向顾客提出三个问题："如果我送给您一套有关提高个人工作效率的书籍，您打开后发现十分有趣，您会读一读吗？如果您读过之后非常喜欢这些书，您会买吗？如果您没发现其中的乐趣，您把书重新塞进这个书包里给我寄回，行吗？"后来这三个问题被该公司全体推销人员所采用，成为标准的接近客户的方法。

问题：请分析以上这种接近顾客的语言技巧好在哪里。

三、技能训练

训练目的：掌握促成顾客购买的方法与技巧。

训练实施：1. 以小组为单位，分别使用请求购买法、二选一法、化短为长法、讨论购买细节法、扬长避短法、价格优惠法和最后机会法与顾客进行成交。
2. 写出情景模拟对话的内容。
3. 各小组在班级进行模拟演示，最后由教师点评。

项目四参考答案

项目五
服务用语应用

项目五 PPT

学习目标

通过本章的学习，使销售人员学会使用在不同场合的规范用语，学会运用服务中礼貌用语、敬语、规范用语的技巧。

导读案例

一家大饭店赶上旅游旺季，客人很多，服务员接待不暇，送餐不及时，客人来催了，有个服务员开口就说："急什么？没见我们忙不过来吗？"这样的话既不耐烦，又像责怪，加上毫无笑意的冷面孔，真有使人退避三舍的感觉，今后绝不会再想来了。但同样的情况，换一位很会说话的小姐来回答，可就完全不同了。她会对客人说："请您稍等，我们饭店生意好，请为我们祝福好吗？"听这话，着急的客人不但会耐心等待，而且会感到有趣愉快。在相同的情况下，不好听的一句话可以把人说跳，好听的一句话可以把人说笑，语言的力量就是这样神奇。

任务一　服务用语的基本特点

任务驱动

讨论：谈谈服务用语的基本特点。

微课：销售活动中如何正确使用服务用语

必备知识

一、用语规范

服务用语具有其规范性，餐厅服务员、客房服务员、收银员在用语上都有各自的规范。不少企业制定了自己企业的规范用语，但许多人往往忽视了一条最基本的要求，那就是要使用规范的普通话。销售人员接待的客人中，往往异地客人占相当大的比例，用方言待客，会使客人不知你在说什么，甚至产生一种不愉快的感觉。

中国地域广阔，各地方言复杂，如果与客人交流不使用普通话，而用浓重的地方口音交谈，无论说话内容如何完美，也会使客人产生听不下去的感觉或听错意思，造成不应有的误会。

一位外地顾客出差去杭州，在一家商店买雨伞，选中一种油纸伞后，问营业员："多少钱一把?"营业员用杭腔答道："一块俩。"顾客以为是一元钱两把，就递过去一元钱，拿走了两把伞。当他刚想去赶公共汽车时，营业员从后面一边喊一边追上，当众质问为什么没给够钱就跑了，顾客一问，方知不是一块钱两把，而是一元二角钱一把。

二、言辞礼貌

没有文明礼貌的语言，很难想象人与人之间能和睦相处。文明礼貌的语言在一定意义上标志了一个社会的文明发达程度，反映了组织的精神面貌，也体现着工作人员的情操、道德。因此，尽管各个时代各个国家的道德规范不尽相同，但任何一个社会、一个组织历来都十分注意语言的文明礼貌。我国早在《论语》中就有了有关礼貌语言的论述。所谓"君子所贵乎道者三"中，就有一"道"是"出辞气，斯远鄙倍矣"。意思是，说话的时候，要多考虑言辞和口气，就可以避免粗野和错讹。把文明礼貌的语言提高到"道"的高度，古人看得是很重的。

礼貌，即谦虚恭敬的表现。表示礼貌的语言叫礼貌语言。文明礼貌的语言总的说来，要做到"和气、文雅、谦逊"。

三、措辞诚恳

热情诚恳是服务员必须具备的良好品质，敷衍搪塞的语言只能引起客人的反感，只有真诚坦率的语言才能沟通与客人的感情。如果说真诚所要求的着眼点是在内容方面，那么热诚所要求的重点是在语言的表达形式方面。真诚可信的内容加上诚恳的语言表达形式，语言交际就能达到理想的效果，正如谚语所说："有了巧舌和诚意，你能够用一根头发牵来一头大象。"

四、语言生动

接待宾客时，语言不能呆板，不要机械地回答问题。应该认识到，生动幽默的语言能使气氛和谐，感情融洽，使人们在笑声中有所领悟。它令人轻松愉快，同时又能揭示深刻的主题。

日本古都奈良处于青山环抱之中，其风景十分优美。每年春夏两季，游人如织，与此同时，大群燕子飞来，争相在屋檐下筑窝栖息。然而，令人不快的是，燕子的粪便经常粘在明净的玻璃窗和洁净的走廊上，尽管旅店的服务员不停地打扫，也还是污渍斑斑，令游客深感不快。

这时，该旅店的老板以"小燕子"的名义给客人写了一封信，内容如下：

女士们、先生们：

我们是刚从南方赶到这儿过春天的小燕子，没有征得主人的同意，就在这里安了家，还要生儿育女。我们的小宝贝年幼无知，很不懂事，我们的习惯也不好，常常弄脏你们的玻璃和走廊，致使你们不愉快，我们很不好意思，请女士们、先生们多多原谅。

还有一事恳求你们，请你们千万不要埋怨服务员，她们是经常打扫的，只是擦不胜擦，这全是我们的过错，请你们稍等一会儿，她们马上就来了。

你们的朋友：小燕子

客人们看了小燕子的信，全给逗乐了，怨气也随之烟消云散。这位老板用幽默的语言和拟人化的手法，巧妙地化解了这一矛盾。这种处理方法比直接找客人和服务员交谈效果要好得多。

五、实话实说

讲真话、说实话是销售服务工作的命脉。语言真实，实话实说，是对消费者最好的服务，也是最有意义和有价值的服务。

任务二　正确使用服务用语

任务驱动

讨论：谈谈如何正确使用服务用语。

必备知识

一、服务用语词汇的选择

服务用语的词语选择要有利于推销语言的明白易懂；选词要简洁，要使客户有耐心听下去；选词要带有吸引力，使客户能够决定购买或订购意向；选词要带有导购性，让客户消除下决定时的犹豫。

（一）选词要礼貌易懂

服务用语选词要礼貌，在表达同一种意思时，由于选择词语的不同，有时会有几种说法，往往会给宾客以不同的感受，产生不同的效果。例如，“请往那边走”使宾客听起来觉得有礼貌，如把“请”字省去了，变成了“往那边走”，在语气上就显得生硬，变成命令式的了，使宾客听起来很刺耳，难以接受。另外，在服务中要注意选择客气的用语，如用“用饭”代替“要饭”，用“几位”代替“几个人”，用“贵姓”代替“您叫什么”。这样会使人听起来更文雅，免去粗俗感。要让顾客明白易懂，说明时尽量不要夹带过多的专业术语和缩略代码，以免客人听不明白而导致销售中断或误解，如说“聚苯乙烯拖鞋”不如说“塑料拖鞋”，能使顾客更好地理解。

（二）选词要简洁

大多数客户不能接受销售员絮絮叨叨的介绍，销售的语言必须恰如其分、恰到好处，甚至可以“投”客户所“好”。要达到这个目的，选词的简洁是首选。

例如，推销员上门推销，当购销双方成交时，销售员在递交商品时应该用负责、热情、礼貌的话语让客户核对递交商品和介绍内容是否一致，以消除客户不放心的疑虑。这时销售员可选用“请点验”“请验收”“请查收”之类的词，使用这类词既让客户放心，又树立了自己工作负责的形象，不失礼仪。

（三）选词要生动具体

如果片面追求简短，有时会过于抽象，让顾客感到茫然不知所措。因此，导购代表一定要用生动、具体的言辞来表现商品。

例如：

“这是宁夏的西瓜，保您满意。”——抽象

“这是宁夏的西瓜，保沙保甜。”——具体

“这台空调设计得很科学。”——抽象

“这台空调有换气功能，在将大自然的清新空气引入室内的同时，将室内的污浊空气排出室外，令室内空气保持清新而且富有氧气。”——具体

（四）选词要因人而异

销售员在接待不同层次、不同年龄段的客户时，可选用不同的交易词汇。如接待年轻的白领时，这些客户需要有一个宽松的购物环境，当她在商品前浏览观赏时，不喜欢旁边有人干扰其兴趣。这时销售员可以简单地选用“请随意看”这个词，既表示我随时恭候你的选择，又投其所好，为客户营造了一个满意的购物环境。也许因为这个简单的“随意”，销售员就能赢得一笔业务。但如果这个“随意”用在年龄较长、购买能力又一般的客户身上，客户会认为销售员无意接待他，冷落了他，也许就失去了一次交易机会。对待这个层面的客户，可以伴随其左右进行导购、诱导，选用诸如“请挑选”“请比较”一类词，因为这类词迎合了此类客户的特点——采购行为较犹豫、保守、谨慎。

（五）选词要带有吸引力

选词要带有吸引力，使客户能够决定购买或订购意向。当客户在决定购买意向的关键时候，“举棋不定”还是“一锤定音”，销售员带有吸引力的措辞能起到“推波助澜”的作用。例如：“您很有眼力，选购这样的商品肯定会给你带来愉快的。”哪个顾客不想购物愉快？“愉快”一词迅速打消客户的疑虑，一笔交易业务完成在片刻之间。

（六）选词要带有导购性

导购是销售员促成业务行为的主要手段。销售员在进行业务接待的过程中，选词需带有一定的导购性。

例如，“现在保健品市场鱼目混珠的现象太多了，我们这个产品是某某大学的高科技

产品，有某某局认可证，得到某某部颁发的‘信得过产品’的称号。”“高科技”“认可证”“信得过”诸类用词带有很大的导购性。因为这是客户在选择保健品时最为关注的几个关键问题。销售员的选词对客户的最后抉择起着至关重要的作用。

二、敬语的使用

服务用语的言辞礼貌性主要表现在敬语上。敬语包括尊敬语、谦让语和郑重语三个方面的基本内容。说话者直接表示自己对听话者敬意的语言叫尊敬语；说话者利用自谦直接地表示自己对听话者敬意的语言叫谦让语；郑重语是指说话者使用客气、礼貌的语言向听话者间接地表示敬意的语言。

敬语的最大特点是彬彬有礼，热情而庄重。使用敬语时，一定要注意时间、地点和场合，使用的语调要甜美、柔和。

一般地说，把听话者看作上位者时，使用尊敬语。即使对某宾客的言行不太满意，不管自己心里怎么想，语言表达形式一定要用敬语。

要注意顾客的姓氏和身份，不应冒失地直呼其名，如要称“杰克先生”，不要称“杰克”。使客人感到对他们的尊重，从而尽快地消除生疏感，增加亲切感。另外，寒暄语是敬语的入门，寒暄语的使用，往往能使宾客对你产生良好印象。

根据不同的对象，不同的场合，不同的内容、时间和不同情况，要使用得体、合适的敬词、敬语。

例如：

当盲人走近柜台时，要说：“您来了!”，不要说：“您看什么?”

当老年顾客、盲人、行走不便的顾客离开柜台时，可说：“慢走!”“走好!”，少用或不用“再见”。

客人走近柜台，一时腾不出手接待时，要说：“请稍等一下，我马上就来。”腾出手来后要说：“对不起，让您久等了。”

当客人表示感谢时，要回答：“别客气，谢谢。”

三、委婉语的使用

委婉原是一种常见的修辞手法。它是指讲话时不直陈本意，而是以委婉、周折的言辞加以烘托或暗示。服务员与客人打交道，在不少情况下，有些话不能或不适宜于直接说出，必须采用含蓄委婉的表达手法才能有效地避免矛盾，既表现得文明礼貌，又能取得良好的交际效果。服务语言委婉的表达手法，主要有以下三种。

（一）同义替代

有些使顾客听了易引起反感或不易接受的词语要避免使用，而以与之意义相同或相近的词语替代。在这方面，不少营业员、服务员都是十分注意的。例如，他们一般都把“胖”（特别对女顾客）说成“富态”“丰满”；把“瘦”说成“苗条”“清秀”；把“生病”说成“不舒服”等。像这种同义替代，一般说来显得语言中听，效果较好。

（二）暗示烘托

暗示巧妙，烘托得当，常能收到意想不到的效果。

我国已故学者冯文智先生有次去赶集，想买个尿壶。来到一个卖陶器的小摊上，挑了好几个，质量都不错，但都嫌大，这时卖壶的老人对他说：“冬天，夜长啊。”这位老人为不引起别人反感，避免了粗俗的用语，而用“冬天夜长”暗示壶宜大的道理，用词很讲究，也很巧妙、文雅。

（三）曲径通幽

有时为了避免使对方难堪，不直接把话说出来，而是有意绕个弯子，加上一个过门，徐徐道来，慢慢说出，导之自然，启之得法，不露痕迹，能收到极好的效果。

某市有一位优秀营业员，一次接待一位年近花甲的老大娘。老大娘买好了两把牙刷，由于营业员忙着又去接待另一顾客，老大娘在道声谢后就走了。这时营业员才想到钱还没收，一看，大娘离柜台不远，便略提高声音，十分亲切地说“大娘，您看——”老大娘以为什么东西忘在柜台上了，便走了回来。营业员举着手里的包装纸，说：“大娘，真对不起您老人家，您看，我忘记给您的牙刷包上了，让您这么拿着，容易落上灰尘，多不卫生呀，这是入口的东西。”说着，接过大娘的牙刷，熟练地包装起来，边包边说：“大娘，这牙刷，每支四元八角，两支共九元六角。”

“呀！你看看，我还忘记给钱了，真对不起！”

“大娘，我妈也有您这么大年纪了，她也什么都好忘！”这个营业员用了一个小小的“迂回术”，很自然地把大娘请了回来，又很自然地把谈话引到牙刷的价格上，这样一点拨，大娘也就马上意识到了。在整个谈话中，这位营业员没说一句钱未付，启发得十分自然，引导得十分巧妙。如果她对着离开柜台的大娘喊一声：“大娘，您老还没付钱呢！”也未尝不可，并且省力多了，但这样做会使大娘感到难堪。

四、控制声音的节奏

一些被称作副语言的信息，比如重音、停顿、声调变化、说话的速度等，在沟通中也起着十分重要的作用，会在不同程度上影响说话的效果。

语速和说话的节奏对意思的表达有较大的影响。说话太快，一下子讲得很多而无停顿，会使对方难以抓住你说话的主要意思，难以集中注意力正确领会和把握实际的表达，有时还会使对方误认为你在为完成某项工作而敷衍了事，于是不再费神倾听，从而导致双方交流不畅、难以沟通。一般讲，如果说话者要强调谈话的某一重点时，停顿是非常有效的。试验表明，说话时应当每隔30秒钟停顿一次，一是加深对方印象，二是给对方机会，对提出的问题做出回答或加以评论。

同时，说话时的语调、声音大小对表达也有一定的影响。有时，运用加强语气、提高说话声音以示强调，或显示说话者的信心和决心。这样做要比使用一长串的形容词效果好。说话声音的改变，特别是如能恰到好处地抑扬顿挫，会使人消除枯燥无味的感觉，吸引听话者的兴趣。一般来说，服务用语的声音要适当，频率不要太快，交谈时要给对方插话的机会。

总之，使用服务用语，声音节奏一定要视具体情况来人为控制。

任务三 销售活动的规范用语

任务驱动

讨论：请总结在日常消费活动中的服务忌语。

假如你是销售人员，被消费者拒绝了应采取哪些应对拒绝的销售表达技巧？

必备知识

一、迎送语、征询语、插话语、致歉语在不同场合的使用

我国是一个礼仪之邦，各行各业的服务活动都体现了一种礼仪规范，商务规范也不例外。商务活动的场合包括柜台服务、展销展示、商务洽谈等形式。在不同的场合有不同的规范用语，例如欢送语、征询语、插话语、致歉语等。

（一）柜台服务

柜台服务是买卖双方面对面的交易活动，在规范用语上也就比较直接、简单明白。例如：

"欢迎下次再来，再见！祝您一路平安。"（欢送语）

"使用后，您对该商品有什么问题，请及时反映给我们。"（征询语）

"您过去使用过这类商品吗？感觉怎么样？"（插话语）

"对不起，我忘了介绍该产品另一个特点，引起您的疑惑真抱歉。"（致歉语）

（二）展销展示

展销展示是另一种销售活动，着重于新产品的推广。此类商务活动的规范用语更应体现诚恳热情，以促使参观者、购买者对新产品、展示产品有良好的形象。

"这次活动是产品的一次展示，谢谢各位光临，正式投放市场后，还请各位对这产品多加关注、支持，谢谢大家。"（欢送语）

"这次新产品的研制，还处在初试阶段。看了现场展示，希望各位来宾提出宝贵意见，为我们今后的改进提供可靠的依据。"（征询语）

"由于时间仓促，这次展示还有不少不尽如人意的地方，我们将根据大家的意见进行改进，对此向与会各界表示歉意。"（致歉语）

（三）商务洽谈

商务洽谈是较高层次的销售活动，规范用语带有外交辞令色彩、法律用语色彩，规范

要求也就相应提高。

“今天洽谈收到了预期的效果，对出席会议的代表表示诚挚的感谢，我们2024年第二轮会议××市再见。”（欢送语）

“对会谈纪要有意见之处，请在×月×日前用书面形式交会议秘书处。”（征询语）

“会议的组织工作还存在不少不足之处，在此代表大会筹备处向与会各位代表表示歉意。”（致歉语）

二、销售活动中的规范用语

（一）日常文明用语

与相识的人相遇时，应说：“您好”。

得到别人帮助与礼让时，应说：“谢谢”。

要求别人做事时，应说：“请……”

向别人表示歉意时，应说：“对不起”。

别人对自己表示歉意或谢意时，应说：“别客气”“没关系”“不用谢”。

（二）窗口单位柜台接待用语

客户来办理业务时，应说：“您好……”

客户较多时，对排在后面的客户，应说：“请稍等。”

客户等待时间比较长时，应说：“对不起，让您久等了。”

遇见熟人要优先办理业务时，应说：“真对不起，现在人很多，请排队等一会儿。”

经办人员遇急事不得不停下业务去处理时，应对客户讲：“对不起，请您等一下。”

客户不熟悉营业环境走错柜台时，应对客户讲：“对不起，请您到××号窗口办理。”

客户填错单据时，应和气地对客户说：“对不起，麻烦按××要求重新填写一张。”

在办理业务过程中，发现客户短款，应讲：“先生（或小姐），麻烦您，请再点一遍款项，您的钱款少了×××元。”

办理业务中，因服务不周到，造成顾客的不满时，应主动向客户道歉说：“实在对不起。”

办理完业务时，应说：“欢迎您下次再来”“再见”“对不起”。

（三）50句服务忌语

早在1995年8月，北京市、铁道部、国内贸易部、卫生部、邮电部、中国民航总局与光明日报社就提出了窗口行业普遍禁用的50句“服务忌语”。内容为：

（1）嘿；（2）老头儿；（3）大兵；（4）土老帽儿；（5）老黑；（6）你吃饱了撑的呀；（7）谁让你不看着点儿；（8）嫌车慢，别坐呀；（9）问别人去；（10）听见没有，长耳朵干吗使的；（11）怕挤呀，打“的”不挤，啰嗦什么，赶紧下吧；（12）看车看车，找死呀；（13）我就这态度；（14）有能耐你告去，随便告哪都不怕；（15）有完没完；（16）不买看什么；（17）你买得起就快点，买不起就赶紧走人；（18）到底要不要，想好了没有；（19）喊什么，等会儿；（20）没看我正忙着吗，着什么急；（21）交钱，快点；（22）我解决不了，愿意找谁找谁去；（23）不知道；（24）刚才和你说过了，怎么还问？（25）靠边点儿；（26）没钱找，等着；（27）你买的时候，怎么不挑好；（28）谁卖你的，你找谁去；（29）有意见，找经理去；（30）到点了，你快点儿；（31）价签上都写着呢（墙上贴着呢），你不会自己看呀；（32）不能换，就这规矩；（33）不买就别问；（34）你问我，我问谁；（35）瞎叫什么，没看见我在吃饭；（36）管不着；（37）没上班呢，等会儿再说；（38）干什么呢，快点；（39）我不管，少问我；（40）不是告诉你了吗，怎么还不明白；（41）没零钱了，自己出去换去；（42）挤什么挤；（43）要买快说，不买靠边，下一个；（44）别啰嗦，快点讲；（45）现在才说，早干吗来着；（46）越忙越添乱，真烦人；（47）怎么不提前准备好；（48）我有什么办法，又不是我让它坏的；（49）别装糊涂；（50）后边等着去。

三、销售活动中的礼貌用语

礼貌用语是服务人员用来向顾客表达意愿、交流思想和沟通信息的重要工具，是一种向客人表示友好和尊重的语言。

（一）礼貌用语的要求

1. 态度要诚恳、亲切

人是有感情的，感情一般是通过语言和表情流露出来的。人们常说“言以传情，情以动人”，就是这个道理。因此，说话时的神态、表情十分重要。例如，当你向别人表示祝贺，如果嘴上说得非常动听，表情却冷冰冰，那对方一定认为你只是敷衍而已。同样，当你向别人表示慰问而神态却显得很不专心时，对方也一定认为你是在故作姿态。这样，对方不但不会感激，还会引起疑虑甚至反感。所以，使用礼貌用语首先必须做到态度诚恳、亲切，也就是必须让对方对你的话语产生表里一致的印象。

2. 用语要谦逊、文雅

礼貌用语对客人应使敬语，如称人时用“您”“先生”“夫人”“女士”“小姐”“老大爷”“老大娘”等；与别人联系时用“请问”“劳驾”“敬请光临”“请大力协助”“请多关照”等；在接待客人时，应坚持用雅语，如用“几位”代替“几个人”，用“哪一位”代替“谁”，用“贵姓”代替“你姓什么”，用“洗手间”代替“厕所”等。我国提倡的礼貌用语为：“您好”“请”“谢谢”“对不起”“再见”，充分体现了语言文明的艺术形式。

3. 声音要优美、动听

在接待客人时，语音要标准，无论是普通话、外语还是方言，咬字要清晰，尽可能讲得标准；嗓音要动听，增加语言的感染力与吸引力；音量要适度，以客人听清楚为准，轻声总比提高嗓门令人感到悦耳，切忌大声说话，语惊四座；语调要婉转，抑扬顿挫有情感，使听者感到亲切和自然；语速要适中，避免连珠炮似的说话，轻柔甜润的说话定会使客人满意。

4. 表达要灵活、恰当

要使客人感到满意和高兴，在使用礼貌用语时，还必须察言观色，随时注意客人的反应。针对不同的对象、不同的性别和年龄、不同的场合，灵活地掌握不同的用语，有利于沟通和理解，从而避免矛盾的产生，或使矛盾得到缓解。

（二）常用礼貌用语

1. 称呼语

称呼语是指服务人员对客人的尊称。

一般称呼：男宾无论其年龄大小、婚否，可统称为“先生”。女宾则根据婚姻而定，已婚女子称“夫人（太太）”，未婚女子称“小姐”。对婚姻状况不同的女宾，可称“小姐”或“女士”。以上称呼可以连同姓名、职衔、学位一起使用，如“王小明先生”“张总经理”“李局长”“卡特教授”“护士小姐”“博士先生”。

对地位高的政府官员、外商使节、军队中的高级将领，按不同国家的习惯，有的可称“阁下”，以示尊重，如“部长阁下”“大使先生阁下”等。

在涉外场合，正确使用称呼非常重要，切忌使用“喂”来招呼客人。比如，英国、德国对头衔非常看重，如对方有博士学位，在称呼时一定不能省略，否则，会伤害对方的感情，或者被对方认为缺乏教养。

2. 问候语

问候语是指为客人提供服务时，根据时间、场合和对象的不同，所使用的规范化问候用语。

与客人见面时，应主动说：“您好，欢迎光临。”“您好，见到您很高兴。”最好紧跟其他一些礼貌用语，如：“先生，您好，欢迎光临，请！”“您好，小姐要我帮忙吗？”“晚上好，夫人，旅途辛苦了，请先在这儿休息一会儿吧。”这样会使对方倍感自然和亲切。

遇到节日、生日等喜庆日子，可说：“祝您圣诞快乐！”“祝您生日快乐！”“新年好，恭喜发财！”

客人若患病或身体不适时，则主动表示关心，可以说：“请多保重！”“祝您早日康复！”等慰问语。

3. 应答语

应答语是商业服务人员在回答客人问话时的礼貌用语。

对前来的客人说：“您好，我能为您做些什么？”“请问，我能帮您什么忙？”

引领客人时说：“请跟我来。”“这边请。”“里边请。”“请上楼。”

接受客人吩咐时说：“好，明白了！”“好，马上就来。”“好，听清楚了，请您放心！”“好，知道了！”

听不清或未听懂客人问话时，应说：“对不起，请您再说一遍。”“对不起，我还没听清，请重复一遍，好吗？”

不能立即接待客人时，应说：“对不起，请您稍候。”“请您稍等一下。”“麻烦您，等一下。”

接待失误或给客人添麻烦时，应说：“实在对不起，给您添麻烦了。”“对不起，方才疏忽了，今后一定注意不再发生这类事。请再次光临指导。”

有事要向客人提问时，应说："对不起，我能不能问一下问题？""对不起，如果不麻烦的话，我想问一件事。"

当客人误解致歉时，应说："没关系。""这算不了什么。"

当客人赞扬时，应说："谢谢，过奖了，不敢当。""承蒙夸奖，谢谢您了。""谢谢您的夸奖，这是我应该做的。"

当客人提出过分或无礼要求时，应说："这恐怕不行吧。""很抱歉，我无法满足您的这种要求。""对不起，中国人还没有这种习惯。"此时，必须沉得住气，婉言拒绝，表现出教养、风度。

四、应对拒绝的销售表达技巧

销售过程中，顾客在听完产品介绍后，会以各种理由拒绝购买产品。销售员要坚持不懈、持续地向顾客进行推销。如果顾客一拒绝，销售员就撤退，顾客对销售员就不会留下什么印象。一般来讲，顾客的心理无外乎以下几种情况。

（一）顾客说：我买这个东西有啥用呢

应对：分析产品不仅可以给购买者本身带来好处，还可以给周围的人带来好处。购买产品可以得到上司、家人的欢喜与赞赏，如果不购买，将失去一次表现的机会，很可惜。尤其对一些公司采购人员，可以告诉他们竞争对手在使用，已产生什么效益，不购买将由领先变得落后。

（二）顾客说：市场不景气

应对：市场景气不景气是一个大环境，单个人是无法改变的，对每个人来说在短时间内还是按部就班，一切"照旧"。这样将事情淡化，将大事化小来处理，就会减少宏观环境对交易的影响。如："这些日子有很多人谈到市场不景气，但对我们个人来说，还没有什么大的影响，所以说不会影响您购买××产品的。"

（三）顾客说：太贵了

应对：交易就是一种投资，有得必有失。单纯以价格来进行购买决策是不全面的，光看价格，就会忽略品质、服务、产品附加值等，这对购买者本身是个遗憾。如："您认为某一项产品投资过多吗？但是投资过少也有它的问题所在，投资太少，使您在其他方面所付出的就多了，因为您购买的产品无法达到预期的多方面满足（无法享受产品的一些附加功能）。"

（四）顾客说：能不能便宜些

应对：提醒顾客现在假货泛滥，不要贪图便宜而得不偿失。例如："为了您的幸福，优质品高服务与价格两方面您会选哪一项呢？你愿意牺牲产品的品质只求便宜吗？如果买了假货怎么办？你愿意放弃我们公司良好的售后服务吗？××先生，有时候我们多投资一点，来获得我们真正想要的产品，这也是蛮值得的，您说对吗？"

（五）顾客说：别的地方更便宜

应对：在这个世界上很少有机会花很少的钱买到高品质的产品，这是一个真理，告诉顾客不要存有这种侥幸的心理。不说自己的优势，转向客观公正地说别的地方的弱势。如："我从未发现哪家公司既可以以最低的价格提供最高品质的产品，又提供最优的售后服务。××（亲戚或朋友）上周在他们那里买了××，没用几天就坏了，又没有人进行维修，找过去态度还不好。"

（六）顾客说：根本没打算买这个东西

应对：将产品可以带来的利益讲解给顾客听，催促顾客进行预算，促成购买。如："××先生，我知道一个完善管理的事业需要仔细地编预算。预算是帮助公司达成目标的重要工具，但是工具本身须具备灵活性，您说对吗？××产品能帮助您公司提升业绩并增加利润，你还是根据实际情况来调整预算吧！"

（七）顾客说：它真的值那么多钱吗

应对：做购买决策就是一种投资决策，普通人是很难对投资的预期效果作出正确评估的，都是在使用或运用过程中逐渐体会、感受到产品或服务给自己带来的利益。既然是投资，就更多看看以后会怎样，现在也许只有一小部分作用，但对未来的作用很大，所以它值。如："您是位眼光独到的人，您现在难道怀疑自己了？您的决定是英明的，您不信任我没有关系，您也不相信自己吗？"在推销中，重要的是决心，巧妙的是方法。销售员应在日常推销过程中，有意识地利用这些方法，进行现场操练，达到熟能生巧的程度，而当顾客出现某种心理时，推销员就能及时捕捉，并很快作出对策。

训练设计

一、思考题

1. 服务用语中为什么要强调使用普通话？
2. 礼貌用语的要求是什么？
3. 委婉语表达的手法有哪三种？

二、技能训练

训练目的：掌握应对顾客拒绝的销售表达技巧。

训练实施：如果遇到以下异议，你将如何化解？以小组为单位写出情景模拟对话，并在班级进行模拟对话演示。

1. "没有时间""我现在很忙"；
2. "钱不够"或"预算不够"；
3. 担心产品（或服务）品质不好；
4. "不要，我已经有了"。

三、看材料完成任务

餐厅经理李兆，因病休息了两个多月，最近才正式上班。在他的病假期内，餐厅的一切事务均由餐厅代主管代行。由于代主管只是代行性质，所以处事很随便。

当晚，5 时 30 分，宾馆住客陈志明准备外出，打算晚上回宾馆用膳。他走进餐厅，见到服务员梁美英，便问：“餐厅晚上什么时候关门?”梁美英回答：“先生，晚上 8 时 30 分。”陈先生听了之后便匆匆忙忙地离去。

当陈先生回来踏入餐厅的时候，是晚上 8 时 20 分。梁美英和代主管并排站在门前，见到他，说：“对不起，餐厅关门了。”陈先生听后大为光火：“什么？餐厅关门?”代主管说：“现在餐厅未关门，但厨师已经下班了。”陈先生指着梁美英道：“你为什么不说清楚?”就在此时餐厅经理李兆刚巧经过，见这样的情形便向陈先生问道：“请问先生，有什么事情需要我帮助你呢?”陈先生把事情说了一遍，而且强调梁美英所讲过的话。梁美英正想向陈先生解释，但李经理制止了她，并向陈先生说：“很对不起，是服务员一时大意弄错了，你现在还没用饭，不如我立即安排宾馆车辆送你到附近一家餐厅用膳，膳后送你回来，你认为怎样?”陈先生说：“车辆来回宾馆要20 元。”李经理说：“事情由服务员引起，接送车资由宾馆支付，陈先生，这件事情请你多多包涵。”最后，陈志明亦乐意接受李先生的建议。

梁美英对经理的话很不服气，认为自己没有错，又不敢向经理解释，又怕经理误会。

事后，李经理没有因为上述事件对梁美英采取任何口头警告或处分，好像整个事情没有发生过。

四天后，在一次职员的例会上，李经理对职员们重申了餐厅营业时间。

问题：

（1）为什么向客人道歉后，还要免费为其安排车辆?

（2）你如果当时在场，会如何处理，事后又会怎样想?

（3）你觉得李经理对客人、对事情本身、对梁美英的处理方式如何?

（4）从礼仪角度看，本案例关键处在哪里?

项目五参考答案

项目六
社交语言应用

项目六 PPT

学习目标

通过本章的学习，掌握使用社交语言的技巧，会正确地使用社交语言，了解具备语言表达能力应有的素质，提高自身的社交能力。

导读案例

一位顾客走入美容品商店，问那位秃头胖脑的老板："你这里的美容霜真的能使人永葆青春吗?"老板眉头一皱，拉过旁边年轻的女士，大声说："妈，她居然怀疑我们的美容效果，让她看看你的皮肤。"

提示： 这位老板运用的是引石攻玉的幽默术。回避了和顾客的正面争论，又巧妙地推销了自己的产品，他的幽默天性在于这种运用方式的夸张、荒谬性。在社交场合什么状况都会发生，不妨多掌握一些语言技巧。

任务一　社交语言的培养和训练

任务驱动

讨论： 谈谈社交语言的修辞技巧。

必备知识

一、口语的修辞技巧

修辞，从广义上说，是指对用词、选句、谋篇的斟酌，叫作消极修辞；从狭义上说，是运用各种修辞格，使语言鲜明、生动、形象，叫作积极修辞。如果说，在社交语言表达中，语法是为了句式的正确、恰当，逻辑是为了语言的严密、富有理性色彩，那么，积极修辞是为了把话说得饶有情趣，令人听得明白、兴趣盎然，从而大大提高语言的表现力和感染力。不讲究修辞技巧的谈吐，会显得平淡、枯燥、无味。在口语表达中，常用的修辞方法有以下几种：

（一）比喻

描绘事物或说明道理时，用同它有相似点的别的事物或道理来打比方，这种修辞格叫比喻。它的作用在于把抽象的概念形象化，深奥的道理浅显化，陌生的事物熟悉化，虚幻的情思深沉化。在口语表达中运用比喻技巧可以化枯燥为生动，形象地表达情感。但运用比喻应注意以下几点：一是喻体要常见，易懂；二是比喻要贴切，两个事物必须在本质上不同，但又在某一点上极相似，否则就不能比喻；三是要注意感情的褒贬色彩，以有利于思想感情的表述；四是比喻要新颖。

比喻往往同讽刺合起来用，就是用比喻的方式讽刺对方，使对方的思维被己方的比喻所讽刺，使复杂的问题简单化，抽象的事物具体化，深奥的道理浅显化。讽刺要有力，提出的问题要尖锐，让对方措手不及。此术妙在讽刺寓于比喻之中，珠联璧合。

例如，齐国的晏子将要出使楚国。楚王得知此事后，对左右侍臣说："晏子是齐国善于辞令的人，他要来了，我想侮辱他，用什么办法呢？"左右侍臣告诉他须如此……

晏子来了，楚王安排酒宴招待晏子。正当他们喝得高兴的时候，两个武士押着一个囚犯从堂下走过去，楚王看见，就问他们："那个囚犯犯的什么罪？他是哪里人？"武士答道："犯了偷盗罪，是齐国人。"楚王对晏子说："原来齐国人惯于偷盗啊？"晏子离开座位回答说："我听说，橘子树生在淮河以南，它结的果就是橘子；生在淮河以北，它结的果就是枳子，橘子和枳子形状相似，但它们的味道却不同。这是什么原因呢？是水土不同啊。现在百姓生活在齐国不偷盗，来到楚国就偷盗，可能是楚国的风俗人情使百姓惯于偷盗吧？"

在这里晏子针对楚王的发难，不动声色地做了一个比喻，同时在这个比喻中暗藏讽刺，结果反倒让楚王惭愧、尴尬至极。讽刺对方时，借用一个比喻，不但能增加对自己命题的确证，也增加了对手反驳的困难。

比喻是语言艺术的一朵奇葩。在口语表达中，运用生动形象的比喻作为论据，把精辟的论理寓于摹形拟象的描绘之中，状客观之景，寓物外之理，既给人艺术上的美感，又予人哲理上的启迪，往往寥寥数语，就能言尽理之深蕴，并且收到深入浅出、铿锵有力的效果。

例如，刘绍棠有一次在南开大学作报告，他讲到文学创作要坚持党性原则时说："每一个阶段的作家都是有所为有所不为……即使是真实的东西，也是有所写，有所不写的，无产阶级的文学更是如此。"一位学生在台下递上来一个条子，刘绍棠拿起一看，上面写："刘老师，您说作家要有所为，有所不为，我觉得不应该这样，既然是真实的，就是存在着的，存在着的，就应该给予表现，就可以写。"刘问："这是哪位同学写的？"台下站起来一位女同学。刘绍棠开玩笑说："你把你的学生证拿给我看看好吗？"女同学困惑不解。刘绍棠说："我要看看你的学生证是不是贴着脸上长疮的照片。""我为什么要把长疮的照片贴在学生证上啊？"刘绍棠问："长疮时你怎么不拍照片呢？""长疮时，谁拍照片啊，怪难看的。"刘绍棠说："你不在长疮时拍照片，更不会把长疮的照片贴在学生证上，这说明你对自己是看本质的，因为你是漂亮的，长疮时的不漂亮是暂时的，它不是你真实的面目，所以，你不想照相留念，更不想将这样的照片贴在学生证上。共产党的某些缺点是需要批评的，但有些事情是有其特殊原因的，是涉及许多方面问题的，应由党内采取措施去改正，可你非要把它揭露出来，这岂不是要共产党把长疮的照片贴在共产党的工作证上吗？为什么你对自己是那样的公正，对共产党却是那样的不公正呢?”

在这里，刘绍棠运用了生动、形象的比喻，使得论证更具有说服力。

（二）比拟

比拟是拟人和拟物的合称，即根据想象把物当作人来描写叫拟人；把人当作物来写叫拟物。

在口语表达中，我们有时把物当作人来描写，让山川、树木、花草、动物等具有人的思想感情、行为特点，可以给人以神奇的想象，使我们的论辩语言具有瑰丽的迷人色彩。

比如，泰戈尔是近代印度人民心目中的“圣哲”。1924年4月他首次访问中国，由徐志摩先生担任翻译。有一次在清华大学演讲之后，徐志摩等人与泰戈尔私下攀谈。徐志摩问：“您这样永远受创作冲动的支配，究竟是苦还是乐?”泰戈尔听后笑笑，随即答：“你去问问那夜莺，它呕尽心血还要唱，它究竟是苦还是乐；你去问问那深山的瀑布，它终年把洁白的身体向深谷里摔个粉碎，它究竟是苦还是乐？……”泰尔戈不愧是有名的“圣哲”，脱口而出的语言似吟似颂、似赋似诗，他使用了比拟的手法，让鸟儿有着人的感情、流水跳跃着生命，这种语言的感染力是那种平铺直叙地说一句“我不苦”所远远无法比拟的。

在口语表达中，我们有时也可以把人当作物来描写，这种方法往往能表达出一种强烈的谴责意味。比如下面一则论辩：

有一次，诸葛亮派费祎出使吴国。孙权素知费祎是位杰出的外交家，于是便在设宴招待费祎之前，与大臣们说好，等费祎来时，大家只顾吃，别抬头理他。一会儿费祎进来参加国宴，孙权立即停下杯箸招呼，而其他大臣伏食不起。于是费祎便说：“凤凰来翔，麒麟吐哺；骡驴无知，伏食如故。”这里，费祎把自己说成是凤凰，而把吴国群臣说成是无知的骡驴，吴臣一听，立即全抬起头来，辍食面面相觑，非常尴尬，而费祎则得意地笑着。正当这时，诸葛恪站起来，慢条斯理地说：“爱植梧桐，以待凤凰；有何鸟雀，自称来翔。何不弹射，使还故乡?”诸葛恪针锋相对，把费祎说成是鸟雀，讥讽他根本不是什么凤凰，要他滚回蜀国，不要在这里冒充好汉。对此，费祎没有答上话来。他们唇枪舌剑、互不相让，使用的也是比拟，是比拟中的拟物。

运用比拟应注意：一是比拟必须是自己真实感情的流露，感情必须符合所描写的环境气氛；二是比拟的人和物在性格、形态、动作等方面应有相似或相近之点，才能把物写得像真正的人一般，把人写得像真正的物一般。

（三）排比

排比是由三个或三个以上的结构相同或相似、语气一致的语句，成串地表达相关或相连内容的一种句式。运用排比，能使言语规整，语气协调，感情贯通，表达流畅，如“教师是蜡烛，燃烧自己，照亮别人；是绿叶，默默生存，点缀生活；是渡船，迎着风浪，接送人们!”

这段排比把教师的无私奉献、社会所赋予的责任和职业的神圣淋漓尽致地表达了出来。

运用排比应注意的是，必须从内容的需要出发，不能生硬拼凑排比的形式，以免失之于滥。

（四）对比

对比是通过两个或两个以上事物异同性质的比较，来说明问题的一种辞格。对比可以使事物的性质、状态、特征更加鲜明突出。

在口语表达中，恰当运用这一方法，能使自己的观点更鲜明，使是非、优劣不言自明，使对方观点的荒谬之处重现出来。

例如，1932 年 9 月，陈独秀曾被以“危害民国”的罪名被当局逮捕。第二年 3 月，由苏州高等法院开庭审判。大律师章士钊先生自愿充当陈独秀的辩护律师。开庭那天，章士钊先生在法庭上辩护道：

“……本法庭高悬孙总理遗像，国人奉为国父，所著三民主义，党人奉为宝典。孙总理有云：‘民生主义即共产主义……’为何孙总理宣传，奉为国父；而陈独秀宣传，即危害民国？于理于法，能服人乎？”①

章士钊先生通过两人言行之同和当局态度之异的对照，一针见血地揭穿了当局者论据的虚假，使审判者狼狈不堪。

又如，曾有一位美国记者对周恩来说：“一个国家向外扩张，是因为该国的人口过多。”周恩来当即反驳说：“我们不同意你这种看法。第一次世界大战前，英国人口只有 4 500万，不算太多，但是英国在一个很长时期内是‘日不落’的殖民帝国。美国的面积略小于中国，而美国的人口不及中国的 1/5，但美国的海外驻军却达 150 万。中国人口虽多，却没有一兵一卒驻在外国领土上，更没有在外国建立军事基地。可见，一个国家是否向外扩张，并不决定于它的人口多少，而决定于它的社会制度。”

在这里，周恩来总理以英美人口不多向外扩张同中国人口多却没向外扩张相对照，顺理成章，使对方没有任何反驳的余地。

运用对比，必须对所要表达的事物的矛盾本质有深刻的认识，对比的两种事物或同一事物的两个方面应该确有互相对立的关系，否则是不能构成对比的。

（五）反问

反问是一种用否定的问句表达肯定的意思，或用肯定的问句表达否定的意思的语意确定的一种问句形式。巧用反问，可以给我们的口语表达增添一种凌厉逼人的气势，令人折服。

在 20 世纪 30 年代，国民党逮捕了邹韬奋、史良等 7 位主张抗日的爱国人士，这就是轰动一时的“七君子事件”。国民党费尽心机，抓住他们和共产党、张学良有过公开电信来往而大做文章，竭力想强加于他们一个联合共产党反对政府的罪名。

在法庭上，邹韬奋义正词严地反问：“我们打电报请张学良抗日，起诉书说我们勾结

---

① 陈书良：《寂寞秋桐：章士钊别传》。

张、杨兵变，我们发了同样的电报给国民政府，为什么不说我们勾结国民政府？共产党给我们写公开信，起诉书说我们勾结共产党，共产党也给蒋委员长和国民党发公开信，是不是蒋委员长和国民党也勾结共产党？”

旁听席上一片笑声。

邹韬奋这里使用的就是反问句式，其攻击力量远远比平铺直叙强烈得多。他针对论敌的要害，几声反问，词锋犀利，锐不可当，直逼得检察官支支吾吾，有口难言。

口语表达的修辞格还有很多，如对偶、设问、反复、双关、顶真等。只要运用恰当、得体，都会使语言生色。但使用这些修辞格时，应与对象、环境、时间、地点等条件结合起来，切不可胡乱使用或错误使用，弄巧成拙，或让人感到有故意卖弄之嫌。

二、逻辑技巧

语言是思想的直接反映。人们的思维都有一定的语言形式，也都要遵循着一定的逻辑形式。把语言与逻辑结合起来，使二者既相互独立，又相互结合，相辅相成。

“逻辑”是个音译词，清末由严复译自英语 logic，起源于希腊文。在现代汉语中它生根串蔓，成为一个多义词：其一，客观事物发展变化的规律；其二，某种特殊的理论、观点、看法（多用贬义）；其三，思维的规律、规则；其四，逻辑学。

逻辑学有三个分支，即形式逻辑、辩证逻辑、数理逻辑。通常人们所说的学点“逻辑”，主要是指学点形式逻辑。形式逻辑是一门关于思维的科学。

（一）交际语言艺术的逻辑基础要求

1. 概念要正确

概念是思维的细胞。它既是认识的起点，又是认识的结果，人们的语言表达离不开概念。要想做到概念明确，应当注意以下几种方法：

（1）注意定义。定义是通过准确地揭示概念的内涵来明确概念的一种逻辑方法。从语言表达上讲，下定义就是用简洁的词语揭示出事物的本质。

（2）注意划分。划分是通过说明概念的外延来明确概念的一种逻辑方法。划分要有规则，违反了，会引起对概念的误解和语言上的混乱。

（3）注意限制。限制是由外延较宽的概念过渡到外延较窄的概念的一种逻辑方法。从语言表达方面来说，就是在中心词前面增加适当的限制，更精确、严密地表达思想。

（4）注意概括。概括是由外延较窄的概念过渡到外延较宽的概念的逻辑方法。

2. 判断要恰当

判断，是对事物进行肯定或否定的一种思维形式。肯定或否定，是判断的最基本的特征，无所肯定或无所否定的思想就不是判断。形式逻辑着重研究的就是判断的形式。判断的形式一般包括直言判断、假言判断、选言判断、联言判断等多种。人们经常使用的是直言判断。直言判断就是直接对事物作出肯定或否定断定的判断。直言判断的基本要求是：判断要合乎事实；判断要恰如其分。

3. 推理要正确

推理是由一个或几个已知判断推出一个新判断的思维形式。它可以分为直接推理和间接推理两大类。推理有正确和错误之分。为了确保推理的正确，必须具备两个条件：即推理的前提要真实；推理的形式要正确。

（二）社交语言艺术与逻辑的基本规律

1. 同一律

同一律是关于思维确定性的规律。它要求在同一个思维过程中，思维必须保持同一性，也就是说，在同一时间、同一关系下，对于同一对象所使用的概念必须有确定的内容，不能随意变更，一个论题必须保持同一性，不能任意转换。同一律用公式表示是：A就是A。

2. 矛盾律

矛盾律是使思维和语言表达保持一致性的规律。它要求在同一个思维过程中，从同一方面，对同一事物，不能既肯定它是这个，又肯定它是那个；或者既肯定它是这个，又否定它是这个。矛盾律的公式是：A不是非A。

3. 排中律

排中律是使思维和语言表达具有明确性的规律。它要求，对同一个事物在真与假、是与非之间不能两者都否定；在同一个思维过程中，对两个互相矛盾的判断不能同时都否定，而要作出不是这个、就是那个的明确选择。排中律的公式是：或者是A或者是非A。

综上所述，应当认识到，在语言的表达上，必须遵守形式逻辑的基本规律。只有这样，才能使自己的语言准确、鲜明、生动、有理有力。

（三）社交语言的逻辑技巧

1. 保持同一

保持同一，是指在语言表达中，我们的思想必须具有确定性和首尾一贯性。

辩证唯物主义认为，客观事物包含有内在矛盾，不断地运动、发展和变化。但是，在一定的发展阶段上，客观事物又有着特殊的质的规定性。正是由于事物的这种质的规定性，才使得事物之间能够加以区别。逻辑学的同一律正是客观事物质的规定性亿万次地反映在人们意识中而形成的逻辑思维的基本规律。我们要正确地认识客观事物，说明客观事物，就必须遵守同一律。

具体地说，同一律要求论辩者在论辩中所使用的概念必须保持同一。请看下面一则论辩：

有一天，甲、乙、丙、丁4个人看见宿舍的防火桶里装着沙，于是他们争论了起来。

甲："这是半空的桶。"

乙："这是半满的桶。"

丙："这有什么好争论的，半空的桶不就等于半满的桶吗？"

丁："不对。如果'半空的桶等于半满的桶'这个等式成立，那么我们把两边都乘以2，半空的桶乘以2，等于两个半空的桶，两个半空的桶等于1空桶；半满的桶乘以2，等于两个半满的桶，两个半满的桶等于1满桶。于是岂不成了1空桶等于1满桶吗？"

丁的论辩是错误的，原因就在于其中"半空的桶""半满的桶"的概念，没有保持同一，偷换了其中的含义。"半空的桶"表示该桶有一半空一半满；"半满的桶"表示该桶有一半满一半空。而丁却将它们分别偷换成了“桶中的那半空的部分”“桶中那半满的部分”，这就势必会得出荒谬的结论。

2. 揭露矛盾

逻辑学的矛盾律要求：在一个思维过程中，不能对同一事物对象作出不同的断定，如果作出了不同的断定，其中必定有一个是虚假的。矛盾律是在论辩中揭露论敌自相矛盾的逻辑基础。如果论敌对同一事物前后作出了不同的断定，我们可以用矛盾律发起攻击。

一位律师在一件赔偿案件中代表某保险公司出庭辩护时就是如此。

原告声称：“我的肩膀被掉下来的升降机轴打伤，至今右臂仍抬不起来。”

律师问道：“请你给陪审员们看看，你的手臂现在能举多高？”

原告慢慢地将手臂举到齐耳的高度，并表现出非常吃力的样子，以示不能再举高了。

“那么，在你受伤以前能举多高呢？”

律师话音刚落，原告不由自主地一下将手臂举过了头顶，引得全庭哄堂大笑。

这位律师论辩取胜的妙处就在于机智地揭露了对方的矛盾。

使用揭露矛盾方法，不仅要善于揭示论敌前后的矛盾，还必须善于发现论敌观点所隐含的矛盾。

3. 排中律

排中律要求：在同一思维过程中，思想必须明确，不能模棱两可，含糊不清。排中律的作用在于使人的思想有明确性，避免模棱两可的错误。

例如，一家贸易公司经理请人设计了一种商标图案，设计完成后，就图案设计举行了答辩会。主持图案设计的一位经理介绍说：“这个商标的主题是旭日，象征希望光明，同时，这个旭日又像日本国徽，日本顾客一定很乐意买我们的产品。”一位下属说：“我们喜欢这个商标，但我害怕它设计得太好了。”经理笑起来问：“这话倒是我不懂了，你怎么理解呢？”这位下属回答：“这个设计鲜明而生动是毫无疑问的，它像日本国徽，无论哪个日本人都会乐意购买我们的产品的。”经理说：“我的意思正是如此。”“但是，”这位下属继续说，“我们在远东还有一些重要市场，如中国和东南亚国家，他们看到这个商标，也未必不想象成日本国徽，但他们和日本有过一段不愉快的历史，这样就不愿意购买这种产品了。顾了一个日本，失去一大片市场，恐怕……”

经理被说服了，说：“我倒没有想到这一层。”经理放弃了原来的设计，从而遵循了排中律。

相关链接

（一）口才的培养

1. 提高自己的主观认识，树立正确的口才观

口才的优劣是后天形成的。信息时代，通信传输手段日益发展，社会信息量日益增加，口才的作用将日渐重要。我们的生活离不开口才，社会求职应聘需要口才，与人交往需要口才，商务谈判也需要口才……提高自己的口语表达能力，能为我们的事业成功奠定基础。

2. 加强修养，提高口才表达的文化底蕴

口才，不仅是口语表达能力，而且需要以丰富的知识、敏锐的思维、高度的概

括、严密的分析论证和对事物的真知灼见为根基。人的学识越广，人的素质越高，口才也就有了越扎实可靠的根基。不断加强自身的知识修养和理论修养，才能提高我们的口才。

3. 注重练习，勤于实践

口才的提高关键在于不断练习，不断实践，在实践中锻炼自己的口才，提高口才水平。如果我们忽视了练习和实践，虽然满腹经纶，也不过是“茶壶煮饺子”，有货倒不出。所以，在具备了一定讲话的基础之后，要寻找练习的方法，加强训练。

（二）口才的训练

1. 语音训练

语音是语言的外在表现形式，是口语交流的第一要素。口才必须符合普通话的语音规范，因此，语音训练是口才训练的前提和基础。语音训练就是通过基础知识的学习和口头语音的练习，全面系统地掌握“汉语拼音方案”，读准字音，利用普通话圆润悦耳的音色和抑扬顿挫的音调言情述志，达到以声传情、声情并茂的效果。

2. 对话的训练

对话，也叫会话，是指在同一时间、同一场合，两个人或多个人之间进行的言语交际活动。它可以是一问一答一说一听，也可以是互问互答互说互听，形式自由，不拘一格。通过对话训练，可以增强我们的观察能力、语言组织能力、思维能力，是提高口语表达能力的基础训练。

对话训练的是对象明确，观点正确，内容丰富，语言通俗，话题灵活，反应敏捷，善于启发。

3. 读诵训练

读诵是朗读和朗诵的合称。虽是两种不同的语言表达方式，但它们在发音和技巧上有异曲同工之处。具备良好的读诵能力是锻炼口才的又一项基本技能，通过读诵训练可以全面提高自己口语表达能力。

读诵训练内容包括：

（1）停连的训练。停连是指朗读语流中声音的暂时休止和接读，可以说它是有声语言表达中的标点符号。它既是作品内容、情感表达的需要，也是朗读者生理上的需要，因为任何人不可能一口气朗读完一篇作品。

（2）重音训练。重音是朗读时为了突出主题、表达思想、抒发感情，对语句中的某些词语加以突出强调的现象，它是体现语句内容的重要手段。

（3）语速的训练。语速是指朗读时吐字发音的和缓与急迫，也就是朗读快或慢的速度变化。语速的缓急是表情达意的又一重要手段。语速大体可分为快速、中速和慢速三种。快速多用于表现兴奋、紧张、急迫和愤怒等感情；中速一般在感情起伏不大的情况下使用；慢速常用来表现庄严、沉思、忧伤等感情。

（4）节奏。节奏是指朗读过程中，由声音抑扬顿挫、轻重缓急而形成的回环往复的形式。

4. 听力训练

口语交流是一种双向交流，双方互为听众，互为发言者，这就要求任何一方都要既听且说。一个口才出众的人，必然也是一个出色的听众。要练就真正的口才，必须学会善于倾听对方的说话，当一名合格的听众。在别人说话时，不要随意插嘴，更不要打断对方的话。你应当注意听对方说些什么，看看别人有些什么反应。除非是为了打破沉默，活跃气氛，一般最好不要急于先说，更不要没完没了。只有会听，才能真正会说；只有会听，才能更好地了解对方。听力训练的要求是：全神贯注地听；既有选择又有分配地听；耐心地听；把握对方说话的中心；长期听与间断听相结合；寻找对方说话的“潜台词”；把握言语的背景，以迅速捕捉信息，激发灵感。

任务二　提高语言表达能力应具备的素质

任务驱动

讨论：要想提高语言表达能力应具备哪些素质？

微课：如何提高语言表达能力

必备知识

一、品德素质、文化素质、心理素质

素质是一个人内在品质和外在表现的综合统一，它是人心智能力发展的基本条件。提高语言表达能力应具备品德素质、文化素质、心理素质。

（一）品德素质

品德素质是指职业道德和修养。无论干什么事情，都要把德放在首位。如果一个人没有德，他的能力越强，对社会所造成的危害就越大。所以，我们要加强和提高个人的品德修养，规范自己的行为，具体体现在：

第一，要有维护国家、民族和本组织利益的立场以及为此而努力奋斗的强烈信念。无论在何时、何地、何种场合，都要强调忠于祖国，维护国家的主权和利益，维护民族的尊严。我们的一言一行都要注意到不损害国家的尊严。

第二，要有严格的纪律性、原则和高度的责任感。在语言表达上，要自觉遵守组织纪律，坚持原则，不能无原则地、不负责任地信口开河，要尽量体现组织纪律的约束性。

第三，客观、求实。社会组织必须为自己塑造一个求实的形象才能取信于民，因此说话必须客观、求实，有一说一，不夸大不缩小，客观地反映现实，只有这样，才能赢得合作。

（二）文化素质

语言表达能力的提高，除了需要加强训练之外，更需要渊博的知识作为基础，可以说没有深厚的文化底蕴，语言表达能力是很难提高的。

1. 文化素质与语言艺术的关系

（1）文化素质是语言艺术的精神宝库。雄厚的文化基础是提高语言表达能力的精神宝库。知识浅薄、孤陋寡闻之人，难于发挥语言的技巧，只有具备丰富渊博的知识，才能讲得头头是道，津津有味，信手拈来，皆成妙趣。古代学者管仲曾经说过：“海不辞水，故能成其大；山不辞土石，故能成其高。”① 古代哲人都用汇纳众流、成其渊博的道理，来比喻知识的学习和积累的问题。在一定范畴上说，广博深厚的知识，如同语言艺术的“水之源”“木之本”。

（2）高超的语言艺术可以更好地表达文化素质。知识底蕴丰富，可以视为“本因”，语言艺术高超，就可以在“本因”的基础之上，得以“枝繁叶茂”，硕果累累。只有具备深厚的语言艺术功底才能使用概括而又形象的语言艺术，更好地表达自己的渊博知识，展示自己的知识才华。

2. 文化素质的结构

（1）掌握国家的方针政策，懂得国家的法律、法规和国际法则。在语言表达中，做到知法、懂法、守法，保证自己的言行不与国家的方针政策相抵触。同时，用法律为武器，使语言表达得更充分，更具权威性。

（2）逻辑、修辞、语法知识。要想应付自如地驾驭语言艺术，逻辑、语法、修辞是必不可少的工具，要把话说得有理、有据、有力，尤其应重视逻辑知识。逻辑是学习语言、修辞的基础，要想提高语言艺术必须认真学习逻辑。

（3）文学艺术知识。在语言表达时，为了增强其感染力、说服力，有时需要引经据典，借用名人名言来说明问题，使语言表达得更明确，更具特性。

（4）精通心理学、行为科学和社会学的知识。善于分析己方和对方的各种需要、动机和行为，察言观色，捕捉信息，充分发挥己方的积极性和创造性。

（5）社交礼仪常识。我国是个文明古国，素有“礼仪之邦”的美称。社交语言的礼貌是内在文化修养的外现，即所谓“诚于中则形于外，慧于心则秀于言”。社交语言讲究礼节，能适应人们普遍存在的亲和需求，能增进双方的了解和感情，为交谈创造和谐融洽的气氛，给社交对象留下美好的印象。

当然，除了上面我们所介绍的内容之外，也需要我们涉猎有关历史、地理、哲学、伦理学等学科的知识。可是，我们不可能在有限的时间内掌握太多，这就需要我们在知识的掌握上要明确“深度”和“广度”、重点与非重点的问题。

（三）心理素质

1. 自信的心理

自信，是对社交人员心理的最基本要求。一个人有了自信，才会激发出极大的勇气和毅力，最终创造出奇迹。

古人云：“自知者明，自信者强。”充满自信，敢于面对挑战，敢于追求卓越。自信能超人，自信能胜人，才能自强不息。我国著名学者、教育家张默生幼时口吃。学生时代，他曾在宿舍的墙上悬一面镜子，每天对着镜子朗读辞赋诗文，不但丰富了自己的文学

---

①《管子》，华夏出版社2000年版，第342页。

知识，而且借此矫正了舌音口形，终于练就了极佳的口才。他就是靠着顽强的毅力和超人的自信心，达到如此佳境的，如果自认卑微，缺乏自信，是永远也提高不了语言表达能力的。

2. 大度的心理

在社交过程中，难免会出现尴尬的场面，我们所说的话得不到别人的认同，还可能会遭到别人的顶撞和讥讽，甚至挨骂。面对这种情况，要宽宏大度，发怒、烦躁不安、出言不逊，只能使局面恶化，影响个人的形象，即所谓“小不忍则乱大谋”。所以，不但要善于控制自己的情绪，而且要用自己良好的心态感染对方，控制对方的情绪，为交谈的继续创造良好的氛围。

3. 开放的心理

要提高语言表达能力，只有不断地与人交往，不断地实践，才能不断地完善、改变和提高。这需要一种开放的心理。愿意不断接受新事物、新知识、新观念，与不同社会阶层、不同性格、不同生活方式的人进行交往，并在交往过程中找到双方的共同点和话题的切入点。具有开放心理的人，视野比较开阔，思维活跃，能够在复杂多变的环境中冷静思考，综合分析，善于抓住问题的关键，而不会拘泥小节。

二、沉着的应变能力

言语交流因其信息传递频率快，反馈周期短，突然发生猝不及防的事，使人陷入窘境的情况是常见的。为了保证言语交流的顺利进行，谈话者不但要有充分的材料内容和逻辑顺序的准备，而且要留有随机应变的余地。应对不当，往往令人难堪，甚至有可能演化成更深的误会，产生更大、更多方面的不良影响。反之，如果语言得体，善于应急解窘，则不仅能当场产生转逆为顺的神奇效果，还可以展示个人良好的修养、敏捷的思维和灵巧的口才。

（一）什么是应变

应变是指社交者在正式的或非正式的言语活动中遇到意外情况时所做出的迅速反应。应变是一种即兴反应，更是一种适应能力，这种能力与人思维的敏捷性、情绪的自控力和知识的广博程度是分不开的。

（二）应变的基本要求

1. 从容镇定，处变不惊

在社交过程中，当遇到外来偶发事件导致别人兴趣转移、交往者之间发生矛盾、讲话者自身出现的言语错误被别人觉察出来这些情况时，一定要理智、耐心、冷静、沉着，不能焦躁紧张，感情用事；而应从容镇定，处变不惊，这是应变的前提。

2. 观察敏锐，反应迅速

在语言表达过程中，表达者要眼观六路，耳听八方，随时捕捉对方反馈回来的信息，并对这些信息进行准确的分析判断，迅速做出反应，避免事情的扩大和恶化。

3. 巧妙利用，善于引导

有些偶发事件的产生动机是良好的，从性质上来讲，是属于良性的；有些偶发事件本身虽不属良性范畴，却也含有一定的积极因素。这两类偶发事件，只要因势利导，便可以巧妙利用，将偶发事件融入自己言语活动的必然过程之中，变消极为积极。

4. 当机立断，恰如其分

应变处理要求语言表达者要当机立断，干脆利落，做到恰如其分，适可而止，既不能敷衍了事，仓促收场；也不能小题大做，转移重心，影响言语交流。应变的法则应该是"大不动，小调整"，即在不改变说话主题和基本框架的前提下，对局部进行删减、变更、合并、补充。

（三）应变的方法

1. 引申转移应变法

借助对方的话题一步一步地加深内容，让对方落入圈套，晕头转向，最后再把话题转变，以取得最佳的论辩效果。

例如，有一次，有个银行家揶揄地对大仲马说："听说你有3/4的黑人血统，是吗？"

"我想是这样。"大仲马说。

"那令尊呢？"

"一半黑人血统。"

"令祖呢？"

"全黑。"

"请问，令尊祖呢？"

"人猿。"大仲马一本正经、淡淡地说。

"阁下可是开玩笑？这怎么可能？"

"真的，是人猿。"大仲马怡然地说，"我的家族从人猿开始，而你的家族到人猿为止。"

这位银行家根本没有料到，他嘲笑别人的黑人血统，而自己被对方讥讽为"人猿"。

2. 自我解嘲应变法

在社交场合，由于自己的不慎陷入窘境，也可采用自我解嘲应变的方法，化险为夷，转败为胜。原中央电视台节目主持人杨澜曾在广州天河体育中心主持节目时不慎从台阶上摔下来，在众目睽睽之下，她很沉着地爬起来，镇定自若地对台下观众说："真是人有失足，马有失蹄呀。我刚才这狮子滚绣球的节目滚得还不熟练吧？看来这次演出的台阶不那么好下哩！但台上的节目会很精彩的。不信，你们瞧瞧他们！"杨澜在此用自我解嘲法先说自己"失足"摔倒，跟"马有失蹄"一样，都是生活中很难避免的意外，继而语带双关地指出"台阶"不那么好下，最后及时把观众的注意力从自己的身上引开。

3. 幽默应变法

在辩论中，经常使用幽默的话语或典故，来改变现场的情况，使事态的发展转危为安。

例如，我国清朝著名雄辩家纪晓岚很受乾隆皇帝的赏识和重用。一次，乾隆皇帝很想开个玩笑以检验纪晓岚的辩才，便问纪晓岚："纪卿，'忠孝'二字作何解释？"纪晓岚答道：“君要臣死，臣不得不死，是为忠；父要子亡，子不得不亡，是为孝。”乾隆立刻说：“那好，朕要你现在就去死。”“臣领旨！”“你打算怎么死法？”“跳河。”“好吧！”

乾隆当然知道纪不可能去死。于是静观其应对办法。不一会儿，纪晓岚回到乾隆皇帝跟前，乾隆笑道：“纪卿何以未死？”“我碰到屈原了，他不让我死。”“此话怎讲？”“我去到河边，正要往下跳时，屈原从水里向我走来，他说：‘晓岚，你此举大错矣！想当年楚王昏庸，我才不得不死，可如今皇上圣明，你为什么要死呢？你应该回去问问皇上是不是昏君，如果皇上说，他跟当年的楚王一样昏庸，你再死不迟啊！’”

乾隆听后，放声大笑，连连称赞道：“好一个如簧之舌，真不愧为当今雄辩之才。”

4. 模糊语言应变法

一般说来，语言表达的基本要求是准确、清楚，不能含糊，但是，在一些特殊的场合，精确的语言往往表达不了我们的思想情感，恰恰需要运用模糊的语言。在交际中如果遭遇窘境，可以利用模糊语言，机智而巧妙地摆脱出来。

例如，王安石的小儿子王元泽（王雱）小时候就以其聪明而闻名遐迩。有一天，王安石的一伙朋友来做客，其中有一位客人想考一下王元泽，就把一头獐和一头鹿关在同一个笼子里，指着笼子问王元泽：“这两个哪头是獐？哪头是鹿？”当时，王元泽只有6岁，而且獐和鹿极为相像，很难分辨，但是，王元泽小眼珠一转，马上回答：“獐旁边的那头是鹿，鹿旁边的那头是獐。”

笼里只有两头野兽，王元泽的回答显然不错，而且这种模棱两可的语言回答，更加显露出其年幼聪颖和机智幽默的特点，令客人为他的才华惊叹不已。

三、敏捷的思维能力

思维是人脑对客观现实概括的、间接的反映。它是大脑运用分析、综合、比较、抽象、概括等一系列活动，把握事物本质特征和规律，在知识和经验的基础上，认识和推断未知事物的过程。

一个人思维能力的高低对其语言表达水平的高低起着决定性的作用。换言之，如果一个人反应迟钝，他的言语表达能力就一定差。从这一点上来讲，需要我们不断地锻炼和提高我们的思维水平，那么，思维能力的培养从哪几方面入手呢？

（一）提高思维的敏捷性

思维的敏捷性是衡量一个人思维反应速度快慢的标准。它表现为语言主体能迅速对外界刺激做出反应，迅速意识到存在的问题及其正确的解决途径和方法。

（二）提高思维的灵活性

思维的灵活性，是指善于组织多方面的知识、事实，根据事物发展变化的具体情况，及时提出各种不同的思想、假设、方法与方案。灵活的思维品质能迅速摆脱原有模式的束缚，建立新的思维关系网络，并将自己熟悉的概念、公式、定理纳入新的思维形式体系，进而准确地把握事物的本质，得出正确的结论。

（三）提高思维的创造性

思维的创造性表现为一个人独立思考，发现、分析和解决问题的程度，不迷信、不盲从、不满足于现成的方法和答案，善于找到符合实际情况途径的能力，并表现出果断、坚定、自信等特征。创造性思维的关键是发现性和创新性，即在思维决策时不受传统习惯或成型认识的束缚，开辟新的思维境地。

（四）提高思维的深刻性

思维的深刻性是指思维能够深入客观事物的内部，把握事物的本质与核心，揭示事物发展变化的内在原因，进而预见其发展进程和结果的一种思维品质。

（五）提高思维的广阔性

思维的广阔性是指从各个侧面、各个角度全面考察对象及其与外部联系的一种思维品质。广阔性思维不囿于就事论事，而是把事物放入更为广阔的社会背景加以研究，进而得出对事物的全面认识。广阔的思维能使讲话者旁征博引，浑然雄壮，创造一种气势磅礴、热烈奔放、极富感召力的语言艺术。

（六）提高思维的系统性

思维的系统性是指人们在思维过程中深入对象所在的系统中加以考察，揭示、反映对象的系统运动规律与特点的思维品质。思维的系统性是语言系统性的一个保证。思维系统性的基本原则是整体性、层次性和相关性。

任务三　社交语言的应用

任务驱动

讨论：谈谈在与人交谈时如何使用赞美语？又应该注意哪些细节？

必备知识

语言是人们沟通感情、表达愿望、传递信息的工具，是人际交往的重要手段。孔子在《论语》中说："言之无文，行而不远。"这说明语言交流一定要符合一定的礼仪规范。事实证明，语言礼貌与否，将直接关系到交际的成败。

一、问候语、寒暄语、客套话

（一）问候语

问候语多用于刚刚接触对方时使用，以热情简洁的语言互相致意，亦可作为交谈的导入阶段。它可以打破彼此的界限，缩短交往的距离。由于问候语是交往的刚刚开始，所以应该给予足够的重视。中国传统的问候语有些落于俗套，而且不分场合、时间、环境、对象等条件，千篇一律，显得明知故问或俗气和狭隘，如“吃了吗？”“还没有休息啊？”“你出去呀？”随着人类文明程度的提高，我们应使用现代的问候语，如：“你好！”“早上好！”“晚上好！”“早安！”“晚安！”等。有时，可在问候语前面加上称呼，如：“张校长好。”“经理，早上好”等。问候的时候表情应当和蔼可亲，面带微笑。嬉皮笑脸、面无表情，都会使对方怀疑问候者的诚意。对于对方向自己的问候，只要对方是出自善意，均应回答，而不应该毫无表示。通常听到对方向自己问好以后，应表示“谢谢”或同时向对方表示问候。

（二）寒暄语

寒暄语类似于问候语，语义内容相对来说更为具体。它经常针对对方或环境作为交谈的开始，例如“很高兴认识您”“您是哪里人”“雨下得真大啊”“今天的天气挺好”等，意在引发对方的谈话。在寒暄中，应当避免谈及对方敏感的问题，否则，将是失礼的。“敏感问题”一般指婚姻状况、经济收入和个人经历等。

寒暄本身不正面表达特定意思，但它是在任何场合和人际交往中不可缺少的。寒暄能使不相识的人相互认识，使不熟悉的人相互熟悉，使单调的气氛活跃起来。当我们与对方初次会见时，开始会感到不自然，无话可说，这时彼此找一些似乎无关紧要的“闲话”聊一下，通过几句寒暄，交往气氛一经形成，彼此就可以正式敞开交谈了。所以寒暄既是希望交往的表示，也是社交的开场白。

寒暄的内容没有特定限制，对方一般也不会当真对待，但不能不与交往的环境和对象的特点相协调。不要让人听起来感觉突兀和难以接受，更不能使人觉得你言不由衷、虚情假意。

（三）客套话

客套话又称客气话，它是在对方对你的帮助表示感谢或对你的行为表现表示肯定时，己方所使用的语言。在交往中，正确使用客套话可以增加彼此之间的感情沟通，给对方留下深刻的印象。常用的客套话有：当对方对你的帮助表示感谢时，可以说：“不必客气”或“您太客气了，这是我应该做的”。如果对方对你的行为表现表示肯定时，你可以说：“您过奖了”“这是您教导有方”或“这都是您的栽培”“跟您比起来，我还差得很多”。在使用客套话时，应注意话不要说得太长太多，让对方有冗长、厌恶之感。另外，客套话虽是一种自谦的表示，但应该掌握好一个“度”，超过这个“度”，就容易给人以自贬和虚假之嫌。

二、拜访、接待的语言

（一）拜访的语言

社会交往中的相互拜访，可以交流信息、沟通思想、增进友谊，因而是社交活动的一项重要内容。走亲访友，待人接物，看似简单，其实只有懂得并遵循其中礼节的人，才可能使交流在一种和谐、欢愉的氛围中进行；否则，会使宾主双方难以沟通，处于尴尬或厌烦之中。上门拜访，应先轻声敲门或按门铃，回答主人询问“谁呀”时，不能回答“是我”，而应当自报姓名。开门后，不可径自闯入，应问好并简短说明来意，待主人邀请进入后，方可入内。若敲错了门，应向人致歉并顺便打听受访者的住所。进屋后，应向所有相识的人打招呼，并向陌生人点头致意。主人请入座，应道谢，并按主人指引的座位入座，不可见座就坐。主人敬茶，拜访者应欠身双手相接并致谢。接敬烟时，要致谢，即使不吸也应说：“谢谢，我不会抽。”在拜访中，不要东张西望，也不要随便翻动，对于主人的隐私，不要随便打听。拜访结束后，要向主人和朋友致谢告辞。

拜访语言的基本要求是：一是说好寒暄语。通过寒暄语，沟通一下感情，表示一下礼貌。二是话题要集中。客人要适时进言，以免耽误主人过多时间。话语要尽量浓缩，减少修饰。话题不能太散，要尽量避免说些不该说的话。三是即兴说些幽默话语。幽默的谈吐不仅能吸引听者的注意力，而且还能与听者建立亲密的关系，在笑声中增进思想交流。

（二）接待的语言

接待客人应热情，服务周到，注重礼节。在语言方面主要有：当客人到达时应说“欢迎光临”，如果这时还有其他朋友在场，应当给予介绍。介绍时，用简洁的语言介绍各自的特点，以使客人能够有互相交谈的话题，以免出现冷场的局面。与客人交谈应亲切热诚。对客人的来访和谈话，不应表现出烦躁或厌倦。

客人告辞时，应热情挽留，如：“时间还早，再待一会儿。”客人离开时，应将客人送至门口并说：“有时间，再来”，并目送客人走远。

三、赞美语的艺术

我们每天都要做许多事，但是人们只指出他人的缺点和做错了的事，对优点和做得对的事视为理所当然。只评价差的，不表扬好的；只强调错的，不提出对的。

发现别人的优点或使你喜欢的事，连同对你的影响和心情表达出来，真诚地赞赏对方，这是获得成功的要诀。赞赏朋友，可以使朋友之间更亲密；赞赏同事，可以使同事的关系更和谐；赞赏你的上下级，可以使上下级关系更融洽。

真诚的赞赏可以激发、鼓励、帮助他人建立自尊、自信，带来愉快、亲密和合作的关系。

每个人都希望自己的工作受到别人的赞赏，时常责备朋友、同事，就会除掉对方向上的意志。应该鼓励对方，真诚地赞赏对方，适时地使对方了解你很重视他的能力。这将会使对方努力工作，把自己的优点表现出来。

赞赏是一门艺术，同时也需要技巧。赞赏时应注意以下几点：

（一）要明确赞赏的具体行为

赞赏的目标不明确，会使人对你的赞赏不理解，不知道你赞赏的目的是什么，也就不知道该发挥什么。含糊其词的赞赏，会引起混乱，还会被认为是一种花言巧语。

（二）要避免评价别人

赞赏应该是表明自己的看法和感受。评价他人会使人觉得处于被动的地位，似乎是暗示对方是个下级，处于一个被裁决和被领导的地位。

（三）要真诚

赞赏要真诚，是发自内心，是肺腑之言。真诚的赞赏才会被接受，被理解。虚情假意、应付式的赞赏，会使人从反面去理解。赞赏只有两种结果：一种是被肯定，被接受；另一种是被否定，被认为是反语。

（四）要表示你的尊敬

既然被赞赏，就应该是所佩服、尊敬的行为，所以，表达赞赏时必须表示尊敬。否则会被认为不是真心，在说假话。

（五）语言要自然流利

赞赏语言不自然，不流利，时断时续，时高时低，让人觉得不是出自真心，不是内心的表白；是鹦鹉学舌，是有求而来，有求而为，别有用心。

（六）赞赏用语要适当

不要言过其实，要在实事求是的基础上表示赞赏。言语用得不当，会被人看成是讨好巴结或被误解为别有用心。这一点在与上级领导交往时，需特别注意。当地位相等时，赞赏最好是用迂回的方式，这样对方容易接受。

（七）语言要用独特的表达方式，不要用陈旧的套话

赞赏语言要用独特的表达方式表达平常的事情，叫人耳目一新，印象深刻，久久不忘。

（八）要了解对方

对对方表示赞赏、好感，要先了解对方的性格、修养和习惯。性格、修养、习惯不同，对语言的接受情况不同。要根据不同的对象，采用不同的语言、不同的表达方式。不然，善意的赞赏可能导致意外的僵局。

四、劝导语的艺术

劝导也叫劝说，是让别人改变或放弃原来的观点、态度和行为。大家知道，每个人都会从主观上认为自己是正确的，要让其改变他的态度和行为是相当困难的，这就需要劝导的人增加自己的影响力，运用方法、技巧来打动、说服对方。

（一）劝导的方法

1. 引证法

适当引用一些实例或权威人士的话，可以增强说服力。例如："车祸使你失去一只手，这是事实，可你那么悲观，值得吗？想没想过张海迪，人家是高位截瘫，还是个女的，看人家的成就！而你呢？枉为男子汉。"

2. 暗示法

通过语言来唤醒对方的潜意识，让他接受观点。有一位颇有才气的女学员因沉湎于热恋之中，习作比以前差了许多。辅导老师找她谈话时，讲了这样一个故事："据说，唐僧去西天取经途中经过新疆时，在天山脚下遇到一个高人在那里修行，于是让徒弟敲着锣走过去将那人震醒。那位高人十分不解，问：'我入定已经80年了，你在我面前摆什么谱啊？'唐僧说：'一个人入定80年还未修成正果，太危险了，劝你还是赶快转世，另外投胎去吧。'你想想，你是属于哪一号人呢——唐僧？还是那高人？"女学员听罢，立即意识到辅导老师是在劝告自己，千万别沉湎于情爱之中，别将爱的感觉误会成了爱，蹉跎了年华。辅导老师借用寓言本身所蕴含的哲理，委婉地传达出自己的看法，暗示告诫之意。

3. 褒奖法

先赞美对方的优点，让对方在愉快的心境中接受你的劝导。当我们的提议遭到拒绝时，我们要巧妙地把他拒绝的理由转变成为夸奖对方的材料，这样就可以增强我们的说服力。例如："我知道你没时间，但这件事只有你去办最合适，让老王去办，我确实不放心。"

4. 以利制人法

以利制人的方法，就是直接告知被劝导者，不接受劝说就会失去某种"利"，从而以一种强制性和不可抗拒性使对方接受。如："我已经宣布了单位新的规章制度，甭管是谁，如果违反，丑话说前头，我就先'烂掉'这根出头的'椽子'——咱们单位人满为患，需要精简人员。我说得出，也能办得到，不信就试一试！"这段话虽没有讲什么大道理，但关键是"利益"发挥作用——谁也不想丢掉自己的饭碗。

5. 易位法

站在对方的立场考虑问题，替对方着想，这样劝导能够引起对方的共鸣，达到双向沟通和说服对方的目的。如："确实，碰到这种情况，如果是我也可能会这样的，但是，我们冷静下来，仔细地考虑考虑，是不是行为有些过激？"

（二）劝导应注意的问题

1. 在形象上让别人接受，提高自己的可信度

一个人的话能否被别人接受，取决于他的可信度和影响力。要提高可信度，在形象上要做到衣饰恰当，举止大方，谈吐自然得体，眼神要专注，表情要沉稳。

2. 要了解劝导的对象

每一个人都有自己的特点，接受他人劝说的方式和灵敏度都是不同的，因而要了解被劝说者的性格、品质、文化修养、个人爱好和兴趣，采取对症下药的方法，会使说服的成效十分明显。

3. 劝导语言的使用

在劝导时，要做到观点明确，条理清楚，陈述具体，或以情动人，或以理晓人，或以利诱之。

五、拒绝语的艺术

拒绝又可以叫回绝或推辞，这是使对方的要求或建议落空的一种语言行为。通常最简单最直接的拒绝是说“不”，但在人际交往中，如果生硬地、不加修饰地拒绝对方，容易使矛盾激化，不利于与人融洽相处。因为首先拒绝就已使对方的心理难以承受，如果我们再不注意方式、方法或语言，就会更加引起对方的不满。所以，当我们拒绝对方时，最好用一些巧妙的拒绝方法和委婉的语言，让对方觉得你的拒绝是在情理之中的。

下面介绍的是一些常用的拒绝方法。

（一）假托直言

直言是对人信任的表现，也是与对方关系密切的标志。但是，有时直言可能逆耳，不能收到预期的效果。在这种情况下，要拒绝、制止或反对对方的某些要求、行为时，可采取假托由于非个人的原因作为借口，而加以拒绝，这样对方就容易接受。

例如，某报社的推销员登门要求你订阅他们发行的报纸，可你不想订阅。你可以很有礼貌地说：“谢谢。你们的服务很周到，可是我家已经订阅了其他几家报社的报纸了，请谅解。”

（二）委婉拒绝

人们在交往中，有时在认识上、感情上都会产生不一致，完全一致是很少的。有时对方提出的问题是你所不能接受的，但碍于情面或感情又不好直接拒绝，这时回答要委婉一些，使对方仍感到是受人尊重的。

例如，有人邀请你到他家里打牌或跳舞，你不想去，可以这样回答：“今天正好有事，去不成了，如果你早打招呼，我把时间安排好，就能同你们一起去玩了。”

相反，如果说“没空，去不了”，这样就会使人扫兴。

（三）拖延答复

有时，面对一些问题我们不好当面回答或直接拒绝，这时我们可以拖延答复，让对方在不实在的等待中自动放弃请求。

例如：“你的要求我们很清楚，待我们研究一下，一有结果我会马上通知你”“你的意见很重要，为了慎重起见，等刘经理回来后，我们再详细地研究，我会给你打电话的”。

（四）模糊应对

在交往中，由于某种原因不愿意或不便于把自己的真实想法说给对方，可以用模糊语言来应对。

例如，在医院里，一位患有严重疾患的病人问医生：“我的病是不是很重？还有康复的希望吗？”医生回答：“你的病确实不轻，但是经过治疗，安心养病，慢慢会好的。”这里的“慢慢会好”是模糊语言。这“慢慢”是多久，是说不清的，但给病人以希望，对病人是一个极大的安慰。

（五）用友情来拒绝

当朋友请求你帮忙，而你又确实无能为力时，用友情说服对方，使你的朋友认为你确实是帮不上忙，否则不会拒绝的。

例如，一位朋友请你帮忙办户口，你可以这样回答：“这件事我确实办不了，凭咱们十几年的朋友关系，如果能办的话，我二话不说，但我确实是办不了，请你原谅。”一般来说，话已经说到这种程度，你的朋友也不会难为你，而且还会谅解你。

六、销售中社交语言的基本要求

推销是一门与人交往的艺术。人际沟通的主要手段就是语言。有人曾说：“语言是比笔墨和刀剑更为锐利的武器。”所以，在推销社交中，为使你的语言容易被顾客接受理解，必须注意以下基本要求：

（一）社交语言要通俗化

通俗易懂的语言易被大众所接受，要多用口语，少用书面语，避免咬文嚼字。通俗化的语言，说起来轻松自然，听起来易于接受，令双方会有心理压力小、气氛融洽的感觉，有利于达成交易。推销中的语言交际也必须注意通俗化的要求。

（二）社交语言应大力提倡以普通话为主，方言俚语为辅

在我国，普通话已得到相当的普及和推广，几乎所有的人都能听懂普通话。所以，推销员在推销交际中一般宜讲普通话。如果你熟悉一些方言俚语，也可以讲一些和顾客的方言一致的语言，以融洽气氛，拉近双方的心理距离，增进双方的感情。

（三）推销中的社交语言宜多用比喻，少用专业术语

一般来说，顾客对被推销的商品比较缺乏了解，尤其是一些技术性能复杂的产品，更是如此。所以，在推销语言中尽量避免使用尖端的专业术语，以免使顾客莫名其妙。最好用比喻的方法及其他顾客易于接受的说法，深入浅出，使顾客易于理解和接受。

（四）推销中的社交语言要遵循“说三分，听七分”的原则

在推销社交中，许多善于说话的推销员都强调“听”的重要性，上天给了我们一张嘴巴、两只耳朵，就是告诫我们要少说多听。在推销谈判过程中，客户是商谈的主角，要以客户为中心，让客户多说，自己多听，在语言交际中了解更多的情况，做到心中有数，有针对性地进行推销。

（五）推销社交中要使用积极的正面语，不用消极的负面语

话语的正面性（肯定性）与负面性（否定性），是推销员在语言交际中必须要注意的问题。积极、健康的正面性语言令人听了心情舒畅，会创造良好的商谈气氛，并作出让顾客乐意购买的暗示，如“雨看起来快要停了”；“春天来了，空气多清新啊”；“今天请您作出正确决定”；“这会使您受益很多”；“托您的福，这个月进展得很顺利”等。讲正面话的推销员往往面带笑容，表情开朗，其话语积极肯定，充满活力，让人感到十分舒服。

消极、丧气的负面语谁听了都会丧气，正如阴雨天里人们难有好心情一样。面对这样的话语，顾客很难有积极的反应，因为顾客的选择受他们的感受影响。所以，在推销社交中要避免使用冷淡、没感情、否定性的语言，如：“今天这种天气真是讨厌”；“刚才那个顾客真差劲”；“目前状况很不好”；“我这个月成绩不好，请您帮个忙好吗”；“今天不行吗”；“请您买好不好”等。说这种话的推销员往往同时配有一副令人丧气的表情，使人难以开心，推销成交肯定会很困难。

七、交谈中的危险雷区

细节一：不要一个人长篇大论。交谈讲究的是双向沟通，不要只顾一人侃侃而谈，而不给他人开口的机会。

细节二：不要冷场。不论交谈的主题与自己是否有关，自己是否有兴趣，都应热情投入，积极合作。万一交谈中出现冷场，应设法打破僵局。常用的解决方法是转移旧话题，引出新话题。

细节三：不要插嘴。他人讲话时，不要插嘴打断。即使要发表个人意见或进行补充，也要等对方把话讲完，或征得对方同意后再说。与陌生人的谈话是绝对不宜打断或插话的。

细节四：不要抬杠。交谈中，与人争辩、固执己见、强词夺理的行为是不可取的。自以为是、无理辩三分、得理不饶人的做法，有悖交谈的主旨。

细节五：不要否定。交谈应当求大同，存小异。如果对方的谈话没有违反伦理道德、侮辱国格人格等原则问题，就没有必要当面加以否定。

细节六：把握交谈时间。一次良好的交谈应该注意见好就收，适可而止。普通场合的谈话，最好在30分钟以内结束，最长不能超过1个小时。交谈中每人的每次发言，在3~5分钟为宜。

细节七：避免低声耳语。如果多人交谈时，你只对其中一人窃窃私语，会给其他人造成你正在评论他们的印象，让其他人觉得你在排斥他们。

细节八：不要用手指点别人，需要指出其他人的时候，应该把手指全部伸开，掌心朝上，用手掌指出那个人。

细节九：不要过分谦虚。受到表扬的时候，可以把自己快乐的心情直接告诉对方，比只是谦虚效果好多了，这时候，空气中都会充满了幸福的感觉。

细节十：不要挑剔别人的毛病。大家在一起的时候，如果总是挑剔别人，被你挑毛病的人就会心情很差。应该从积极的角度思考，正确理解对方的想法和心情。

八、怎样说话不失分寸

交谈中不但说话要讲究文明礼貌和语气、语调，同时也要把握说话的分寸。要说话不失“分寸”，除了提高自己的文化素质和思想修养外，还必须注意以下几点：

第一，说话时要认清自己的身份。任何人，在任何场合说话，都有自己的特定身份。这种身份也就是自己当时的“角色地位”。比如，在自己家庭里，对子女来说，你是父亲或母亲，对父母来说，你又成了儿子或女儿。如果用对小孩子说话的语气对老人或长辈说话就不适合了，有失“分寸”。

第二，说话要尽量客观。这里说的客观，就是尊重事实。事实是怎么样就是怎么样，应该实事求是地反映客观实际。有些人喜欢主观臆测，信口开河，这样往往会把事情办糟。当然，客观地反映实际，也应视场合、对象而定，注意表达方式。

第三，说话要有善意。所谓善意，也就是与人为善。说话的目的，是要让对方了解自己的思想和感情。俗话说：“良言一句三冬暖，恶语伤人六月寒。”在人际交往中，我们必须把握好这个“分寸”。

第四，说话要注意方式，多用婉言表达。生活中，有很多问题，都可以用婉言表达，其功效是免除怨怼，促进尊重，让人与人之间充满友好和谐的气氛。

丘吉尔说：“要让一个人有某种优点，你就要说得好像他已经具备了这种优点。”如果有人遇到困难畏首畏尾，或者办起事来犹豫不决，那么你不妨适时而委婉地对他说：“这样前怕狼后怕虎的，可不是你以前的表现呀”，“你是个很有决断力的人”。先给他戴上他应该具备的优点的帽子，予以鼓励。由于给了他一个良好形象的“定位”，所以他会为此而努力奋斗，从而改变目前的不好做法。而不应直说：“你这个人真笨，什么事都办不成”，这样一“锤子”把他给“打死”了，对方也就更加丧失了勇气和信心。

如果有不速之客蓄意打探个人隐私，你又不便直接回答时，不妨说出一些不着边际的话语来作答，对方在感到莫名其妙后会知趣而退，同时，隐隐感受到你的不可冒犯。这种用虚假理由来替换真正理由的话语，就是婉言的一种。

训练设计

一、思考题

1. 在口语表达中，常用的修辞格有哪些？
2. 交际语言艺术的逻辑基础要求是什么？
3. 逻辑的基本规律有哪些？
4. 论述销售中社交语言的基本要求。
5. 论述提高语言表达能力应具备的素质。

二、技能训练

训练目的：掌握销售社交语言的应用。

训练实施：1. 以小组为单位，小组成员分别扮演顾客和销售人员。

2. 写出拜访、接待顾客的情景模拟对话，内容包括赞美、劝导顾客以及遭到顾客拒绝时应对的方法和技巧。

3. 各小组派代表在全班演示，各小组讨论后形成小组意见，最后由教师进行点评。

三、看材料完成任务

小王是一名刚参加工作不久的秘书，一次奉命接待一名客户。客户来到公司，小王上来就说："陈先生，我们经理让你上去。"这位陈先生一听，心想：我又不是你的下属，凭什么让我上去就上去，哪有这样做生意的？一气之下就对小王说："我回宾馆了。你们要想做生意，就让经理自己来找我。"

问题：如果当时秘书小王说了"请"字，还会出现这样的场面吗？讨论一下我们在与人见面交谈时应该要注意哪些礼仪行为？

项目六参考答案

项目七
服务礼仪的意义与内容

项目七 PPT

学习目标

通过本章的学习，了解服务礼仪的形式和服务礼仪的要素，掌握服务礼仪的原则和销售服务工作中常用的礼仪。

导读案例

在日本东京一家公司专门有一位负责日常行政事务的小姐，她的工作主要是负责接待往来的客户并为他们购票，安排客人吃饭。她所在的公司跟德国的一个大公司有密切联系，德国公司的经理常来日本。这位小姐经常为这位德国经理购买往返大阪的车票，久而久之，德国经理发现一件有趣的事：每当他去大阪时，他的座位总是靠右边的窗口，而从大阪回东京时，又总是靠左侧的窗口。德国经理很奇怪，便问这位小姐是什么原因。小姐微笑着告诉他："东去大阪时，富士山在您的右边；从大阪返回东京时，富士山又到了您的左边。我想人们都喜欢日本富士山的壮丽景色，所以我就特地给您买了不同位置的车票。"德国经理听了很感动。他认为这样细微的小节都考虑得如此周到，跟她的公司做生意还有什么不放心的。

提示：让服务对象感受到服务人员的尊重与重视，设身处地为服务对象着想，尽最大的努力使其满意，这是实施服务礼仪的基本原则。

任务一　服务礼仪的形式

任务驱动

讨论：谈谈实施服务礼仪的意义及原则。

必备知识

一、礼　仪

“礼仪”的含义很广。在中国古代社会，礼仪既包含一般行为规范，又涵盖政治、法律制度。近代以后，礼仪的范畴逐渐缩小，礼仪与政治体制、法律典章、行政区域、伦理道德等逐步分离。到了现代礼仪，礼仪一般只有礼节和仪式的意思，只是指现代社会中一定的习俗和程序，即表示礼貌、敬重的礼节和仪式。

现代礼仪是人类社会交往的需要，它是社会交往中的准则和规范；其目的是建立和发展良好、和谐的社会交往关系，是人类精神文明的重要体现。

服务礼仪是指商业销售活动中应遵循的礼节和行为规范。

服务礼仪对于商业企业的销售人员来说，也是一种“通行证”。众所周知，懂礼节的人进入销售服务场合比不懂礼节的人显然要顺利得多，而且会受到大家的欢迎。

服务礼仪与礼仪密切相关。首先，服务礼仪的原则也是尊敬、友好、谦恭、真诚，追求的都是一个和谐的人际环境，广交朋友，减少摩擦，增进友谊。其次，服务礼仪的内容更具体，对礼仪提出了更高的要求。

但是服务礼仪又不同于礼仪，有其自身的特征。首先，礼仪注重体现个人的内在素质和自身修养；而服务礼仪面对的是广大顾客，注重的是对顾客周到的服务，得到顾客的认可、理解，进而达到商家与顾客合作的目的。其次，礼仪侧重于塑造自身形象；而服务礼仪更侧重树立商家企业形象。再次，礼仪强调传统性，是中华民族的传统文化和美德；而服务礼仪强调的是树立现代服务意识，按照现代服务礼仪要求，全心全意为顾客服务，树立企业形象，进而赢得广大顾客的信赖，以加深了解。

二、礼　貌

礼貌是指人们在交往中表示相互敬重和友好的行为规范。它既能体现时代风尚和人们的道德观念，又能体现人们的精神面貌和文明程度。

礼貌是待人接物时的外在表现，它通过言谈表情、姿态等形式，来表示对他人的敬重。礼貌由两部分组成，即礼貌的行为和礼貌的语言。礼貌行为是一种无声的语言，需要通过仪表、仪容、仪态来体现；礼貌语言是一种有声的语言，要求人们不讲脏话、粗话，说话和气，言谈得体。

礼貌伴随着整个销售活动过程。销售人员的仪表、语言及行为在为顾客服务过程中无不体现得淋漓尽致，讲文明，懂礼貌，是交易成功的第一步。

三、礼　节

礼节，是指人们在日常生活、交际场合，相互问候、致意、致谢、祝颂、慰问以及给予必要的协作与照料的惯用形式。一般来说，礼节产生于礼仪之前。人们从最单调、简单的交往礼节开始，逐步发展和形成一种约定俗成的规矩，即礼节程序。所以，礼节是礼仪的基础，礼仪是程序化的礼节；礼节是礼貌的具体表现，体现在仪表、仪容、仪态及语言、行为等方面。其实质为：礼节是礼貌本质的外化；礼貌概括了礼节所要求的全部道德规范。

因此，我们商业企业销售人员必须懂礼节，讲礼貌，自觉地注重礼仪；加强社会主义精神文明建设，首先从自己做起，以身作则地做普及社会主义现代礼仪的带头人。

任务二　实施服务礼仪的原则

任务驱动

讨论： 1. 服务礼仪与道德的关系；

2. 请列举服务礼仪在销售过程中的具体表现。

随着时代发展，现代销售往来早已摈弃旧时叫卖以及店铺时的种种陋习和弊端，取而代之的是在销售者身上处处凸显出服务礼仪的规范。他们能够时时刻刻严于律己，学习现代礼仪，遵守现代礼仪，提高礼仪修养，展现在人们面前的是举止得体、谈吐文雅、尊敬他人的崭新形象。现在的销售人员之所以能这样，是学习服务礼仪、运用服务礼仪原则的结果。

必备知识

一、礼仪在销售活动中的重要意义

（一）服务礼仪是道德的示范

道德是调整人们相互关系和行为的总和，社会道德体现了人们判别是非、好坏、善恶、荣辱、褒贬、尊卑的标准，它通过社会舆论、教育、宣传等手段，形成一种无形然而强大的力量，调整着人与人之间的关系，包括使销售往来活动更加规范化。服务礼仪伴随着人类频繁的销售活动而产生，是这个庞大的道德规范体系的一个重要组成部分。

服务礼仪是道德的一种示范，它代表着社会道德观念而存在。在文明社会，人与人之间的交往都以礼仪作规则，礼仪渗透人们的社会生活，指导着人们的交往行为。比如，在销售活动中人们互相尊敬、全心全意为顾客服务等，这是礼仪的道德观念所形成的规范。在公共场合，待人以礼，与人为善，时时事事不忘礼节，用服务礼仪调整社会生活，和谐人与人之间的关系，其中所反映的同样是社会道德观念。

服务礼仪在生活中是一种善良的道德。讲究社交礼仪，说到底就是讲求社会道德。道德虽然是一个抽象概念，但当它与“礼”相联系的时候，就变成一种社会规范，开始制

约社会生活秩序，推动人们沿袭“礼”的规范生活，用以培养人们的善恶标准和美的心灵。同样，服务礼仪亦要求人们将自己的行为纳入规范，将自己的本性纳入规矩，加以约束，时时用道德的力量支配自己的行动。实际上，服务道德是公认的社会守则，注重服务礼仪是当代社会文明进步的标志。如果不讲服务礼仪，是缺乏道德教养、无视社会文明的一种野蛮表现。

（二）服务礼仪是行为的准则

服务礼仪是销售活动中行为的标准和规范，它通过评价、劝阻、示范等教育形式，纠正人们不正确的行为习惯，倡导人们按服务礼仪规范的要求去协调销售过程中双方的关系，维护销售行为正常进行。

服务礼仪从属于道德。当一个人注重用良好的道德要求自己时，他也就懂得了约束自己行为的重要，从一言一行都用“礼”来规范和检验。反之，脱离道德的指导，行为就会变成一种不经意的自我表现，会形成不讲礼仪的恶行，影响销售行为。实际上，只有在自我约束中，才能在社会生活中取得自由。这里的“自我约束”，即让礼仪来统管人的行为，合“礼”的做，悖“礼”的不做。这里的“取得自由”，即让礼仪行为化为习惯本能，能够自如地进行社会交往，达到把原来只属于个人的品质提高到形成社会礼仪风气，个人也赢得社会信任，在交往对象中树立良好的形象。

（三）服务礼仪是销售活动的枢纽

服务礼仪是销售过程中人际交往的润滑剂，是沟通、发展经营者与顾客关系的必要条件。销售活动是人们普遍、常见的行为方式。销售过程中的人际交往十分重视效应，这种效应靠的是交往过程中的服务礼仪。在销售过程中，双方第一个见面礼是礼貌地问候与微笑，彼此从眼神中传递、流露出诚意，此即为构成销售成功的首要条件。正是通过讲究服务礼仪这一枢纽，达到促进情感交流、改善和保持良好的与顾客的关系的目的。如果不注意服务礼仪行为，在销售对方面前，表现出傲慢、冷淡、虚假的表情和举止，给人的第一印象为失礼，那么就谈不上什么效应，这一销售行为可能到此结束。可见服务礼仪关系着销售的成败，不能等闲视之。

（四）服务礼仪是文明的标志

现代文明与野蛮相对立，礼仪直接关乎文明，促进社会进步，是和生产力发展同时所带来的精神文明的象征。在一些特定的场合和环境，遵守服务礼仪的状态可以反映出其国格，是衡量一个国度文明程度的水准之一。同时，在销售活动中讲究服务礼仪的状态，可以反映出人格，是衡量一个人道德水准高低和有无教养的尺度之一。在销售过程中施行礼仪，是以对他人的尊重为前提，以自尊、自重为基础，以满足交流信息、寻求合作和理解的需要为目的的。为此，我们必须坚持文明的生活态度，坚持作为一个社会人的责任心和义务感，重视服务礼仪，讲求文明礼貌，培养举止得体、谈吐优雅的气质，那么销售过程中的摩擦、矛盾就会大大减少，而文明的氛围就会得到强化，从而保持销售活动的顺利进行，有助于社会主义市场经济健康发展。

二、实施服务礼仪的原则

（一）尊敬原则

《礼记·典礼》开宗明义，第一句就是“毋不敬”，点出了服务礼仪的核心。尊敬包含自尊和尊敬他人，以尊敬他人为主。自尊就是要保持自己的人格和尊严，要自强不息，注意自身修养，才能赢得他人的尊重。尊敬他人，就是要以礼待人，尊敬他人的人格。在与顾客交往中，要使用礼貌语言，遵循行为规范。在销售行为中，人与人彼此尊重，才能保持和谐、愉快的关系。

（二）遵守原则

服务礼仪作为商业服务行为的准则，反映了这一行业的特殊性，自觉遵守、维持和实施这一共同的服务礼仪规范，可以维护销售活动正常进行的秩序和共同利益。

遵守原则有多方面的要求。首先，应该守法。销售者的行为一定要符合国家的法律和政策要求，自觉地接受法律的约束，在法律和政策允许的范围内活动。其次，应该守规。遵守共同的服务礼仪规范，遵守各项交易规则，讲究社会公德，讲究文明礼貌。最后，应该遵守承诺。这是做人的根本，也是衡量一个人心理成熟的标尺。在交易过程中，承诺的事一定要实践，应言而有信。凡顾客的要求自己可以办到的，要热心地办，办不到或暂时有困难办不到的，说话要有分寸，不能信口开河、乱许诺，以致失信于人。

（三）自律原则

自律原则，是指在实行服务礼仪的过程中，必须在一定的服务礼仪教育与训练的基础上，逐渐使销售主体树立起一种服务信念和行为修养准则，并以此作为一种内在力量，不断提高自我约束、自我克制的能力，以更好、更自觉地遵循服务礼仪规范。这就要求销售主体熟知服务礼仪所规定的社会行为和职业行为的习惯与准则，使自身的言行有规可循。还应该努力加强自身的修养，将自身的感觉力转化为控制力，不断提高自我约束、自我克制的能力，使自己成为自身行为的控制者而不是被控制者。

（四）适度原则

适度原则，是指在销售服务的过程中，在熟知服务礼仪准则规范的基础上，注意各种情况下交易交往的距离，把握与特定环境相适应的人们彼此间的感情尺度、行为尺度，以建立和保持健康、良好、持久的交易关系。

遵循适度原则，首先，应该感情适度。在销售交往时，既要彬彬有礼，又不能低三下四；既要热情大方，又不能轻浮谄谀。其次，应该谈吐适度。在销售过程中与人交谈时，要诚挚友好，不能虚伪客套；要坦率真诚，不能言过其实。最后，应该举止适度。在与顾客交流时，要优雅得体，不能夸张造作；要尊重习俗，不能粗俗无理。

总之，销售人员出现在顾客面前应该是自信与微笑的，尊敬与理解的，热情与关怀的，真诚与守信的形象。

（五）审美原则

审美的原则，是指在销售服务过程中，销售人员对自己仪表的修饰。这是对消费者最起码的尊重。遵守这一原则，就要掌握一些美学知识，注意个人的仪表美，做到自然、整洁、落落大方，给顾客留下美好的第一印象。

相关链接

服务意识：三A法则

态度决定一切，对于服务人员来说这点非常重要。服务人员首先要树立牢固的服务意识。服务界有句至理名言：顾客就是上帝。它要求服务人员尊重服务对象，设身处地为服务对象着想，尽最大的努力使其满意。为此，服务礼仪提出了“三A法则”，即：接受（Accept）、重视（Appreciate）、赞美（Admire）。它提示服务人员如何向服务对象表示尊重，提供优质的服务。

（一）接受

服务人员应充分表现出热情友善、耐心积极的服务态度来接受服务对象，给对方以亲切、主动、宾至如归的感受。对于服务对象而言，服务态度有时比服务技巧更重要。我们经常在商场看到这样的情形：顾客为了买到称心如意的商品，不仅会仔细询问，还会要求服务人员拿出各种各样的商品以供挑选。如果服务人员始终尽心尽责微笑着提供优质服务，即使最终顾客没有买到心仪的产品，但是服务人员全程展现出的接受顾客、耐心服务顾客的优质态度，必定会给顾客留下深刻的印象，从而为下一次的购买活动奠定基础。但是，如果服务人员在服务过程中表现出怕麻烦、嫌弃甚至抱怨顾客的态度，结果也是可想而知的。

（二）重视

让服务对象感受到服务人员的尊重与重视，除了满腔的服务热情外，服务人员还需要在服务的细节和技巧上下功夫。

（1）记住服务对象的姓名。姓名是一个人独有的标记，牢记顾客的姓名意味着对他的重视。在服务行业中，每天会迎来许多顾客，从事酒店行业的服务人员能够记住入住和就餐顾客的姓名，从事销售行业的服务人员能够在顾客再度光临的时候说出“某某先生，欢迎再度光临”的欢迎词，对顾客来说是件令人感动的事情。

（2）用尊称。每个顾客一般会有一个自己的社会定位，服务人员可以使用恰当甚至可以略微拔高的尊称来称呼服务对象，这样在传达重视态度的同时会使对方心情愉快。比如，当服务人员知道服务对象是企业的重要干部时，可以称呼他为“某经理”或“某总”；担任政府一定级别的人，可以称为“某处”或“某主任”；从事教学工作的，可称呼“某老师”或“某教授”等。

（3）重视客人的特别爱好。不同的顾客会有不同的性格和爱好，服务人员应细心地留意和记忆，以便再度服务时可以提供贴心的服务。

（三）赞美

每个人都愿意听到别人对自己的赞美，服务人员对顾客的赞美不仅是一种接受和重视，同时也是一种肯定。在进行赞美的时候要注意符合人的心理要求。

首先是适当赞美。在服务过程中，服务人员应选择合适的机会表达赞美之情，使赞美显得自然，更容易被顾客所接受。而不要喋喋不休地赞美不停，这样会让人感到肉麻和虚假。其次是恰当赞美。服务人员应根据服务对象的实际情况给予赞美，不能脱离实际，信口开河。

三、礼仪的特征

特征是某一事物区别于其他事物的显著标志。正确地掌握礼仪特征，对于提高礼仪的针对性和有效性，有着非常重要的意义。

（一）普遍性

礼仪是一种社会规范，是调整社会成员生活中相互关系的行为准则，被人们广泛地运行于各种场合，不分国家、民族、地域，不论男女老少、各行各业、大小场合，只要存在交往，礼仪就会作为一种不可缺少的、不可逾越的行为规范被普遍地遵循。随着社会生产、生存环境和社会形态的变化，礼仪不断地被充实和完善，逐渐成为社会各阶层都应遵守的准则。礼仪的内容大都以约定俗成的民族习性、特定文化为依据，集中反映了一定范围内人们共同的心理、文化和习惯。其规范和准则必然得到广泛的认可，这就决定了礼仪普遍性的特点。

（二）继承性

社交礼仪的继承性，首先表现在礼仪规范人们交往中的习惯，并以准则的形式固定下来。这种固定了的准则沿袭下来，就形成了社交礼仪的继承性。我国的现代礼仪是以中华民族的传统文化为核心，在广泛吸收东西方文化的基础上形成的。文明古国 3 000 年修礼、崇礼、习礼的传统文化深深地融入现代礼仪中，特别是诸如尊老敬贤、父慈子孝、礼尚往来等一些民族传统美德的礼仪，一代接一代流传至今，并将被子孙后代继承发扬。礼仪的发展从未中断，一直代代相传。现代礼仪是从传统礼仪珍贵的精神遗产中，取其精华，去其糟粕，在实践中逐步形成和发展起来的，因而具有明显的历史继承性的特征。

（三）差异性

差异性是社交礼仪的重要特征。礼仪的差异性，首先表现为民族差异性。世界上所有的民族都有其自成体系的交际礼仪，各民族的礼仪多姿多彩。礼仪的民族差异性源于促进各民族礼仪形成、发展的文化背景和心理因素。礼仪的民族性，集中体现了一个民族的心理、文化和习惯，反映了一个民族的文明、智慧和社会风尚。同是见面行礼，不同的民族有着不同的方式。中国人见面行鞠躬礼或者是合十礼，或者是抱拳礼；西方人见面行的是拥抱礼和接吻礼；日本人见面的鞠躬礼很讲究，给长辈、上司鞠躬弯腰要 45°，同事、同学之间鞠躬弯腰要 15°，营业员、服务员向顾客鞠躬则要躬身 30°。其次，礼仪的差异性还表现为个性差异，每个人因其地位、性格、资质等因素的不同，在使用同样的礼仪时会表现出不同的形式特点。同样参加社交活动，男士和女士要有不同的表现风格，对老人和儿童要有不同的行为要求。

任务三　销售服务工作中常见的礼仪

任务驱动

讨论：握手应注意哪些问题？为他人介绍应注意哪些问题？你清楚接打电话的礼节吗？请总结。

必备知识

微课：销售服务中的常见礼仪

一、握手的礼节

握手是最为常见、使用范围十分广泛的一种礼节。握手不仅用于见面致意和告辞送别，在不同场合、不同情形里，还用于表示支持、信任、鼓励、祝贺、感谢、慰问等多种感情。

握手，最早可追溯到“刀耕火种”的原始时代。那时，人们以木棒或石块为武器，进行狩猎和战争。狩猎中遇到不属于本部落的陌生人，或敌对双方准备和解时，双方就要放下手中的武器，伸出手掌，让对方摸一下手心，以示友好。这种习惯后来演变成现代握手礼。

握手虽然简单，但握手的方式、力度、时间的长短及面部表情等，往往能表达握手人对对方的不同礼遇和态度，给人留下不同的印象。美国著名盲人女作家海伦·凯勒说：“我接触过的手，虽然无言，却极有表现性。有的人握手能拒人千里……我握着他们冷冰冰的指尖，就像和凛冽的北风握手一样。而有些人的手却充满阳光，他们握住你的手，使你感到温暖。”

（一）握手时伸手的先后次序

在比较正式的场合，握手时最重要的礼仪问题就是应当由谁先伸出手。倘若对此一无所知，贸然伸手而得不到对方的回应，那种场景是令人非常尴尬的。

握手时，伸手的先后次序应根据握手人双方的社会地位、年龄、性别和宾主身份来确定，一般遵循“尊者决定”的原则，即尊者先行。

上级与下级握手，应由上级首先伸出手。

长辈与晚辈握手，应由长辈首先伸出手。

女士与男士握手，应由女士首先伸出手。

主人与客人握手，应由主人首先伸出手，而不论对方是男是女。

若一个人需要与多人握手，则握手时亦应讲究先后次序，由尊而卑，即先上级后下级、先长辈后晚辈、先女士后男士等。

在接待来访者时，情况较为特殊。当客人抵达时，应由主人首先伸出手来与客人相握。而在客人告辞时，应由客人首先伸出手来与主人相握。前者表示“欢迎”，后者则表示“再见”。若这一次序颠倒，则极易让人发生误解。

应当强调的是，上述握手时伸手的先后次序用于要求自己，而不必处处苛求于人。当对方未顾及次序而抢先伸手时，最得体的做法是与之配合，立即伸出自己的手去，否则将失礼于对方。

（二）握手方式示范

标准的握手方式是：双方各自伸出右手，彼此之间保持一步左右的距离，手掌向左略向前下方伸直，拇指张开，其余四指并拢并前指，两人手掌平行相握。同时，注意上身略微前倾，头略低，面带微笑地注视对方的眼睛，以示尊敬，如图 7 - 1 所示。

图 7 - 1 握手的正确方式

（三）握手时应注意的问题

1. 神态

握手时应神态专注，面含笑意，目视对方双眼，并且说些简短、亲切致意的话。千万不要东张西望、心不在焉，这会使对方产生不被尊重的感觉。

2. 姿势

行握手礼时一般起身站立，除非是老、弱、残疾人，否则坐着与人握手是不合适的。握手时可以上下微晃三四次以示热情，但不宜左右晃动或僵硬不动。

3. 力度

握手的力量要适度，过分用力会给人以粗鲁之感；若过于无力，像一条没有骨头的鱼，对方可能会怀疑在敷衍了事。

4. 时间

握手的时间通常以 3 秒左右为宜，时间过短，两手稍触即分，好似走过场；而握住对方的手长久不放，又会使对方不自在。

（四）握手禁忌

第一，不要用左手与他人握手，尤其是在与阿拉伯人、印度人打交道时，要牢记此点。因为在他们看来，左手是不洁的。

第二，多人同时握手时，注意不要交叉握手，不可左手、右手同时与两个人相握，也不宜隔着中间的人握手，应当遵守秩序，依次而行。

第三，不要在握手时戴手套，只有女士在社交场合戴着薄纱手套与人握手才是被允许的。如因故来不及脱下手套就握手，则必须向对方说明原因并表示歉意。

第四，不要在握手时将左手插在衣袋里或拿着东西不肯放下。右手与人相握时，左手应当空着，并贴着大腿外侧自然下垂，以示用心专一。

第五，不要在握手时只握住对方的手指尖，好像有意与对方保持距离。正确的做法是要握住整个手掌，即使对异性，也要这么做。

第六，不要用肮脏不洁的手与他人相握，也不要在与人握手之后，立即揩拭自己的手掌，好像与对方握一下手就会使自己受到“污染”似的。

第七，不要在握手时拍对方的肩膀，尽管老朋友、熟人可以接受，但大部分人会产生不快，尤其是对上级、长辈和异性，更不允许使用这种方式。

二、致意的礼节

（一）致意

致意是见面时常用的一种礼节，它表示问候之意。通常是彼此相识的人，在相距较远或不宜多谈的场合下，用无声的动作语言相互表示友好与尊重的一种问候礼节。

致意的基本规则是：男士先向女士致意，晚辈先向长辈致意，下级先向上级致意。女士只有遇到长辈、上级、特别钦佩的人及见到众多朋友的时候，才需首先向对方致意。当然，在实际交往中决不应拘泥于以上的顺序原则，长者、上级为了展示自己平易、随和，主动向晚辈、下级致意会更有影响力。遇到对方向自己致意，应以同样的方式回敬对方，毫无反应是失礼的。

致意的方式通常有以下几种：

1. 举手致意

举手致意通常用于在公共场合与远距离的熟人打招呼。一般不必出声，只是举起右手，掌心朝向对方，轻轻地向左右摆一下即可。注意摆幅不要太大，手不要反复摆动。

2. 点头致意

点头致意适用于不便与对方直接交谈的场合，如在会场上或在与别人谈话时遇见熟人，只需点头致意即可。有时与相识者在同一地点多次见面或仅有一面之交的人在社会场合相逢，均可点头致意。点头致意的方法：头微微向下动一下，不必幅度太大。

3. 微笑致意

微笑致意可用于同不相识者初次会面之时，也可用于向在同一场合反复见面的老朋友打招呼。

4. 欠身致意

欠身致意一般用于坐着时与熟人打招呼，致意时要求目视对方，身体微微向上向前倾，以表示对对方的尊敬之意。

5. 脱帽致意

脱帽致意这一致意方式多用于戴礼帽的男士，在遇见熟人时，摘帽，并点头致意，离别时再戴上帽子。其方法是：微微欠身，摘下帽子，将其置于与肩膀平行的位置，同时与对方交换目光。若是与熟人迎面而过，就不必脱帽，只要用手把帽子轻掀一下即可。如因头痛等原因不能摘帽，应向对方声明，并致歉意。如男士向女士行脱帽礼，女士应以其他方式向对方答礼，但女士是不行脱帽礼的。

上述几种致意方式，在同一时间，对同一对象，可以用一种，也可以几种并用。

（二）常见的其他见面礼

1. 鞠躬礼示范

鞠躬礼由中国古代传统礼节演变而来，现在许多场合仍然施鞠躬礼。

鞠躬礼分为两种，一种是三鞠躬：敬礼之前，应脱帽或摘下围巾，身体肃立，目光平视，身体上部向前下弯约90°，然后恢复原样，如此连续三次。三鞠躬适用于庄严肃穆的场合。另一种是深鞠一躬（15°～90°），几乎适合于一切社交和商务活动场合。在初次见面的朋友之间、同事之间、宾主之间，下级对上级、晚辈对长辈，为了表达对对方的尊重，都可以行此种鞠躬礼。施鞠躬礼时，应面对受礼者，立正站好，面带微笑，上身弯腰前倾15°～90°，同时口致问候："您好""欢迎光临"等。随后恢复立正姿势，并用双眼礼貌地注视对方。施鞠躬礼时，男士双手应贴放于身体两侧裤线处，女士的双手则应下垂搭放在腹前，如图7－2所示。上身前倾的幅度越大，所表示的尊敬程度就越大。

图7－2　鞠躬礼

通常，受礼者应以与施礼者程度大致相同的鞠躬还礼，但是长者或上级还礼时，不必以鞠躬还礼，可以欠身点头或握手答礼。

在日本、韩国、朝鲜，鞠躬礼应用十分广泛。

2. 合十礼

合十礼又称合掌礼，是佛教徒的一种敬礼方式。

施合十礼的基本做法是：身体直立，双目注视对方，面带微笑，双掌十指在胸前相对合，五指并拢向上，掌尖与鼻尖基本持平，手掌略向外侧倾斜，然后欠身低头，并口诵："菩萨保佑！"通常行合十礼的双手举得越高，表示对对方的尊敬程度就越高，但原则上不可高于额头。施合十礼是不得戴帽子的，若戴着帽子，必须先摘帽夹在左腋下，方可施合十礼。我们在与信仰佛教的人交往时，当对方向你行合十礼时，应以同样的礼节回敬对方。

在东南亚、南亚信奉佛教的地区以及我国傣族聚居区，合十礼最为通用。

3. 拱手礼

拱手礼是我国民间传统的见面礼，现今在佳节团拜、登门拜访、致以祝贺、开会发言时，还可以行拱手礼。

施拱手礼的方法是：行礼者起身站立，上身挺直，双手在胸前高举抱拳（要求右手半握拳，左手扶抱着右手），自上而下或者自内而外，有节奏地晃动两三下。行礼时，可向受礼者致以祝福或祈求，如“恭喜发财”“请多关照”等。

4. 拥抱礼与亲吻礼

拥抱礼与亲吻礼是西方国家流行的见面礼，在我国只是偶尔能够见到，但随着我国对外交往日趋频繁，因此有必要了解和掌握拥抱礼与亲吻礼。

在西方，特别是在欧美国家，拥抱同握手一样，是一种重要的见面礼节。拥抱礼一般是双方都右臂在上，左臂在下斜抱，头伏于对方肩头，面颊紧贴。需要注意的是，礼节性地拥抱对方身体并不贴得很紧，拥抱时间也很短，更不要用嘴亲吻对方面颊。

亲吻礼是用唇或面颊接触他人表示致意的礼节。在行礼时，双方关系不同，亲吻的部位也会有所不同。长辈只吻晚辈的额头；晚辈应吻长辈的下颌或面颊；同辈，如朋友、同事、兄弟姐妹之间，同性应当脸颊相贴，异性应当吻面颊。接吻，即吻嘴唇，仅限于情侣与夫妻之间，而不宜滥用。行亲吻礼时，通常忌讳发出亲吻的声音，而且不应将唾液弄到对方脸上。在涉外交往中，年轻女性一般不宜与男外宾行亲吻礼，应主动行握手礼；当然，当外国年长宾客出于尊重行亲吻礼时，也应大大方方地以礼待之。

三、介绍的礼节

介绍是人们在社交和商务场合中相互认识的基本方式。通过介绍，可以使互不相识的人消除陌生和畏惧心理，建立必要的了解和信任。

在社交场合中使用较多的介绍方法有两种，即为他人作介绍和自我介绍。

（一）为他人作介绍

为他人作介绍，通常是介绍不相识的人相互认识，或是把一个人引荐给其他人。为他人作介绍时，应注意以下几个方面的问题：

1. 介绍的顺序

介绍顺序是指在为他人作介绍时，把谁介绍给谁，或先介绍谁，后介绍谁。按国际惯例，介绍时应坚持受到特别尊重的一方有了解对方的优先权的原则，根据这个原则，为他人作介绍时的顺序大致有以下几种情况：

（1）介绍职位、身份高者与职位、身份低者认识时，应先介绍职位低、身份低者，后介绍职位高、身份高者。它适用于正式的场合，特别适用于职业相同的人士之间。

（2）介绍长辈与晚辈认识时，应先介绍晚辈，后介绍长辈。通常适用于同性之间，或年龄差别较大的人士之间。

（3）介绍女士与男士认识时，应先介绍男士，后介绍女士。通常适用于年龄、职务相当的人士之间。

（4）介绍来宾与主人认识时，应先介绍主人，后介绍来宾。适用于来宾众多的场合，尤其是主人与客人未必都相识的情况。

（5）介绍已婚者与未婚者认识时，应先介绍未婚者，后介绍已婚者。它仅仅适用于介绍人对被介绍人的情况非常了解的前提下。若是把握不准，还是不要贸然行事。

以上介绍顺序的共同点是“尊者居后”，即把职位、身份较低的一方先介绍给职位、身份较高的一方，让尊者优先了解对方的基本情况，以表示对尊者的敬重之意，而在口头表达上，则是先称呼尊者，然后再介绍。

2. 介绍人的神态与手势示范

介绍人在为他人作介绍时，态度要热情友好，手势动作要文雅。作介绍时，介绍人应站在被介绍人之间，先微笑着称呼尊者，随后用自己的视线把他（她）的注意力引导到被介绍的一方，进行介绍。此时，手的正确姿势应是掌心向上，手指自然并拢，胳膊略向外伸，朝向被介绍的一方，如图 7－3 所示。

介绍人不能用手拍被介绍人的肩、胳膊、背等部位，更不能用手指指向被介绍的任何一方。

图 7－3　介绍时的姿势

3. 介绍人的陈述

介绍人的陈述，就是介绍人在为他人作介绍时应当说的话。介绍人陈述的时间宜短不宜长，内容应简明扼要，并应使用敬语。在较为正式的场合，可以说：“尊敬的约翰·史密斯先生，请允许我向您介绍一下李兵先生。”在非正式的场合，可以略去敬语与被介绍人的名字，如：“张小姐，我来介绍一下，这位是刘先生。”

为他人作介绍时，要避免过分赞扬某个人，避免对一方全面介绍，而对另一方只作简单介绍，不要给人留下厚此薄彼的感觉。为使初识人的交谈更加顺利，介绍人应给双方交谈提示话题，可有选择地介绍双方的共同点，如相似的经历、共同的爱好和相关的职业等。

（二）自我介绍

在社交和销售交际场合，由于人际沟通或业务上的需要，时常要主动上前把自己介绍给对方，这就是自我介绍。在一般情况下，要掌握好自我介绍的艺术，必须注意以下几个方面的问题。

1. 寻找自我介绍的机会

要想使自己能够给对方留下深刻的印象，并使其对自己产生好感，首先应考虑当时的特定场合是否适宜进行自我介绍。若是对方正忙于工作，或是正与他人交谈，或是大家的精力正集中在某人或某件事情上的时候，作自我介绍有可能打断对方，效果一定不会太好。如发现对方心情欠佳或疲惫不堪时，也不应上前打搅。如果对方一个人独处，或在轻松愉快的情况下，把自己介绍给对方，往往会取得良好的效果。此外，在大家闲谈，或出现冷场的时候，抓住时机进行自我介绍，在场的人就不会觉得很唐突，并且会很乐意接受。

2. 注意自我介绍的内容

自我介绍的内容应当包括三项：本人姓名、工作单位及职务，它们又被称作自我介绍三要素，通常缺一不可。其中，第一项姓名，要报全名；第二项工作单位，在可能的情况下，尽量报出具体工作部门；第三项职务，有职务的最好报出职务，职务较低或者无职务，则可报出目前所从事的具体工作。

自我介绍的内容虽然由三个基本要素构成，但不一定每次都面面俱到，而应视实际需要、所处的场景来决定内容的繁简。在有些社交场合，如果发现对方不一定有多大的兴趣去深入了解，这时只报出自己的姓名，为对方提供称呼自己的方便就足够了。而在另外一些情况下，如与新结交的朋友谈得很投机，双方都愿意更多地了解对方，或者对于参加公开招标的投标者来说，自我介绍仅仅局限于三要素，恐怕就不够了，此时，还可以简略地介绍一下自己的籍贯、出生地、母校、学历、兴趣、专长等。

3. 讲究自我介绍的态度

自我介绍的基本程序是：先向对方点头致意，得到回应后，再向对方介绍自己的姓名、身份、单位及其他有关情况，同时递上事先准备好的名片。

作自我介绍时，表情要自然、亲切，眼睛要注视对方，态度要真诚，语调要热情友好，充满自信。如果见到陌生人就紧张、畏怯、语无伦次，不仅说不清自己的身份和来意，还会造成难堪的局面。

4. 把握自我介绍的分寸

自我介绍时要力求简洁，尽可能地节省时间，通常以半分钟左右为佳。措辞要注意适度，既不要自吹自擂，夸大其词，也不要过分谦虚，一味自我贬低去讨好别人。只有实事求是、恰如其分地介绍自己，才会给人诚恳、可以信任的印象。

四、称谓的礼节

称谓，也叫称呼，是指当面招呼对方、以表明彼此关系的名称。称呼是沟通人际关系的桥梁与信号，所以，商务人员能否正确地使用称呼，往往会直接影响到商务交际的成败。

（一）称呼的基本原则

1. 称呼要体现礼貌

在人们交往过程中，每个人都希望被他人尊重。合乎礼节的称呼，正是表达对他人尊重和表现自己有礼貌修养的一种方式。通常，称呼对方要用尊称，如：“您”；“贵”——贵公司、贵方；“尊”——尊姓、尊夫人；“老”——您老，郭老；“高”——高寿、高见等。

2. 称呼要表现尊敬

一般来说，为了向对方表示尊敬，称呼时习惯于就大、就长、就高。如对同龄人，可称呼对方为哥、姐；对既可称“叔叔”，又可称“伯伯”的长者，多称呼“伯伯”；对副科长、副经理等，也多在姓后直接以正职相称。

3. 称呼要把握尺度

把握尺度是指称呼要符合常规，要根据交往对象、场合和双方关系来选择恰当的称呼。

（二）称呼的基本方式

称呼的方式大致有以下几种。

1. 职务、职称称呼

在交往中，以交往对象的职务、职称等相称，以示身份有别、敬意有加，如“王经理”“张教授”“李局长”等。

2. 职业称呼

职业称呼就是以被称呼者所从事的职业为称呼，如“李老师”“张医生”“刘律师”等。

3. 姓名称呼

姓名称呼即以被称呼人的姓名作为称呼。通常，在年龄、职务相当的同事、熟人之间，可直呼姓名，如“王丽”“张华”“李小亮”等。

4. 拟亲称呼

对于邻居、至交，有时可采用类似血缘关系的称呼，如“汪爷爷”“胡叔叔”“徐阿姨”等。

5. 一般称呼

一般称呼是最普通、最常用的称呼，如“同志”“先生”“夫人”“小姐”等。

（三）对外宾的称呼

在涉外交往中，由于各国国情、民族、宗教、文化背景的不同，称呼的方式差别很大。称呼时，必须注意以下两方面的问题：

1. 要掌握普遍性

（1）对任何成年人，均可将男子称为“先生”，将女子称为“小姐”“夫人”或“女士”。对于女子，已婚者或戴结婚戒指者应称“夫人”，对未婚者应称“小姐”，对不了解婚姻情况的可称“小姐”或“女士”，绝不要以为对方年纪大肯定结婚了而乱称“夫人”，弄得对方不愉快。

（2）对商界人士，一般应以“先生”“小姐”“女士”称呼交往对象，而不称呼他们的行政职务。

（3）对官方人士，常见的称呼除“先生”“小姐”“女士”外，还可称其职务，对地位高的应称“阁下”，如“市长先生”“大使阁下”“总理阁下”等。

（4）对军界人士，可以其军衔相称，如“上尉先生”“布莱尔将军”“福特上校先生”等。

（5）对君主制国家的王公贵族，按习惯称国王、皇后为“陛下”，称王子、公主、亲王等为“殿下”。

（6）对宗教界人士，一般可称呼其神职。如“亚当神父”“传教士先生”等。

（7）对教授、医生、法官、律师以及有博士学位的人士，因其社会地位较高，可直接以此作称呼。如“教授”“法官先生”“基辛格博士”等。

2. 要注意差异性

差异性主要体现在姓名组合与称呼的习惯上。下面介绍我国的一些客源国在姓名称呼方面的特点。

（1）日本。日本人的姓名排列顺序与我国相同，即姓氏在前，名字在后。只是日本人的姓名字数较多，一般最常见的姓名由4个字组成。但姓和名的搭配并不是绝对固定的，如田中角荣、二阶堂进，这两个名字都由4个字组成，但前者“田中”是姓，“角荣”是名；而后者“二阶堂”是姓，“进”才是名。因此，为了避免差错，与日本人交往时，要先了解在其姓名之中，哪一部分为姓，哪一部分为名。在书写日本人的姓名时，常将其姓与名分开写，中间空一格，例如“桥本　龙太郎”“福田　纠夫”“竹下　登”“二阶堂　进”等。日本妇女婚前使用父姓，婚后使用夫姓，本名则一直不变。一般称呼只称姓，只有在正式场合才称呼全名。对男士，称呼时也可在姓后加上“君”，如“福田君”“铃木君”等。称呼日本人时，“先生”“女士”“小姐”“夫人”都可采用，例如“中村先生”“山口百惠小姐”等。

（2）英、美等国家。在英国、美国、加拿大、澳大利亚、新西兰等讲英语的国家里，人们的姓名一般由两个部分构成：名字在前，姓氏在后。如约翰·史密斯，在这一姓名中，约翰是名字，史密斯是姓氏。在这些国家里，女子婚前一般都有自己的姓名，但结婚后则不得再用自己原来的姓，而改用丈夫的姓。如英国前首相玛格丽特·撒切尔，玛格丽特为其本名，撒切尔则为其夫姓。在这些国家，口头称呼时，一般只称姓，如“布什先生”“汤姆森先生”“戴安娜小姐”或“鲍尔夫人”等。而在正式场合要用全称，如“卡尔·刘易斯先生”“伊丽莎白·史密斯小姐”。对于朋友之间，往往可直接称呼其名，而且可以不论辈分，如“鲍勃”“詹妮”“贝蒂”等。在家人与亲友之间，还可称呼爱称，如“史蒂夫”“比尔”“哈里”等，但与人初次交往时，不可这样称呼。

（3）俄罗斯。俄罗斯人的姓名一般由三个部分构成。第一部分为本人名字，第二部分为父名，第三部分为姓氏。例如，在列宁的原名弗拉基米尔·伊里奇·乌里扬诺夫中，弗拉基米尔为本名，伊里奇为父名，乌里扬诺夫为姓氏。俄罗斯妇女的姓名同样也由三个部分组成，本人名字与父名通常一成不变，而姓氏结婚前后却有变化，婚前使用父姓，婚后用夫姓。在俄罗斯，口头称呼时一般只称姓氏或只称本名，比如，对米哈伊尔·谢尔盖耶维奇·戈尔巴乔夫这一名字，可以只称“戈尔巴乔夫”或“米哈伊尔”。如果要特意表示客气与尊敬，可同时称其本名与父名，如称前者为“米哈伊尔·谢尔盖耶维奇”。对长者表达敬意时，才可只称其父名，如称前者为“谢尔盖耶维奇”。在俄罗斯，“先生”“女士”“夫人”亦可与姓名或姓氏连在一起使用。

（四）称呼时必须注意的问题

1. 不要将被称呼人的姓名念错

将被称呼人的姓名念错，主要是由于粗心大意，事先没有做好准备。比如，在我国的姓氏中，“盖”“宁”“单”“万俟”“尉迟”就很容易读错，正确的读音应为“盖——gě”“宁——nìng”“单——shàn”“万俟——mòqí”及“尉迟——yùchí”。

2. 不要使用不准确的称呼

称呼不准确主要指对被称呼人的年纪、辈分、婚姻情况以及与其他人的关系做出了错误判断。例如，将未婚妇女称为“夫人”，应称“阿姨”的却称了“奶奶”等。要避免犯此类错误，就一定要做好先期准备，在自己确实无法准确掌握时，不妨有礼貌地问对方：“请问我怎么称呼您？”千万不能凭自己的主观臆断而随意称呼，使被称呼人处于尴尬的境地。

3. 不要使用绰号作为称呼

一般来说，在交际场合中，无论双方关系是亲密，或是生疏，都不应该以绰号来称呼对方。至于那些庸俗的、无聊的，甚至带有侮辱对方意味的绰号，在交际场合更应杜绝使用。

4. 同时与多人打招呼时，称呼要注意次序

在商务交往中，常常需要同时与多人打招呼。此时，称呼对方，一般应按先长后幼、先上级后下级、先女后男、先疏后亲的顺序进行。

相关链接

1. 常用的敬语：

“请”“您”“您好”“尊夫人”“贵方”“早上好”“谢谢”“对不起”“打扰您了”“请多关照”“承蒙关照”“拜托”“辛苦了”“您受累了”“太好了”“真让我高兴”“真难为你了”“一路顺风”等。

（1）称呼尊长可用老先生、老同志、老师傅、老领导、老首长、老伯、大叔、大娘等。

（2）称呼平辈可用：老兄、老弟、先生、女士、贤弟、贤妹等。

（3）称姓名敬辞可用：贵姓、尊姓大名、芳名（对女性）等。

（4）称年龄敬辞可用：高寿（对老人）、贵庚、尊庚、芳龄（对女性）等。

（5）住处可用：府上、尊寓、尊府等。

（6）见解可用：高见、高论等。

（7）身体可用：贵体、玉体等。

2. 常用的谦语

（1）谦称自己用：在下、鄙人、晚生等；

（2）谦称家人可以用：家父、家母、家兄、舍妹、小儿、小侄、小婿等。

3. 常用的雅语

初次见面说：幸会	中途先走说：失陪
看望别人说：拜访	等候别人说：恭候
请人勿送说：留步	欢迎顾客说：光顾
麻烦别人说：打扰	请人帮忙说：烦请
求给方便说：借光	与人分别说：告辞
赠送作品说：雅正	托人办事说：拜托
他人指点说：赐教	赞人见解说：高见
请人解答说：请教	老人年龄说：高寿
小姐年龄用：芳龄	客人来到说：光临
求人原谅说：包涵	求人帮忙说：劳驾
归还物品说：奉还	需要考虑说：斟酌
好久不见说：久违	对方来信说：惠书
未及迎接说：失迎	请人接受说：笑纳
祝人健康说：保重	接受好意说：领情

（资料来源：张晓青，宋启平．现代推销实务［M］．上海：上海财经大学出版社，2018.）

五、使用名片的礼节

名片最早产生于春秋战国时期，只是最初没有纸，写在竹片或木片上，以后才写在纸上。它在汉初被称作“谒”，也就是在谒见别人时，用于通报姓名、籍贯的。以后也被称作“（名）刺”“名纸”“门状”“名帖”。名片之所以在现代社会中得到广泛应用，是因为它使用起来简便、灵活。从功能上看，它又作为一种自我的“介绍信”和社交的“联谊卡”。

（一）名片的用途

在现代社会，名片不仅有自我介绍和保持联络的作用，还有其他多种用途。

1. 可以替代便函

人们在交往过程中，许多时候必须对友人做出礼节性的友好表示，如祝贺、感谢、介绍、慰问以至吊唁等。但由于公务繁忙，不能亲往，此时在自己名片的左下角用铅笔写上一句短语或一个词，同样可以表达自己的情意。目前，比较流行的是在名片的左下角用小写字母写上国际通用的法文缩略语，如 p.f. 表示祝贺，p.r. 表示感谢，p.p. 表示介绍，

p. p. c. 表示辞行，p. f. n. a. 表示贺年等。

2. 可以替代介绍信

介绍某人去见另外一个人时，可在自己名片的左下角写上 p. p.，本人名片在上，被介绍人的名片在下，用回形针固定在一起，将其装入信封，再交予被介绍人。这就是一封非常正规的介绍信，会受到高度重视的。

3. 可以替代礼单

向他人寄送或托送礼物、鲜花时，可在礼品或在花束中附上自己的名片并写上祝贺短语。

4. 可以替代请柬

在非正式的邀请中，可用名片代替请柬，并写明时间、地点和内容。

5. 可用于通报和留言

初次前往他人居所或工作单位进行拜访时，为了避免被拒见的难堪，可将本人名片交由对方的门卫、秘书或家人转交给被拜访者，作为通报和自我介绍，以便对方确认，做出是否见面的决定。这种做法比较正规，可避免冒昧造访。若拜访他人不遇，或者需要请人转达某件事情时，可在名片上写下留言，然后将它留下，或托人转交。

6. 可用于业务宣传

商务名片上列有所属单位等项内容，在进行业务往来时，名片是单位的招牌，具有类似广告的作用，可使对方了解自己所从事的业务。

7. 可用于通知变更

如果自己一旦调任、职务变更或电话改号，要及时送上一张注明上述变动情况的名片，礼貌地通知对方，便于对方与自己联系。

（二）名片的交换

名片交换是使用名片礼节中最重要的一环。要想使名片在社会交往中正常地发挥作用，就必须在交换名片时做得得法。

1. 递交名片

（1）递交名片前要做好准备。要将名片放在容易拿出的地方，以便需要时迅速拿取。一般男士可以将名片放在西装的口袋或公文包里，女士可将名片置于手提包内。

（2）掌握递交的时机。如果是初次见面，相互介绍之后可递上。若是比较熟识的朋友之间，可在告辞的时候递过去。

（3）递交时的礼节。为表达对对方的尊敬，一般应起身站立，走向前去，使用双手或者右手将名片正面面对对方递过去。递交时应面带微笑，正视对方，同时还要说些友好礼貌的话语，比如："这是我的名片，我们认识一下吧""请多多关照""今后保持联络"等。若对方是少数民族或外宾，最好将名片上印有对方认得的文字的那一面面对对方。当对方不止一人时，应讲究先后次序，或按职务高低，或按年龄大小，还可以依照座次，总之，一定要依次进行，每人一张，以免厚此薄彼。

在递交名片时，失礼的递交方式是：一是单用左手递交名片；二是将名片背面或是颠倒着面对对方；三是用手指夹着名片给人。

2. 接受名片

接受他人名片时，应起身站立，面带微笑，用双手或右手接过，并口头道谢或重复对方所使用的敬语，如“请您多关照”等。

接过名片后，应十分珍惜，并当着对方的面，用 30 秒钟以上的时间，把对方的名片从上到下、从正到反认真地默读一遍。若有疑问，可当场向对方请教。随后当着对方的面，郑重其事地将名片放入自己随身携带的名片盒或名片夹中。

如果在接受他人名片时，需要当场将自己的名片递过去，最好在收好对方名片后再做，不要一来一往同时进行。

在接受他人名片时，失礼的接受方式是：一是单用左手接受名片；二是接过他人名片后不认真观看；三是将他人名片随意放置。

3. 其他方式

在交往过程中，常常会出现以下两种情况。

（1）自己很想结识对方，而对方无意交换名片，也就是自己想索取他人名片。此时，不能强行索要，要相机行事。可以询问对方：“请问，以后怎么样同您联系?”也可以主动递上自己的名片或是提议与对方交换名片。

（2）他人索取本人名片，而自己不想给对方。此时，不宜直截了当，而应以婉转的方式表达此意：“对不起，我忘了带名片”或者“很抱歉，我的名片用完了”。如果自己没有名片，而又不想明说时，也可以以上述方式婉转地表达。

（三）名片的存放

为了查找和使用方便，应对收到的他人名片加以整理、分类、收藏。不要将它随意夹在书刊、材料中，压在玻璃板下，或是扔在抽屉里面。

存放名片大致有以下四种方法：

第一，按姓名的外文字母或汉语拼音字母顺序分类。

第二，按姓名的汉字笔画的多少分类。

第三，按专业或部门分类。

第四，按国别或地区分类。

随着人际交往的不断深入，还可以在收藏的他人名片上随手记下可供本人参考的资料，如：他人的个人情况（性别、特征、兴趣、爱好等）以及他人的职业、职务、电话的变动情况，以便通过名片掌握每位客户、每个朋友的真实情况。

六、现代通信礼仪

现代社会是一个信息的社会，对于商务人员而言，信息就是资源，信息就是财富。随着科技的高速发展，传递信息的工具也越来越多样化，如电话、电报、传真、电子邮件等。因此，作为商务人员，应掌握常用通信工具的基本礼仪。

（一）电话

在所有电子通信工具中，电话出现得最早，也是使用最广泛的。因此，电话礼仪是商务人员所要掌握的重点。

目前，我国使用的电话大致有以下六种：

第一种，程控电话。程控电话是指安装在程控室内电话局上的电话。我国城乡目前使用的电话大多属程控电话。

第二种，付费卡式电话。这种电话采用预付费电话卡（如磁卡、智能卡等）来打电话，将卡片插入机器的卡片入口处，电话即可接通。

第三种，移动电话。移动电话的全称是无线移动电话，指通话的双方或一方是在运动中进行信息交流。

第四种，投币电话。这种电话在投入硬币或特殊币后即可接通。

第五种，录音电话。录音电话是指将电话机与录音机结合在一起，双方通话时可录下通话内容；无人接电话时，可道出用户预先录制好的留言，而后自动录下访客留言，等主人回来后便可知道是谁来的电话及电话内容。

第六种，可视电话。这种电话是通话人在打电话的同时，可以看到对方即时的影像，即所谓“既闻其声，又见其人”。

对商务人员而言，电话无疑是商务活动中最常用、最方便、最经济的一种通信工具。在使用电话的过程中，人们的表现，如他所使用的语言，他的表情、态度、心境及性格都会通过声音传递过去，给对方留下一个完整、深刻的印象。对方凭着这种印象，会在脑海中为你绘制出一个“电话形象”。电话形象能够真实地体现出个人的素质、待人接物的态度以及所在企业的整体水平。因此，无论是接电话，还是打电话，商务人员都必须遵守电话礼仪的要求，为自己，也为所在企业，塑造良好的电话形象。

1. 打电话

在使用电话时，谁打电话，谁就在通话过程中占据了主动。作为“先发制人”的一方，要使自己所打的电话既能准确无误地传递信息、联络感情，又能为自己塑造完美的电话形象。打电话时必须注意以下几个方面的问题：

（1）通话时间要适宜。按照惯例，通话的最佳时间，一是双方预先约定的时间，二是对方方便的时间。一般来说，除非有要事相告，在每天早上 7 点以前、晚上 10 点之后、午间休息和一日三餐的用餐时间内，都不适宜打电话，以免影响他人的休息和用餐。打公务电话，尽量不要占用他人的私人时间，尤其是不要在节假日时间里去麻烦对方。

（2）通话内容应简练。首先，在正常情况下，一次打电话的全部时间应当不超过 3 分钟，这就是打电话的“3 分钟原则”。其次，发话人在讲话时要长话短说，简明扼要。通常在问候完毕，即应直奔主题，要尽量地简化内容。在通话时不可不谈正题、东拉西扯、没话找话，更不要在电话上跟别人玩“捉迷藏”，说什么“你猜我是谁”“你知道我在哪儿”“想知道我在干什么吗”等。再次，通话应适可而止。当要讲的话说完了，发话人即应当机立断，采取行动，终止通话。否则，出于礼貌，受话人只能奉陪共煲“电话粥”，那样就很难贯彻“3 分钟原则”了。

（3）要表现得文明而有教养。打电话时，在语言方面要使用“电话基本文明用语”。

在通话之初，要先向对方问一声“您好”，不能一上来就“喂”个不停，或是开口便谈自己的事情。

在问候对方、并确信自己所拨的电话号码准确无误后，要自报家门。一般私人交往，只需报本人的全名；打公务电话，要报本人所在的单位和全名，最正规的是把本人所在的单位、全名和职务一并报出。

在终止通话前，预备放下听筒时，应先说一声“再见”，使自己的待人以礼有始有终。

打电话时，在态度方面要热情友好，和蔼可亲。对受话人，既不要厉声呵斥、粗暴无理，也无须低三下四、阿谀奉承。如果拨错了号码，应对接听者表示歉意，不可一言不发，挂断了事。在通话过程中，当受话人在叙述某一问题时，尽量不要打断。要是在通话中电话突然中断，发话人应当立即再挂一次，并向受话人说明刚才电话中断是由于线路故障，不要不了了之，或干等受话人一方打来电话。在通话时，不要大喊大叫，令受话人难以接受，为控制音量，可将话筒与口部保持3厘米左右的距离。

2. 接电话

在通电话的过程中，虽然接听电话的一方（即受话人）是被动者，但也必须时刻注意维护自己的电话形象。

（1）当电话铃声响起，应立即放下手中所做的事情，尽快接听。通常，接听电话时，以铃响三次左右拿起话筒最为适当。如遇特殊原因，使得铃响很久才接电话，应在通话之初向对方表示歉意。

（2）拿起话筒，在问候对方之后，应主动自报家门，以帮助对方确认电话号码拨得是否准确无误。

接电话时所讲的第一句话，常见的有三种形式：

一是以问候语加上单位、部门的名称以及个人的姓名。它最为正式。例如：“您好！天马公司营销部王力，请讲。”

二是以问候语加上单位、部门的名称，或是问候语加上部门名称。前者适用于一般场合，后一种形式主要适用于由总机接转的电话或内线电话。例如：“您好！百胜商场女装部，请讲”或“您好！女装部，请讲”。

三是以问候语直接加上本人姓名，它仅适用于普通的人际交往。例如：“您好！金吉，请讲。”需要注意的是，在商务交往中，不允许接电话时以“喂，喂”或者“你找谁呀！”作为“见面礼”。特别是不允许一开口就不停地盘问对方“你找谁？”“你是谁？”或者“有什么事儿呀？”

（3）在接听电话时，应聚精会神，并尽量避免打断对方的讲话。为了表示自己在认真倾听，通话中可适度地使用“嗯”“哦”“是的”“好的”等附和语去呼应对方。

（4）当通话结束时，不要忘记向对方说声“再见”，并且应等对方放下话筒后才能挂上电话。

（5）当通话内容较多并且非常重要时，应作好电话记录。电话记录一般包括：来话人的单位、姓名、职务、电话号码、来话时间、通话内容、处理情况、记录人姓名等内容（见表7-1）。记录完毕，要将重要内容向对方复述一遍，以确保准确无误。接完电话后，应根据电话内容及时进行处理，不能随意拖延处理的时间。

（6）当接到别人打错的电话时，不要因为对方打扰了自己而对着话筒发脾气，也不要一言不发地挂上电话。应先请对方再次确认一下所拨的号码或要找的人，然后再告诉对方这个电话确实打错了。有可能的话，可以为对方提供一些线索，或是帮助对方查一下正确的电话号码。

（7）当本人不在，需要使用录音电话时，须注意：一是公用录音电话预录制的内容应为：“您好！这里是××公司××部。对不起，本部门工作人员现在因公外出，请您在信号声音响过之后留言。我们将尽快与您联络。谢谢，再见。”若是私人住宅用录音电话，留言时不宜自报姓名，可以用电话号码来代替。二是对电话留言应尽快答复，不能久拖而不处理。

表 7－1　　　　电话记录表

<table>
<tr><td rowspan="4">来话人</td><td>姓　名：</td></tr>
<tr><td>单　位：</td></tr>
<tr><td>职　务：</td></tr>
<tr><td>电　话：</td></tr>
<tr><td colspan="2">来话时间：</td></tr>
<tr><td rowspan="7">通话内容</td><td></td></tr>
<tr><td></td></tr>
<tr><td></td></tr>
<tr><td></td></tr>
<tr><td></td></tr>
<tr><td></td></tr>
<tr><td></td></tr>
<tr><td rowspan="6">处理情况</td><td></td></tr>
<tr><td></td></tr>
<tr><td></td></tr>
<tr><td></td></tr>
<tr><td></td></tr>
<tr><td></td></tr>
<tr><td colspan="2">记录人：</td></tr>
</table>

3. 使用手机

移动电话又称手机，因其体积小、功能全、便于携带而深受人们的喜爱。使用手机应注意以下几个方面的问题：

（1）手机应放置在合适的位置。男士可将手机放在公文包内或是西装上衣内侧的胸袋里，女士可将其放于衣袋或手袋里。不要把它握在手中或者有意当众摆弄。当穿着外套时，最好不要将其挂在衣内的腰带上，否则在取用时应避人耳目。

（2）使用手机应遵守社会公德。在一些严肃、安静的特定场合，如会议室、展览馆、音乐厅、法庭、阅览室、课堂等，应关闭手机，或让它处于静音状态，以防影响他人或破坏当时的气氛。万一需要通话，也只能到场外去用。在一些公共场合，如楼梯、电梯、路口、人行道等人来人往的地方，使用手机时应侧背过身去，要尽量使谈话简短，并控制自己说话的音量。

（3）使用手机应自觉维护安全。在飞机飞行期间不要使用手机，以免干扰通信，使飞机迷失航向；在病房、加油站等地，应关闭手机，以免手机发出的信号妨碍治疗，或引发火灾、爆炸；在驾驶车辆途中，应尽量避免使用手机而分心，以防止发生车祸。此外，在开机使用前，还应注意周围是否有禁止无线电发射标志。

（二）传真

传真，是利用光电效应，通过安装在电话通信网上的传真机，对外发送或是接收外来信息的一种现代化的通信方式。它所传递的信息，既可以是文字，也可以是图表、照片等。目前在我国，传真机的使用越来越普及。使用传真通信的主要优点是：操作简便，传送速度快，而且可以传送任何复杂图案。它的缺点是：发送的自动性能差，需要专人操作，有时清晰度难以保证。

在使用这种先进通信设备时，必须注意以下几个方面的问题：

（1）在商务交往中，应将本人或本单位的传真号码准确无误地告诉交往对象。

（2）传真内容应简明扼要，应有必要的问候语与致谢语。传真应有一定的格式，一般应包括发送日期、传真页数、收件人姓名、所在部门及传真号码，发件人姓名、单位及联系电话，传真内容等栏目。

（3）当收到他人的传真后，应立即通知对方。在核查无误后，应对传真件进行及时的处理，不能随意拖延时间而耽误了对方的要事。

（4）为保证能随时接收信息，无人在场时，应使传真处于自动接收状态。

（三）电子邮件

电子邮件，也叫电子信函，就是人们常说的 E－mail。它是利用电子计算机，通过国际或国内互联网，向交往对象所发出的一种电子信件。随着电子商务的不断发展，电子邮件已经越来越多地被人们所使用。

使用电子邮件，要注意以下几个方面的问题：

1. 要认真撰写

电子邮件的撰写与普通信件相似，比如，都要求使用敬语，都要求语言流畅，不出现病名、错字或别字等。然而为了节省时间和空间，电子邮件更要求主题明确、内容简洁。

2. 要避免滥用

为了表示对交往对象的尊重，商务人员除因工作需要外，轻易不要向他人乱发电子邮件。不要在邮件中与人聊天、开玩笑，更不能恶意地向对方发送电子信箱“炸弹”。

3. 要注意编码

注意编码问题主要是针对使用中文发送的电子邮件。目前，中国大陆、台湾、港澳地区及居住在其他国家的华人，使用的中文编码系统互不相同。为了确保对方能够收到自己的电子邮件，而不是一封由乱码组成的天书，商务人员在使用中文向除中国内地之外的其他国家和地区的华人发送电子邮件时，应同时用英文注明自己所使用的中文编码系统。

（四）网络营销

随着互联网新技术（如云计算）的进一步发展，虚拟物流、虚拟仓库、虚拟三维店铺已成为现实。因此人们走进网络店铺、网络超市、网络购物市场等进行购物已成为一种生活方式。所以网络销售技巧成为人们需要探究与熟练掌握的技能。

（1）产品的发布技巧。作为一个公司的产品橱窗设计，那些上传的产品一定要配有

好的图片，一个好的图片也是最能吸引人的地方，一个好的图片可以让大家对你的品牌或产品产生良好的兴趣。

（2）产品信息的更新。及时更新你的产品，尽量让你的产品信息靠前，这样买家在搜索时会第一时间发现你，如果你不及时更新，那么你的信息就会沉到下面去，有多少人有耐心一页一页地往下翻呢？而且很多人都会看好第一页的信息，都认为排在前列的产品的公司一定有实力。

（3）第一时间发现与你产品所关联的求购信息，与求购商及时联系，商机不等人，在那么多求购信息中总有适合你的，总有人会与你合作的，不要因为一两次的电话不成功而失去信心。

（4）及时回复你的相关留言与信息，让客户感到你公司的正规（因为一般公司网络都有专人负责），公司对客户要重视，耐心地回答咨询者的问题，而且在回复时一定要用客气与尊重的语气。做到管好客户信息，提高销售机会转化率，从而提高销售额。

（5）提高与客户沟通的技巧。这是一门大学问，总之，不要急于求成，让客户感到你的专业、诚心，感到你公司的实力。

（6）注意电话回访。对有意向的客户定期或不定期的电话跟踪，但在这个问题上一定要把握好尺度，打得太多了人家会嫌烦的，如果不跟踪，客户会把你遗忘的。

（7）做好线上交谈，线下及时跟踪，不要放过每一个机会，需要派人上门拜访的一定及时赶到，免得错失了良机。一定要做好线上线下的结合，争取提高客户成交率。

（8）经常在论坛活动，提高个人知名度，自然会有人关注你的产品，一举成名天下知，那时会有客户主动找上门的。

（9）热心对待别人的求助，这样更能提高你在论坛的知名度，取得人家的信任与好感，帮助了别人的同时也是帮助了自己。

（10）不管是在论坛还是与网友聊天，一定要保持用语文明，保持在论坛的形象，因为你就是代表着公司，代表着品牌。

训练设计

一、思考题

1. 服务礼仪形式有哪些内容？

2. 服务礼仪的要素是什么？

3. 实施礼仪的原则有哪些？

4. 简述名片递送、接收、保管的有关礼仪内容。

5. 请结合日常生活实际，说明人们在使用电话过程中经常出现的失礼行为以及纠正方法。

二、技能训练

1. 模拟训练

要求：掌握接打电话、递接名片和握手的礼仪。

实施：（1）以小组为单位，两人为一组进行训练。

（2）每组选出两人进行表演，其他小组观摩，指出表演人员在礼仪方面的不足，并提出改进建议，教师最后点评。

2. 15日上午，凤华公司小王秘书接到领导指示，要他马上电话处理以下几件事情：

（1）通知销售公司所有品牌经理于16日上午9点半在公司会议室开会；

（2）通知A客户于当日下午4点在王总办公室开会；

（3）取消下周四公司将召集的中层干部会议。

要求：以小组为单位，根据提供的情景自行设计情节对白，模拟表演，然后全班展开讨论该如何正确地接打电话。

三、看材料完成任务

一次，某位客人在酒店用餐时因为胃不好，要求把绿茶换成红茶。当他日后再度来到这家酒店用餐时，服务人员细心地端上了一杯红茶，令他对这家酒店印象深刻。

某位推销员向一位顾客推销汽车，谈判交易的过程比较顺利。当客户正要付款时，另一位推销员跟他谈起了昨天的足球赛，他一边跟这位推销员谈着足球，一边伸手去接顾客的付款。不料顾客却突然掉头而去，连车也不买了。

问题：（1）酒店客人为什么对酒店印象深刻？

（2）顾客为什么不买车了？

项目七参考答案

项目八
销售服务工作中的仪表修饰

项目八 PPT

学习目标

通过本章的学习，了解仪表修饰内容，掌握行为举止的礼节和着装的基本要领，提高审美和修饰自己的能力。

导读案例

日本的实业家松下幸之助从前不修边幅，他的企业也因此进展缓慢。一次，在他理发的时候，理发师不客气地批评他不重视自己的容貌："你是公司的代表，却这样不修边幅，别人会怎么想，连人都这样邋遢，他的公司会好吗？"打那以后，松下幸之助一改过去的旧习惯，开始注意自己在公众面前的仪表仪态，生意也随之兴旺起来。现在"松下"电器以及松下的其他各类产品享誉天下，与松下幸之助长期率先示范，要求员工懂礼貌，讲礼节是分不开的。

任务一　仪　　表

任务驱动

讨论：谈一谈着装的一般原则及工作装的一般规范。

微课：销售服务中的仪表礼仪

必备知识

一、仪表的含义

仪表，就是指人的外表，包括人的仪容、服饰、举止、表情、风度等方面。仪表不仅反映员工的精神风貌，也代表着一个企业的形象；仪表不单纯是由先天的生理条件决定的，也不仅仅是穿戴和修饰的问题，还与个人的思想品德修养、文化素质、生活情趣和文明程度等密切相关。

（一）仪表的自然美

仪表的自然美是指由人先天的生理因素所构成的美。这些先天的生理因素，包括五官端正、肤色健康、身体各部位比例协调等，是仪表美的基本条件。五官端正，是指人的面部五官分布均匀。五官的合理的位置比例即“三庭五眼”。“三庭”是指：上庭——从额头发际线到两眼眉线之间位置；中庭——从两眼眉线到鼻底线之间位置；下庭——从鼻底线到下颏之间位置。上庭、中庭和下庭的长度是相等的。“五眼”是指从正面看，左耳孔到右耳孔之间的脸部横向直线距离正好相当于自己5只眼睛的宽度。一个人的脸型如果符合这个比例，就产生匀称感，显得耐看，如图8-1所示。肤色健康，是指皮肤颜色健康。健康的皮肤无论呈白皙、红润，还是黝黑，都应该是湿润的、光滑的、有亮泽和有弹性的。身体各部位比例协调，是指头与躯干、上体与下体、三围尺寸、四肢比例的协调。这种比例协调还要求身体既不能过胖，也不能过瘦。

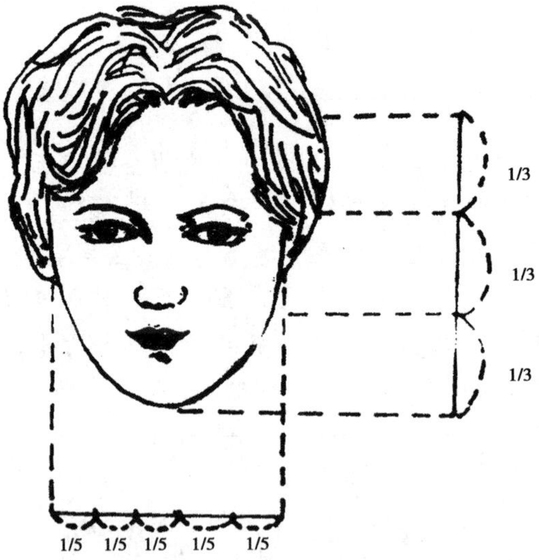

图8-1 五官的位置比例

（二）仪表的修饰美

仪表的修饰美是指经过修饰打扮以后及后天环境的影响形成的美。当然，天生丽质令人羡慕，但这种幸运并不是每个人都能拥有的，而仪表美却是每个人都可以去追求和塑造的；即使天生丽质，也需要用一定的形式去表现。先天条件不足，可通过后天修饰进行弥补，比如，容貌的缺陷可以通过美容修饰，体形上的不足可以通过着装改善。仪表的修饰美所强调的，就是无论一个人的先天条件如何，都可以通过美容化妆、服饰选择、外形设计等方法，使自己的仪表给人以审美上的愉悦。

（三）仪表是内在美的外在表现

仪表是人的内在美的外在表现，人的内在美是仪表美的本质。从美学的角度讲，美总是有形的，美的生命在于它外形的显现，抽象的、内在本质的美须借助具体的、外在的美的形象才能得以体现。仪表美是一个人纯朴高尚的内心世界和蓬勃向上的生命活力的外在体现。真正的仪表美是内在美与外在美的和谐统一，慧于中才能秀于外。一个人如果没有道德、情操、智慧、志向、风度等内在美作为基础，那么，再好的先天条件，再精心的打扮，也只能是一种肤浅的美。缺少丰富深刻内涵的美，不可能产生魅力。因此，一个人的仪表美是其内在美的一种自然展现。

二、美容与化妆

仪容是仪表的重要组成部分，而仪容在很大程度上指的是人的面容。美容与化妆侧重于对面容的修饰。

（一）护肤常识

护肤是美容化妆的基础。要想做好皮肤的护理工作，首先必须了解自己皮肤的性质，然后针对各自的情况，采取不同的方法进行保养。

1. 皮肤的类型及特征

人的皮肤通常可分为中性、油性、干性三种类型。

（1）中性皮肤。这种皮肤是比较理想的皮肤，也称正常皮肤。中性皮肤的特征是：皮肤表面光滑滋润，富有弹性，毛孔较细，油脂分泌及汗液排泄量适中，比较耐晒，对外界刺激不敏感。这种皮肤的护理，主要是保护生理性皮脂膜，使它更好地发挥功能。

（2）油性皮肤。这种皮肤的特征是：皮肤表面油脂分泌量多，面部油腻光亮，毛孔较粗，不易衰老起皱纹，能经受住外来刺激，但容易生粉刺、脓疱。这种皮肤护理的重点，应是皮肤表面的清洁，防止生长痤疮。

（3）干性皮肤。这种皮肤的特征是：皮肤表面油脂分泌量少，汗腺活动能力弱，皮肤细腻，少光泽，缺乏弹性，经不住风吹日晒等各种刺激，不易长粉刺，但易起小皱纹。这种皮肤应尽量减少刺激，避免暴晒，不可滥用美容化妆品，可选用含有保湿成分的、营养性的护肤品。

鉴别皮肤的类型可通过下面的简便方法：在常温下，使用香皂或洗面奶将脸洗净，擦干水分后不涂抹任何化妆品，此时皮肤有紧绷感。若 20 分钟左右消除皮肤紧绷感的为油性皮肤；若 30 分钟左右消除皮肤紧绷感的为中性皮肤；若 30 分钟后皮肤仍有紧绷感的则为干性皮肤。

需要说明的是，皮肤的类型并不是一成不变的，而是随着年龄、季节、生活环境等情况的变化而变化，即使同一个人，在不同的皮肤部位也可能有不同的皮肤类型。比如在面部上，眼部、面颊等为干性皮肤部位，而在前额、鼻部（特别是鼻翼两侧）、嘴部及下颏则为油性皮肤部位。

2. 皮肤的日常保养方法

（1）清洁皮肤。对面部皮肤的清洁，主要是要采用正确的洗脸方法。

第一，每天至少清洗两次，分别在早晨起床后和夜晚入睡前进行。早晨起床后，皮肤上会有油脂和新陈代谢的废物存在，及时进行清洗，会使皮肤感到清爽，有利于皮肤呼吸、排泄和吸收营养。晚上，如不予清洗，脸上的污垢和化妆品会堵塞毛孔，妨碍皮肤的呼吸、排泄和吸收，影响皮肤的修复和获得营养。

第二，洗脸时，水温要适中（与面部皮肤温度相当）。水温过热，会引起血管扩张，毛孔放大，皮肤肌肉松弛无力，容易出现皱纹。

第三，洗脸时，最好使用双手手指。因为相对于其他物品来说，手对面部皮肤的摩擦最小，不容易损伤皮肤。

（2）自我按摩。自我按摩是皮肤日常保养的一个好方法。它有方便、经济、健身、讲究手法的特点。面部按摩主要是运用灵巧的手指，按照一定方式和顺序进行。为减少摩擦、损伤皮肤，可借助一些按摩膏、油，其用量以均匀抹满整个脸部为标准。

（3）其他方面。在日常生活中，要保护好自己的皮肤，除了要采用正确的洗脸方法和进行自我按摩外，还必须遵循良好的生活方式，如要保持乐观的情绪；进行积极的锻炼；保持充足的睡眠；养成多喝水的习惯；注意合理饮食，控制烟酒；防止外界因素对皮肤的刺激等。

（二）美容化妆

美容化妆，是指人们在日常生活和工作中，以化妆品及艺术描绘的手法来装扮美化自己，从而达到增强自信和尊重他人的目的。

化妆不是简单地涂脂抹粉，它是一门综合的艺术，涉及美学、生理学、心理学、造型艺术等学科。化妆也不是按照固定的模式，千人一面，而是应该根据面部结构、肤色、气质、性格、年龄、职业等，因人而异。

1. 化妆品的选用

化妆品是美容化妆的物质条件。目前，市场上的化妆品琳琅满目，种类繁多，必须正确地选择和使用。根据化妆品的功用不同，可以分为三大类：洁肤类化妆品，用于清洁皮肤，如洗面奶、洁面皂、清洁霜等；护肤类化妆品，用于保养皮肤，如润肤霜、乳液、雪花膏等；修饰类化妆品，用于修饰化妆，如粉饼、眼影、睫毛膏、眉笔、唇线笔、唇膏等。使用化妆品，要根据自己的肤色、皮肤类型、年龄及季节变化对皮肤产生的影响，作出合理的选择。

2. 化妆的基本步骤

（1）清洁面部。化妆前先清洁面部，可使皮肤处于洁净清爽的状态，令妆面服帖自然。洗脸时，可选用洗面奶清洁面部油污、汗水与灰尘，然后再用清水洗净，并在清洁的面部涂以护肤类化妆品。

（2）涂抹粉底。涂抹粉底又叫打粉底，目的是调整面部皮肤颜色，遮盖瑕疵，改善皮肤质地。粉底的种类很多，化妆者可根据自己的皮肤选择合适的粉底，粉底颜色最好与肤色相接近，否则反差过大，看起来会失真。

（3）施眼影。施眼影的目的是增强眼部神采，强化脸部的立体感。眼影的颜色要适应自己的肤色和妆色。

（4）画眼线。画眼线主要是为了突出眼睛的轮廓，增强眼睛的神采和亮度。眼线一定要画在睫毛根处，两者不能有空间，否则会适得其反。

（5）眉毛的修饰。眉毛是由眉头、眉峰和眉尾三部分组成。眉头是眉的起始点，靠近鼻根部；眉峰是眉的最高点，大约在整条眉靠近眉头的2/3处。一般来说，从眉头到眉峰的这段眉粗细无太大变化，从眉峰到眉尾的这段眉开始变细，高度下降。眉毛的标准位置如图8－2所示。

（6）涂腮红。涂腮红主要是通过涂抹胭脂来弥补肤色的不足，将面部修饰完美。腮红颜色的选用要根据肤色、着装、场合而定，要与唇膏或眼影属于同一色系，以体现妆面的和谐之美。

（7）涂唇膏。涂唇膏不仅可以使嘴唇生动润泽、富有魅力，而且能改变和修饰不够理想的唇型。标准的唇形应该是左边嘴唇与右边嘴唇对称，上唇与下唇的厚度一样，如图8－3所示。

图8－2　眉毛的标准位置

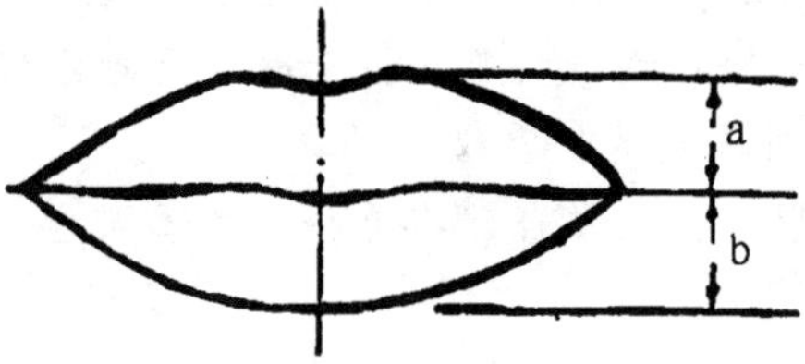

图8－3　标准的唇形

3．美容化妆应注意的问题

对商务人员而言，如果蓬头垢面、不修边幅地出现在工作岗位，不仅会损坏所在单位的形象，而且还会使交往对象感觉受到轻视。在涉外商务交往中，这一行为甚至会被对方理解为是一种侮辱。因此，商务人员必须做到化妆上岗。在化妆时，应注意以下四个方面的问题：

（1）应以工作妆上岗。与晚宴妆、婚礼妆、舞会妆等化妆形式不同的是，工作妆以淡雅自然为主要特征。它要求不突出性格，不表现个性，不过分引人注目，没有人工美化的痕迹。女士在化工作妆时，要注意选用相应的化妆品，粉底、眼影、腮红及唇膏的颜色不能过于亮丽。男士所化的工作妆，一般包括美发定型、清洁面部、使用无色润唇膏保护嘴唇等几项内容。

（2）应避免当众化妆。商务人员要化妆上岗，但这不等于说可以随时随地拿出化妆品来涂抹。当众化妆非常失礼，是缺乏教养的表现，也是不自重的举动，还会被人当作不务正业。如果确实需要化妆或修补妆面，应到洗手间或避开他人进行。

（3）应避免评论他人的化妆。商务人员由于工作关系，要与各种层次的人打交道，而不同的人有着各不相同的审美情趣和化妆风格。因此，应尽量避免评价或议论他人的化妆，更不能以自己的好恶强加于人，否则将是非常失礼的。

（4）应避免借用他人的化妆品。除非万不得已，一般不要借用别人的化妆品，否则会给人一种不洁感，受到别人的讨厌。因为对于化妆品的使用每个人都有自己的习惯，比如眉膏，若是借用时因习惯不同而改变了形状，别人用起来就会觉得不便和不快；若是脸上患有皮肤病，更不应该向他人借用。最好是随身携带一套，以备随时取用。

相关链接

销售人员的仪容仪表要求

1. 男推销员的仪容仪表要求

发型：头发要有型且整齐，发型要显出你的大方，不能太长也不能太短；干净整洁，没有头屑；不要留时髦的发型。

脸洗干净：脸上的每一处都要认真清洗，特别是眼角、耳朵、鼻孔等部位。拜访客户前要对着镜子检查一遍。皮肤太干要涂护肤品，但不要让脸看起来油腻。

胡子刮干净：不要留胡子，因为年轻人留胡子容易给人一种不修边幅的感觉，也会让顾客感觉你对工作不负责任。如果手臂上有刺青，最好遮住。

指甲干净：手指头要保持干净，及时修剪指甲。

2. 女推销员的仪容仪表要求

头发整洁：头发自然有光泽；发型要显示出你的大方、高雅、干练，刘海不要遮住眼睛。

化淡妆：略施粉黛、轻描眉、唇浅红。

衣服端庄：衣服不要太透、太露。

衣服领口干净：衬衣领口不要太复杂和花哨，领口干净。

指甲干净：要经常修剪指甲，指甲造型不要太怪，也不能留得太长，指甲油不能太艳。

（资料来源：张晓青，宋启平．现代推销实务［M］．上海：上海财经大学出版社，2018.）

三、着装的一般规律

第一，着装的配色原则。服装都有一定的颜色，不同颜色代表不同的意义，不同颜色的服装穿在不同人身上会产生不同的效果。色调也是构成服装美感的重要因素之一。在服装配色中，同类配色，简而易行。使用较多的是不同的颜色进行组合，称为衬托配色。它要求服装的色彩是上深下浅，外深内浅，或相反。

配色规则有以下几种：一是根据色彩明度不同来搭配，即把同一种颜色按深浅不同进行搭配；二是用相近的颜色搭配，即色谱上相邻的色，如橙与黄、蓝与绿等；三是用对比色来搭配；四是运用流行色。

第二，着装与形体配色的原则。树无同形，人各有异，人们的体形千差万别，而且往往难以十全十美；但如掌握一些有关服装造型的知识，根据自己的身材选择服装，利用眼睛的视错觉，就能做到扬长避短，隐丑显美。如肥胖者，服装的质地不能太厚，忌穿大花纹、横条纹、大方格图案的服装；身材短小的女子，可利用颜色创出高度，让衣服鞋袜自成一色，看上去会有修长感。各类服装款式不同，穿在不同人的身上，其效果也不同。

第三，着装与脸型相配的原则。脸型在人体的最高位置，是人们视觉首先达到的地方，所以脸型与服装的搭配不容忽视。人的脸型可分长、圆、方型三种，无论属于哪种脸型，穿衣时都应善于运用视觉原理来平衡脸型，弥补缺陷。具体说，长脸型的人适宜穿圆领口的衣服，穿长领式，脸就越发显长了；如果脸庞小，就不宜穿着领口开得太大的无领衫，否则会使脸庞显得更小。总之，衣服要与脸型相配，一般来说，应该根据自己的脸型用“相反相成”的原则去选择领子的式样，从而收到美化的效果。

第四，着装与肤色相配的原则。在选择服装过程中，还应根据肤色不同来进行搭配，从而收到相得益彰的效果。一般地说，无论男性或女性，皮肤白的人配衣浓淡总相宜，这类人只需根据自身气质、环境特点及工作情况，适当选择款式即可；皮肤较黑者，可选择色彩明朗、图案较小、柔和的面料，如浅紫、豆绿、浅黄色等服装，能使黝黑的脸庞显得含蓄、深沉，忌穿蓝色、绿色系列服装。

第五，着装与年龄相配原则。服装对年轻人是格外恩惠的，几乎没有什么禁忌。但少女应尽量避免穿过于华丽的服装，如闪光面料制作的服装，因为这会使年轻女子失去清新、纯净的美，反而显得俗气。在销售活动中，青年着装应尽量显出年轻、干练、严肃、大方的气度。

第六，着装要根据时间、地点和场合的变化，随时更换不同的服装，以便使服装具有一种“现代感”，容易被周围的人所接受。关于这一点，我们可以借鉴世界所公认的着装“TPO”审美原则。

“TPO”原则即英语“time（时间）”“place（地点）”“occasion（场合）”的缩写，意思是说穿衣服要适应时间、地点和场合。目前，TPO原则的适用范围已经脱离了最初推进男装时装化的意愿，进而包括男装、女装等在内的一切服饰文化，成为服装交际原则之一。

四、工作装穿着的规范

销售人员的工作装，以男士穿西装、女士穿西装套裙为最佳。

（一）西装穿着规范

第一，西装大小合体。上衣长度是颈到鞋跟处的1/2，袖长到手腕。衬衫袖长比西装袖长1~2.5厘米，衬衫领高于西装领1~2厘米。裤长到接触脚背。

第二，平整干净。西装以板正、笔挺、干净、整洁为起码要求，皱巴巴、脏兮兮的西装令人反感，有损形象。

第三，内衣。冬天穿西装，在衬衣外边穿件毛衣即可，不可穿了一层又一层，显得很臃肿，破坏了西装线条美。

第四，领带。正规场合要打领带，领带要与西装的颜色相协调。领带垂下的长度以低于腰间皮带扣下沿为宜。穿羊毛衫时，领带要放在羊毛衫里边；衬衫的第一个扣子一定要扣好，领带夹夹在第四、五个纽扣中间。领带系法如图8-4所示。

第五，皮鞋。穿西装一定要穿皮鞋。皮鞋要保持干净，不应穿布鞋、旅游鞋；穿皮凉鞋不可穿前面露脚的。

第六，纽扣。穿西装可以不扣纽扣。如果扣，正确的扣法是只扣上边一粒，下边则不扣。

第七，口袋。胸部的口袋只是装饰，仅可装好的花式手帕，不能装其他东西。其他口袋也不可装许多东西，外观鼓鼓囊囊会非常不雅。

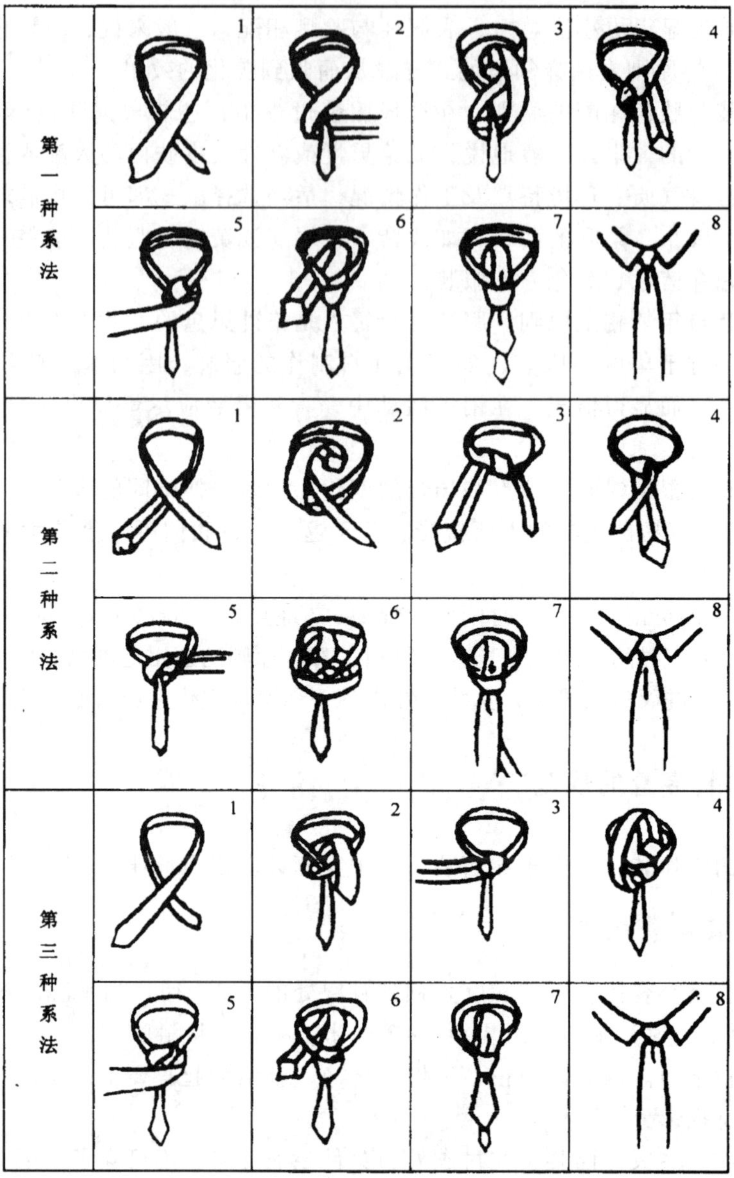

图 8－4　领带的系法

第八，袖口。要平整，不要卷起来。

标准西装着装如图 8－5 所示。

（二）西装套裙

在销售服务中，女士穿着西装套裙看起来精明、干练、成熟、洒脱，可以让一位职业妇女显得与众不同，并且能恰如其分地展示她认真的工作态度和温婉的女性美。

每一套正式的套裙一般都是由一件女式西装上衣和一条半截裙构成的两件套女装。

穿西装套裙时要注意以下几点：

1. 面料

西装套裙的面料讲究匀称、平整、滑润、光洁、柔软、悬垂、挺括，不仅弹性手感好，而且应不起皱、不起毛、不起球。

2. 色彩

在色彩方面，套裙的基本要求是应当以冷色调为主，借以体现出着装者的典雅、端庄与稳重，展现清新、雅气而凝重的风度。

3. 图案

选择套裙，讲究的是朴素而简洁，一般不带有任何图案。如本人喜欢，以各种或宽或窄的格子及或明或暗的条纹为主要图案为佳。

4. 点缀

在一般情况下，套裙上不宜添加过多的点缀，否则极有可能会使其显得琐碎、杂乱、俗气。

5. 尺寸

西装套裙的上衣不宜过长，下裙不宜过短。裙子的下摆恰好抵达着装者小腿肚子上最为丰满之处，乃是最为标准、最为理想的。上衣最短可齐腰，袖长以恰恰盖住着装者的手腕为好。上衣或裙子应当大小适度，均不可肥大或包身，如果肥大显得萎靡不振，包身的套裙则往往会令着装者不舒服，会给工作带来不便。

标准套裙着装如图 8－6 所示。

图 8－5　标准西装着装

图 8－6　标准套裙着装

套裙应当协调装饰。

套裙的搭配主要是衬衫、内衣、鞋袜。衬衣最好不带图案，也不必过于精美，衬衫的下摆必须掖入裙腰之内，衬衫的纽扣要一一系好。内衣应柔软贴身，并且起着支撑和烘托女性线条的作用。应选皮鞋搭配，袜子要与皮鞋和套裙配套，无论是鞋，还是袜子，必须干净、整齐，不能穿破损的鞋袜。

总之，在销售工作中，对服装的要求不能马虎，因为它关系到个人和企业形象。

（三）色彩基本知识

服饰美是由色彩美、质地美、款式美三者结合而形成的完美统一体。在服饰美的三大要素之中，色彩是最引人注目的，因为人对色彩的刺激最敏感，所以有“着装的成功在于搭配，着装的失败也在于搭配”之说。一个人对色彩的喜好不仅可以反映出他的价值观念、兴趣爱好、性格特征，同时还渗透着个人的礼仪素养。因此，了解色彩及其搭配知识，有利于帮助我们美化生活，更有利于提高个人的自我礼仪素养。

1. 色彩及其意义

（1）色系。根据色彩所反映出来的不同特点，可以划分为以下不同的色系：

暖色系：以红色为基底色的颜色。如红、黄、金、橙、棕。

冷色系：以蓝色、绿色为基底色的颜色。主要有蓝、绿、紫。

中性色系：无基底色的颜色。主要有黑、白、灰。

（2）色彩的意义。根据各类色彩其特定的象征意义，人们赋予了色彩不同的文化内涵，使色彩成为某种主题的象征性符号。

红色：热情、奔放、喜庆、欢乐、吉祥、勇敢。

黄色：光明、愉快、和平、稳重、权威。

蓝色：宁静、智慧、深远、高尚、健康、开朗。

橙色：活力、温暖、温情、疑惑。

绿色：和平、安全、温柔、文静、平安。

黑色：庄重、神秘、严肃、深沉、黑暗、失望、永久。

紫色：华贵、典雅、端庄、委婉、不安。

白色：纯洁、明快、坦荡、冷静。

灰色：平静、纯朴、谦逊、平凡、失意。

2. 色彩的感觉

色彩对人的刺激一般是通过人体的物理感受而引起情绪反应，并形成某种心理效应。人的眼睛对于不同的色彩感受速度是不一样的，绿色最快，蓝色最慢，红色居中。蓝、绿色对于视觉的刺激是比较适中的，使视觉感受处于一种舒适的状态；而红、橙、黄等颜色则易引起人的视觉兴奋。

色彩使人产生冷暖、轻重、扩缩等感觉，明亮的色彩会有一种近感、浅感和软感；暗的色彩会有一种远感、深感、硬感。人们看到红、橙、黄色时会产生热感、兴奋感；看到绿、蓝、紫色时则会产生冷感、沉默感；看到黑、深灰等深色时往往产生重感、收缩感；而看到浅色时，则会产生轻松感、膨胀感。

3. 四季色彩理论简介

“四季色彩理论”是由全球最权威色彩咨询机构CMB公司的创始人、美国“色彩第一夫人”卡洛尔·杰克逊女士发明的。1984年，日本色彩第一夫人佐藤太子女士将该理论带入日本，并在此基础上研究出了适合于东方人肤色的色彩集合。

四季色彩理论将色彩科学分为了春、夏、秋、冬四大色彩系列，这个理论体系对于人的皮肤色、瞳孔色、头发色等“色彩属性”进行了分析，为不同的人找到了最合适的色彩系列及相互的搭配关系。

（1）春天型：一般有着闪闪发亮的眼睛，纤细的、有透明感的白皙肌肤，脸颊上有一些淡淡的珊瑚粉色。发质较柔软，给人一种一头金黄发的感觉。春天型人属于暖色系。身体色特征与春季花园里常见的新绿、嫩黄、暖粉的色调相吻合，适合穿着以黄色为基调的各种明亮、鲜艳、轻快的颜色。如浅水蓝、亮绿、暖粉色。使用颜色时，可采用对比色调，两种或两种以上的颜色，在身上可同时出现。穿衣原则是一年中都穿属于自己的明亮浅调有温暖感的颜色，大体可分为两种感觉：一种是发白发浅的淡色，一种是鲜艳明快的亮色。前者纤细、可爱；后者给人活泼、好动、年轻的感觉。应回避冷暗色调，避免穿着黑、深灰、藏蓝等深重色调。

（2）夏天型：肤色既有泛冷粉的白皮肤，也有健康的小麦色皮肤。脸庞所呈现的红晕属冷色调的粉红色系列。眼睛给人一种柔和的印象，有的夏天型的人的眼睛是深咖啡色的，通常头发为柔软的黑发。最贴近夏天型人体色的色系是常春藤色、紫丁花色和夏日海水、天空的颜色。适合穿着各种深浅不同的发白、发旧的蓝色和紫色，就像烈日炎炎下东西看起来发白的那种感觉，比如磨砂、水洗、砂洗等面料。为了不破坏夏天型人独有的亲切温和的感觉，在色彩搭配上最好回避强烈色彩反差对比，适合在同一色系里进行浓淡搭配，或者是蓝灰、蓝绿、蓝紫等相邻色系进行搭配。

（3）秋天型：有着陶瓷一般的皮肤，脸色很少有红晕，给人一种深象牙色、金棕榈色、有金黄色调的感觉。沉稳的眼睛、略带棕色的头发，给人以成熟稳重的美丽感。秋天型人适合的色系是大自然秋季的颜色，就像深秋的枫叶色、树木的老绿色、泥土的各种棕色以及田野上收割在即的成熟色调。这些深色采用同一色系的浓淡搭配。当然，也可以在相邻色系里采用对比搭配，来体现其独特的另一面。由于对深色运用自如，故秋冬最宜搭配。春夏时节，注意选择自然的麻色，浅黄，浅绿中偏暖的颜色，同样能穿出不一样的味道。过于鲜艳的颜色，会使皮肤显得死板、没有血色、缺乏生气。想突出自己的华丽感时，适合戴哑金色首饰，最好不要戴银色系首饰。

（4）冬天型：有冷白肤色和暗黄肤色之分，面部很少有红晕，如果有也是玫瑰色系。眼睛乌黑发亮，目光锐利有神。头发一般为光泽感十分好的黑色。面部特征呈现强烈对比关系。适合纯正、鲜艳、有光泽感的颜色，除了适合黑、白、灰三种无彩色的颜色外，其他均为红、黄、蓝、绿、紫等纯白色和一组冰色系。以强烈对比搭配来体现冷峻惊艳的魅力。要避免浑浊、发旧的中间色。穿着深灰、藏蓝、纯黑等深色时，如果失去颜色之间或同一颜色之间的深浅对比，会显得黯然失色、毫无特色。若在颈间加一块鲜艳的纯色丝巾或衬衣领，配上银色系首饰，冷艳明丽的感觉立刻显现。

（四）穿衣的20条基本法则

（1）由浅入深有三层境界：第一层是和谐，第二层是美感，第三层是个性。

（2）聪慧、理智的你买衣服时可以根据下面三个标准选择，不符合其中任何一个都不要掏出钱包：你爱好的，你合适的，你需要的。

（3）经典很重要，时尚也很重要，但切不能忘记的是一点匠心独具的别致。

（4）衣服和伴侣一样，合适自己的就是最好的。

（5）不要太重视品牌，这样往往会让你疏忽了内在的东西。

（6）衣服可以给予女人很多种曲线，其中最美的依然是S形，烘托出女性苗条的身段，女人味儿十足。

（7）应当多花些时间和精力在服装的搭配上，不仅能以 10 件衣服穿出 20 款搭配，还锤炼自己的审美品位。

（8）即使衣服不是每天都洗，也要在条件允许的情况下争取每天都调换一下，两套衣服轮流穿着一周比一套衣服连着穿 3 天会更加让人感到你整洁、有条理。

（9）选择精良材质的保暖外套，里面穿上轻薄的毛衣或衬衫。这样的国际化着装将会越来越风行。

（10）绝没有所谓的风行，穿出自己的个性就是真正的风行。

（11）无论在色彩还是细节上，相近元素的应用虽然安全却不免平庸。适当运用对峙元素，巧妙联合，会有事半功倍的美好效果。

（12）优雅的衣着有着温柔味道，但对于成熟的都市女子来说，最根本的是高雅和冷静。

（13）时尚发展到今日，已经体现为完善的搭配而非单件的精彩。

（14）闪亮的衣饰在晚宴和派对上将会永远风行，但全身除首饰以外的亮点不要超过 2 个，否则还不如一件都没有。

（15）一件品质精良的白衬衫是衣橱中不能缺乏的。没有任何衣饰比它能够更加千变万化。

（16）每个季节都会有新的风行元素出台，不要盲目跟风。让自己变成潮流预报员，反而失去了自己的风格。要点是购置经典样式的衣饰，耐穿，耐看。同时加入一些潮流元素，不至于太显沉闷。

（17）黑色是都市永远的流行色，但如果脸色不是太好则最好避免。融入了灰色的彩色既亮丽又不会太跳，还不挑人，是合适的选择。

（18）服饰的搭配很重要。不管是色彩的搭配，还是样式的搭配以及饰物的搭配，都要和谐才是最好的。

（19）注重配饰。服装仅仅是第一步，还要在预算中留出配饰的空间。

（20）逐步建立自己的审美方向，选择自己的色彩系统。不要让衣橱成为色彩王国。选择白色、黑色、米色等基础色作为日常着装的主色调，而饰品色彩生动，有助于建立自己的着装风格，给人留下明确的印象。由于色彩上不会冲撞，还可以进一步提高衣服的搭配指数。

相关链接

服饰的“TPO”原则

TPO 是英文 time、place、object 三个词首字母的缩写。T 代表时间、季节、时令、时代；P 代表地点、场合、职位；O 代表目的、对象。“TPO”原则要求人们的服饰应力求和谐，以和谐为美。着装要与时间、季节相吻合，符合时令；要与所处场合环境，与不同国家、区域、民族的不同习俗相吻合；符合着装人的身份；要根据不同的交往目的，交往对象选择服饰，给人留下良好的印象。

1. 应时。(1) 服饰与时代进步的主流风格基本保持一致，不可背离时代，但也不宜追时髦、赶“前卫”。因为这样会让客户有不稳定、不成熟和不可靠的感觉。(2) 服饰应当随着一年四季的变化而更替变换，不宜打破常规，标新立异。(3) 服饰应该顾及每天早、中、晚的时间变化，适当调换。

2. 应景。服饰要充分考虑自己即将出现或主要活动的地点，尽量使自己的服饰与自己面临的环境保持和谐与一致。比如，推销员对顾客访问是在办公室、家庭或饭店等处，自然是以西服革履最为适合，但推销员若到修车厂推销汽车零件，而那里从厂长到工人都穿工作服，那么推销员穿西装就是不应景，即是与环境不相协调。因此，推销员应脱下西装改穿工作服，这样易使客户产生亲切感和共鸣感，有利于提高销售业绩。

3. 应事。着装应与职业、场合、交往目的对象相协调。工作时间着装应遵循端庄、整洁、稳重、美观、和谐的原则，能给人以愉悦感和庄重感。正式社交场合，着装宜庄重大方，不宜过于浮夸。参加晚会或喜庆场合，服饰则可明亮、艳丽些。节假日休闲时间着装应随意、轻便些，西装革履则显得拘谨而不适宜。家庭生活中，着休闲装、便装更益于与家人之间沟通感情，营造轻松、愉悦、温馨的氛围。但不能穿睡衣拖鞋到大街上去购物或散步，那是不雅和失礼的。与外宾、少数民族相处，更要特别尊重他们的习俗禁忌。

4. 应己。选择服装首先应该与自己的年龄、身份、体形、肤色、性格和谐统一。(1) 着装应与自身条件相适应。年长者，身份地位高者，选择服装款式不宜太新潮，款式简单而面料质地则应讲究些才与身份年龄相吻合。青少年着装则着重体现青春气息，朴素、整洁为宜，清新、活泼最好。推销人员应当以素洁、稳重、大方为主，若打扮得太年轻、活泼，容易招致对方的怀疑与轻视。(2) 着装应符合自己的形体与肤色 。形体条件对服装款式的选择也有很大影响。身材矮胖、颈粗圆脸型者，宜穿深色低“V”字型领，大“U”型领套装，浅色高领服装则不适合。而身材瘦长、颈细长、长脸型者宜穿浅色、高领或圆形领服装。方脸型者则宜穿小圆领或双翻领服装。身材匀称、形体条件好、肤色也好的人，着装范围则较广，可谓“浓妆淡抹总相宜”。肤色偏黑或发红者，穿深色服装。肤色黄绿或苍白色，最好穿浅色服装。(3) 应制。所谓应制，就是身为推销人员，参加推销活动的服饰，要做到制度化、系列化、标准化。制度化，就是符合公司制定的参加推销活动执行公务时的着装规定。系列化，就是要使衣、裤、裙、帽、鞋、袜、包等在一个“主题”。标准化，就是要按照各种服装的穿着标准的着装，不可随意创造，独成一派。比如，穿制服时，不允许敞怀；穿中山服时，不仅要扣上全部衣扣，而且要系上扣，并且不允许挽起衣袖。

（资料来源：https：//wenku. baidu. com/view/ca507633b7daa58da0116c175f0e7cd1842518de. html。）

任务二　体现在行为举止上的礼节

任务驱动

讨论：标准站姿、坐姿、走姿的要领。

必备知识

一、站立姿势

站立姿势，又称站姿或立姿，这是最基本的姿势，也是其他姿势的基础。对商务人员而言，在日常生活和工作中，站姿是第一引人注视的姿势。良好的站姿能衬托出良好的气质和风度。

（一）标准站姿及示范

第一，头部抬起，面部朝向正前方，双目平视，下颌微收，颈部挺直。

第二，双肩放松，保持水平并略微下沉。

第三，双臂自然下垂，置于身体两侧，掌心向内，手指自然弯曲，指尖朝下。

第四，腰部直立，臀部微提，人体有向上的感觉。

第五，两腿立正并拢，膝盖挺直，脚跟靠紧，脚尖分开呈“V”字型。

第六，动作平和自然，始终面带微笑。

采取标准站姿给人的感觉是：从正面看，其主要的特点为头正，肩平，身直；从侧面看，其主要轮廓线应为含颌，挺胸，收腹，直腿，如图8-7所示。

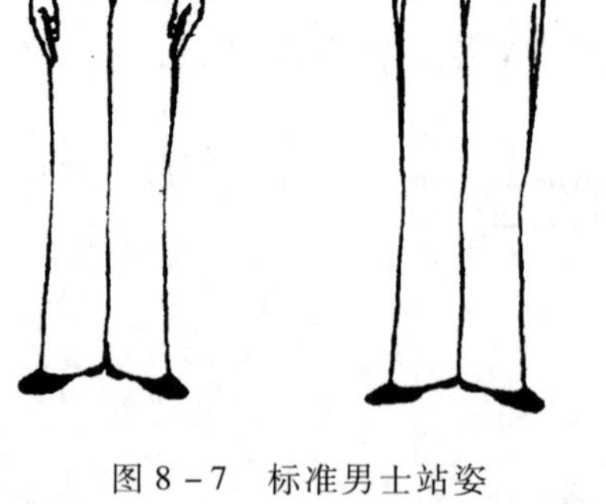

图8-7　标准男士站姿

以上是基本的站立姿势，商务人员可依据实际情况，在此基础上进行适当调整。

由于性别上的差异，在具体要求上，男女的站姿略有不同。男士站立时，要体现刚毅洒脱。双脚可微微分开，但最多与肩同宽。双手相握背于身后，也可相握叠放在腹前。如果站立时间过久，可单脚后撤半步，将身体的重心落在另一只脚上，但上身仍须保持正直，同时注意伸出的脚不可伸得太远，姿势的变换也不可过于频繁，如图 8－8 所示。

女士在站立时，应注意表现出娴静、优雅。双脚的脚跟应靠拢，除“V”字型外，还可站成“T”字型，如图 8－9 所示。“T”字型，指双脚一前一后站立，将前一只脚的脚跟轻轻地靠近后一只脚的脚弓，并把重心集中于后一只脚上。女士在站立时，双手的放置，最好是将右手搭在左手上，相握或相叠于腹前。还有一点值得注意，女士不论是在什么场合，也不管以何种站姿站立，均应有意识地将双膝靠拢，如图 8－10 所示。

图 8－8　男士标准工作站姿

图 8－9　标准女士站姿

图 8－10　女士标准工作站姿

（二）不良的站姿

商务人员在站立时，应尽量避免采取以下站姿：

1. 身体不正，东倒西歪

古人对站立的基本要求是“站如松”，强调的就是站立时身体要端正。如果出现歪头、斜肩、凹胸、挺腹、弯腰、驼背、撅臀等姿势，就会给人以萎靡不振、缺乏锻炼的感觉。

2. 随意地趴伏倚靠

商务人员工作时，若是站得久了，如果条件允许，可坐下休息。但不能随随便便地趴伏于桌上，或倚靠在门边、墙壁旁，这不符合“站有站相”的要求，显得无精打采、自由散漫。

3. 双腿分得过开或交叉站立

商务人员在站立时，应严格控制双腿分开的幅度。若双腿分得过开，已超过了肩宽，则既不美观，也欠文明，女士对此尤须注意。如果站累了，可采取稍息的姿势。而双腿交叉站立，也十分不雅，给人以不严肃的感觉。

4. 双手或双脚摆放不当

如将双手叉在腰间，抱在胸前，或同时插入衣袋、裤袋中以及玩弄小物品；双脚不是站成“V”字型、“T”字型或呈平行状，而是采用“人”字型（又叫“内八字”）。“内八字”，指站立时把脚尖靠在一起，而脚后跟却分得过开。双手或双脚的这些摆法都是不规范的。

5. 全身乱动

商务人员在站立时，在不同的情况下，体位是可以稍作变动的。但频繁的变动，如东张西望、浑身扭动，或手臂胡乱摆动、腿脚抖来抖去等，都会使站姿变得十分难看，也有失庄重。

（三）站姿的训练

1. 站姿训练的基本步骤

（1）教师依据标准站姿要领，从上至下逐项讲解，边讲解边示范。

（2）学生按教师的要求跟着练习。

（3）教师及时指出学生站姿中的问题，并加以纠正。

（4）学生进行自我调整，用心领会动作要领，寻找良好的感觉。

2. 站姿训练的基本方法

（1）对镜训练。要求每人面对镜子检查自己的站姿：正面看是否有歪头、斜肩，侧面看是否有含胸、驼背、挺腹、弯腿等，如发现问题要及时调整。同时对镜训练自己在站立时的面部表情，要保持自然微笑。

（2）贴墙训练。要求后脑勺、双肩、臀部、小腿、脚后跟都紧贴墙壁，并在这几个部位的贴墙处，各放置一张卡片，训练中不能让其掉下。这种训练方法可使学生的后脑、肩部、臀部、小腿、脚跟保持在一个平面上。

（3）背靠背训练。要求两人一组，背靠背站立，两人的头部、肩部、臀部、小腿、脚跟靠紧，并在两人的肩部、小腿部和各自的膝间相靠处各放置一张卡片，训练中不能让其滑动或掉下。这种训练不仅要让学生有身体上下处于一个平面的感觉，而且更强调学生整个身体的平衡、协调和自然。

（4）顶书训练。要求无倚靠站立，把书本放在头顶中心。这种训练方法可使学生的头和躯体保持平稳。

站姿训练每次应控制在20～30分钟。为防止训练的单调性，减轻疲劳感，也为使站立时的微笑自然、持久，训练时最好配上轻松愉快的音乐，用以调整学生的心境。

需要强调的是，站姿的训练不可能一蹴而就，优美的站姿靠得是日积月累。短期培训尽管能取得一定的效果，但平时若不是有意识地去保持或不能坚持长期的训练，那么不良的姿势很快就会重现。

二、行走姿势与示范

行走姿势，又称行姿或走姿。它指的是人在行走的过程中所形成的姿势，它是站姿的延续动作。优美的走姿能展示人的动态美，体现出一个人的精神风貌。

（一）走姿的基本要领

第一，以正确的站姿为基础，昂首挺胸，面带微笑。

第二，起步时身体稍向前倾，身体的重心在前。

第三，行走时应使脚尖正对前方，脚跟首先着地，当前脚落地、后脚离地时，膝盖一定要伸直。

第四，行走时，双脚内侧行走的轨迹为一条直线，步幅以一脚左右距离为宜。

第五，行走时，双肩应保持平稳，双臂前后自然而有节奏地摆动，摆幅以30°左右为宜。

第六，行走时，全身应保持协调，有节奏地前行。如图 8－11 所示。

图 8－11　标准的走姿

以上是走姿的基本要求。

由于男女状况有别，在行走时的要求略有不同，体现出的风格也各不相同。

男士行走时，速度稍快，步幅稍大，脚尖稍向外展，步履敏捷、稳健，充分展示男性的阳刚之美。

女士行走时，速度较慢，步幅较小，脚尖正对前方，步履轻盈、自如，得体地表现女性的阴柔之美。

（二）走姿的一些特例

1. 后退

商务人员在与人告辞时，扭头便走，给人以后背的做法是失礼的。在离去时，应采取后退法。其标准的做法是：目视对方，双脚轻擦地面，向后小步幅地退三四步，然后先转身，后扭头，轻轻地离去。

2. 侧行

商务人员在走廊、楼道等狭窄之处为人让行时，应采用侧行。此时应面向对方，双肩一前一后，侧身慢行，而不应背向对方。

当与同行者交谈时，也可采用此法。具体做法是：上身应转向对方，距对方较远一侧的肩部朝前，距对方较近一侧的肩部稍后，与对方身体保持一定距离。

3. 前行转身

前行转身指在向前行走中转身而行。如果是在前行中向右转，应以左脚掌为轴心，在左脚落地时，向右转体90°，同时迈出右脚。若是在前行中向左转，则应以右脚掌为轴心，在右脚落地时，向左转体90°，同时迈出左脚。

（三）不良的走姿

第一，行走时，双脚呈“内八字”或“外八字”。“内八字”指两脚脚尖向内侧伸，“外八字”指两脚脚尖向外侧伸，有时又称“鸭子步”。

第二，行走时，左顾右盼，摇头晃脑，扭腰摆胯。

第三，行走时，弯腰驼背，步履蹒跚。

第四，行走时，脚步过重，鞋不跟脚或穿有“钉”鞋。

第五，行走时，速度多变或连蹦带跳。

第六，边走边吃东西。

第七，行走时，不守秩序，横冲直撞，与人抢道。

第八，多人一起行走时，排成横队或勾肩搭背。

（四）走姿的训练

1. 走直线训练

在地上画一条直线，要求双脚踩着直线走。这种训练可纠正错误的步位，控制不当的步幅、速度，还可协调各种动作。训练宜循序渐进，最好配上节奏感较强的音乐。

2. 顶书训练

将书本平稳地放在头顶上，然后起步，要求在行走中书本不滑落。这种训练是为了纠正走路时摇头晃脑、东张西望的毛病。

三、蹲坐姿势

蹲坐姿势指的是蹲姿和坐姿。这两种姿势都是由站姿或走姿变化而来的。

（一）蹲姿

蹲姿，指人蹲下来时的姿势。一个人采用蹲姿时间久了，身体就会感觉不适，因此蹲的姿势只是人们在比较特殊的情况下所采取的一种暂时性的体位。

对商务人员而言，在工作中，只有遇上如整理工作环境、拾捡地面物品、给予客人帮助、提供必要服务和整理内务等情况时，才允许采用蹲的姿势。

商务人员在站立或行走时，遇到上述情况，若是突然弯下腰去“办事”，前俯而后撅，对于周围的人来说，都是不够尊重的。因此，商务人员在必须采用蹲姿时，应当姿势优雅地蹲下身去。

1. 蹲姿的基本方式

（1）高低式。它的基本特征是双膝一高一低。下蹲时，可以左脚在前，右脚稍后，两脚靠紧向下蹲。左脚应完全着地，左脚小腿基本垂直于地面；右脚脚跟提起，脚掌着地，形成左膝高右膝低的姿态；臀部朝下，主要用右腿支撑身体，上身尽量保持直立。这种方式使用最多。男士采用这种蹲姿时，两腿可稍稍分开，而女士则应靠紧两腿。

（2）交叉式。它的基本特征是蹲下之后双腿交叉在一起。下蹲时，右脚在前，完全着地，右小腿相对竖直；左腿在后与右腿交叉，左膝从右腿下面向右侧伸出，左脚脚跟抬起，并且脚掌着地；两腿前后靠近，合力支撑着身体；上身略向前倾，而臀部朝下。通常这种方式适用于女士，尤其是身穿短裙的女士。

2. 蹲姿的禁忌

（1）双腿敞开而蹲。这是公认的最不文雅的动作。商务人员无论男女，都不允许采用这种蹲姿。

（2）面对或背对他人而蹲。这两个动作，前者会使他人不便，后者则对别人不够尊重。最好的方法是在他人面前侧身而蹲。

3. 蹲姿的训练

练习在站立和行走时下蹲拾捡物品。训练时，强调保持身体平衡，臀部不能向后撅起。

（二）坐姿及示范

坐姿，指人就座时和坐定之后的一系列动作和姿势。坐姿文雅、大方，坐得端庄、自然，不仅给人以沉着、稳重的感觉，而且也是展现自己气质与风范的重要形式。

1. 就座时的动作

就座时，通常从左侧走向自己的座位，然后落座。若是走向他人对面的座位落座，最好是采用后退法，待腿部接触到座位边缘后，再随势坐下。穿裙装的女士就座，应先用双手向前拢平裙摆，然后再坐下。在就座的整个过程中，不管是移动座位还是放下身体，都不应发出噪音。

2. 坐定后的姿势

（1）上身应保持站立的基本姿势，人体重心垂直向下。通常坐下后，可坐满座位的2/3，但身体不能靠在座位的背部。

（2）双手可根据座位有无扶手摆出不同的姿势，如图 8－12 所示。有扶手时，双手可轻搭或一搭一放；无扶手时，可将两手相握，叠放或呈八字形置于腿上。若坐于桌前，还可将双手放在身前的桌面上。

（3）双腿主要可摆放出下面五种姿势：第一种，双腿垂直式（如图 8－13 所示）。具体要求是：双腿垂直于地面，双脚的脚跟、膝盖直至大腿都要完全并拢。这是基本的坐姿，适用于最正式的场合。第二种，垂腿开膝式。具体的要求是：双腿垂直于地面，双膝稍稍分开，但不能超过肩宽。这种姿势适用于男士。第三种，双腿叠放式（如图 8－14 所示）。具体要求是：将双腿交叉叠放在一起，交叠后的两腿之间没有任何缝隙，犹如一条直线。此时双脚的置放可视座椅的高矮而定，既可以垂直，也可以斜放。这种姿势适合穿短裙的女士采用。第四种，双腿斜放式。具体的要求是：双腿并拢，然后双脚同时向右侧或左侧斜放，斜放后的腿部与地面呈 45°左右的夹角。穿裙装的女士在较低处就座时，这种姿势最适用。第五种，大腿叠放式（如图 8－15 所示）。具体的要求是：两条腿在大腿部分叠放在一起。这种坐姿一般是右腿架在左腿上，右脚脚尖应向下。它适合男士在非正式场合采用。

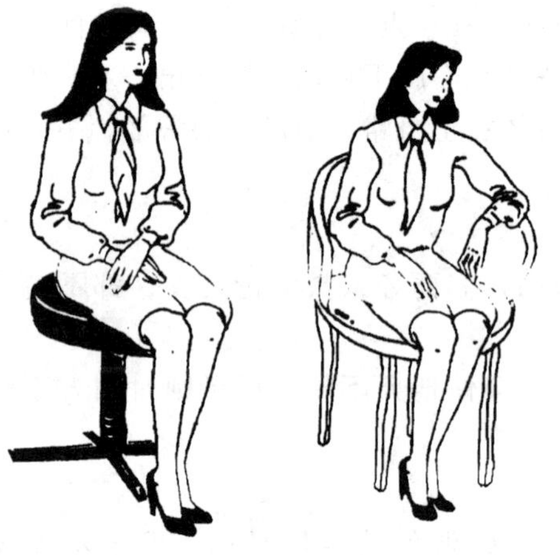

图 8－12　标准坐姿（双手的摆法）

图 8－13　标准坐姿（双腿垂直式）

图 8－14　标准坐姿（双腿叠放式）

图 8－15　标准坐姿（大腿叠放式）

（4）双脚主要可摆成下面五种步型：①正步：指双腿呈垂直式，双脚并拢。它适用于正式场合。②前后步：指膝部以上并拢，双脚一前一后。③小八字步：指双腿并拢，双脚呈八字分开。它适用于各种场合。④平行步：指双腿并拢，双脚平行。男士采用此步型时，双膝可分开，但不能超过肩宽。⑤索步：指双腿并拢，双脚在踝部交叉。标准坐姿的五种步型如图 8－16 所示。

图 8－16　标准坐姿（五种步型）

3. 离座时的动作

起身时动作应轻缓，要保持上身的直立状态，可将右脚向后收半步，而后站起。待站定后，从座位的左侧离去。

标准工作坐姿如图 8－17、图 8－18 所示。

图8－17　标准工作坐姿

图8－18　标准工作坐姿（双脚的摆法）

4. 不良的坐姿

（1）仰头靠在座位背上。

（2）上身向前趴伏。

（3）双手抱腿、塞在腿下或夹在腿间。若身前有桌时，用双肘支在桌面上或将手放于桌下。

（4）双腿分得很开，伸得很远，叠放不当或抖动摇晃。

（5）双脚摆成外八字，脚尖指向他人或用脚钩住椅腿。

不良的坐姿如图8－19所示。

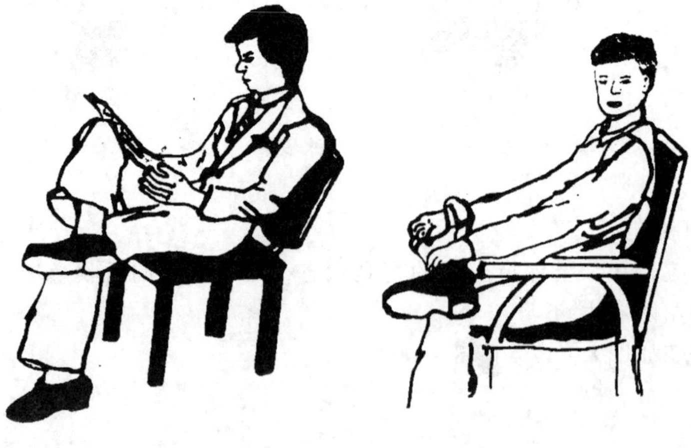

图8－19　不良的坐姿（跷“二郎腿”）

5. 坐姿的训练

坐姿训练的重点，应是学生坐下后腿和脚的摆放。可让学生坐在高低不同的椅子、沙发上进行练习。同时，还应进行落座、起身动作的训练。

坐姿训练，每次时间可在 20～30 分钟，训练时最好配上音乐，以减轻疲劳。

任务三 体态语的艺术

微课：销售服务中的仪态礼仪

任务驱动

一位人事部长将带着三位刚从各分公司推选出来的业务骨干去见总裁，因为总裁要从这三位业务骨干中挑选出一个业务经理。三位年轻人进入总裁办公室时，总裁还没有到，人事部长请三位年轻人稍等。一会儿总裁来到了办公室，只见两位年轻人坐在沙发上，一个架起“二郎腿”，而且两腿不停地来回抖动，另一个身子松懈地斜靠在沙发一角，两手攥握手指咯咯作响，只有一个年轻人端坐在椅子上等候面试，总裁非常客气地对两位坐在沙发上的年轻人说：“对不起，选拔已经有结果了，请退出。”两位年轻人四目相对，不知何故。

讨论： 选拔怎么什么都没问就结束了？请谈谈其中的缘故。

提示： 据专家研究，在人们所接受的来自他人的信息中只有 45% 来自有声语言，而 55% 以上来自无声语言——体态语言。这是表达思想的重要手段，在某种特殊情况下可以直接代替有声语言。

必备知识

一、目光语（眼神）

目光语，是人们运用眼睛来表达感情、传递信息的一种无声的语言。

俗话说：“眼睛是心灵的窗户。”透过这扇窗户，可以看到一个人的喜、怒、忧、哀、怨等种种心态。而眼神也同样可以流露出内心的情感，给人以不同的感受：在与人交谈中，热情、真诚的目光，会让人感到对他的欢迎、尊重；狡黠、游离不定的目光，会使对方产生不信任；而目不转睛、长久地瞪视，可能激起对方的愤怒……

商务人员使用目光语，要注意以下三个方面的问题：

（一）注视的时间

通常，为了表示友好和重视，注视对方的时间应超过全部相处时间的 1/3。也就是在交流中，要经常地目视着对方。但是，对于不太熟悉的人，不可长时间地盯着对方，以免引起对方的恐惧和不安。

如果商务人员在与人交谈时东张西望，心不在焉，或不敢正视对方，或只是瞥对方一两眼，注视对方的时间不到全部相处时间的 1/3，则意味着对其瞧不起，或是不感兴趣，还传递着自己的胆怯和不自信。

当然，注视时间的长短还要考虑文化背景。比如对美国人，在交流中若注视对方过久，可能会造成冒犯，所以不能照搬。

（二）注视的位置

注视的位置是指目光所及人体的部位。

针对不同的场合和交往对象，目光注视的部位应有差别。

1. 额头至两眼之间——公务注视区域

这种注视表示严肃、认真，适用于洽谈业务、磋商问题及贸易谈判等公务活动。

2. 两眼至嘴之间——社交注视区域

这种注视表示友好、平等。它能营造轻松、愉快的氛围，适用于茶话会、舞会、各种类型的联谊会及其他一般社交场合。

3. 两眼至胸部之间——亲密注视区域

这种注视表示亲近、友善，多用于亲人之间及关系密切的异性之间。由于这种注视往往带有亲昵爱恋的感情色彩，所以不要对陌生人尤其是陌生异性使用，否则是很不礼貌的。

（三）运用不当的目光

人们运用目光来进行交流，但若目光运用不当，不仅会影响信息的传递、感情的交流，而且容易引起误会，甚至可能带来麻烦。因此，在运用目光时要特别地注意。除了前面提到的，运用不当的目光还有：

第一，当别人说错了话或拘谨不安时，仍直视对方。这种目光会被误解为对他的讽刺和嘲笑。

第二，在与多人共处时，只注视着某一个人。这种目光会使别人觉得受到冷落。此时，应保证重点、兼顾多方，要让每一个人都能得到你的注视。

第三，对别人浑身上下反复打量，尤其是对陌生异性。这种目光易被理解为有意寻衅闹事。

第四，与人谈话时闭着双眼。这种目光给人的感觉是不大友好，反衬出你的傲慢或没有教养。

第五，与人见面，不是正视对方而采用俯视。这是一种居高临下的目光，让人有不平等、受歧视的感觉。

第六，窥视他人。这种目光表明心中有鬼。

第七，频繁地眨眼，快速转动眼球。这就是挤眉弄眼，会给人留下轻浮、不稳重的印象。

二、微笑

美国希尔顿酒店董事长康拉德·希尔顿在五十多年的经营里，不断地到他设在世界各国的希尔顿酒店视察。视察中他经常问下级的一句话是："你今天对客人微笑了没有？"

这个问题，应引起商务人员足够的重视。

微笑是指面部略带笑容，它与眼神一样是无声的语言。

微笑是人际交往的轻松剂和润滑剂。它可以表现出温馨、亲切的感情，能有效地缩短双方的距离，打破交际障碍，从而形成和谐、融洽的交往氛围。它还能以柔克刚、以静制动、缓解矛盾、化难为易，为事业取得成功打下良好的基础。微笑的内涵极其丰富，它的感染力也是巨大的。难怪美国一家大商店的经理说，他宁肯雇用一个能随时展露出可爱微笑的小学未毕业的女职工，也不愿雇用一位面孔冷漠的哲学博士。这话虽有些极端，却道出了其中的奥妙。正是运用了微笑的魅力，希尔顿酒店才度过了20世纪30年代美国空前的经济大萧条，获得了世界性的发展。

商务人员在运用微笑时，必须发自内心，必须符合礼仪规范。

（一）微笑要发自内心

真正的微笑，应当体现一个人内心深处的真、善、美，应当是一个人真诚、自信、愉快、友善等心态的自然流露，绝不是故作笑颜、假意奉承。只有发自内心的微笑，才能笑得亲切、笑得自然，也才会获得对方的回报。

发自内心的微笑也是一个人有文化、有涵养、有风度的具体体现。商务人员应该做到：一到岗位，就把个人的一切烦恼和不安置于脑后，振作精神，把微笑服务贯穿于工作的全过程中。

（二）微笑要掌握要领

在日常生活中，笑的种类很多。微笑，不是奴颜婢膝的媚笑，不是例行公事似的假笑，也不是夸张放肆的哈哈大笑。

微笑的基本方法是：面部肌肉放松，嘴角两端微微向上提起，唇部略呈弧形，不发声、不露齿地轻轻一笑。除此之外，还应注意面部其他部位的相互配合。通常，微笑时眼睛略微张大，目光亮而有神，眉头自然舒展，眉毛微微上扬。

商务人员可作以下活动来练习自己的微笑：

1. 对镜练习

对镜练习可通过情绪记忆、发挥想象或他人诱导，使微笑源自内心，有感而发。微笑时，强调眉、眼、嘴、面部肌肉的和谐统一。

2. 当众练习

当众练习的重点是克服羞涩和胆怯的心理，通过公众评议，及时纠正，使微笑规范、自然、大方。

（三）微笑要运用得当

微笑虽然是“世界通用语言”，但也不能不分场合、不看对象地随意使用。

微笑要分清场合。在进入庄严、肃穆的场所，在召开重要会议、处理突发事件的场合，就不能面带微笑。

微笑要兼顾对象。当对方存在生理缺陷、满面哀愁，或当对方由于说错了话、做错了事、出了洋相而颇感尴尬时，都不应该面带微笑。

三、手势语

手势语是人们借助于手的动作来表情达意的一种无声的语言。它是一种表现力很强的体态语。

商务人员若想充分地发挥手势语的作用，就必须对它有所了解。

（一）使用手势语的基本原则

1. 规范

根据惯例，人们在交往中，表示“再见”的手势，表示“请进”的手势，或“鼓掌”的手势、“介绍”的手势等，都有其规范的手部动作，不能随意改变和乱加使用，以免产生误解，引起麻烦。

2. 贴切

手势语的使用要适应交往情境和环境，适合不同的交往对象，要考虑到双方关系、年龄、地位、心理及文化背景等方面的差异。

例如，与老年人交谈时，若将双手背于身后，有不恭不敬之嫌。又如，在我国，招呼他人过来时，习惯于伸出右臂，掌心向下，手指拨动，这手势在英国被认为是“去那边”的意思，而在美国，则只能用于唤狗过来。

3. 适度

手势语在交际中的作用显而易见，但这并不意味着多多益善。多余的手势，不仅不能表情达意，反而是画蛇添足。

（二）几种常见手势的含义

由于各国的文化习俗不同，同一手势表达的含义不仅有所出入，有的还大相径庭。

1. 竖大拇指的手势

伸出右手竖起大拇指，指腹面向对方，其余四指空握，如图8－20所示。

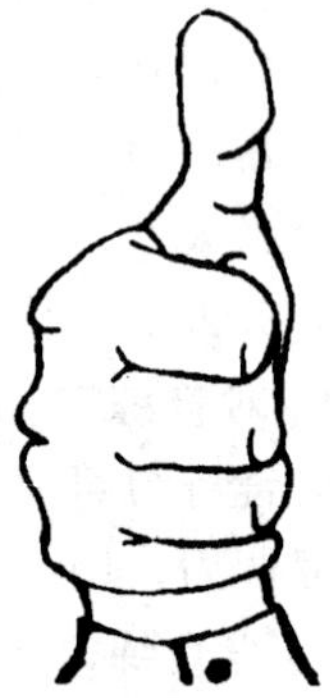

图8－20　竖大拇指手势

这个手势几乎已成为全世界公认的表示“好”“高”“干得出色”“一切顺利”等类似的信息。但有许多例外：在美国和欧洲部分地区，若你在路边竖起大拇指，并摇动这手势，通常用来表示要搭便车；在德国，这种手势代表数字“1”；在澳大利亚则表示骂人。

使用这一手势还需注意，将大拇指指向自己，是自夸的意思；指向别人，通常是看不起人的表示。

2. “OK”手势

大拇指和食指相接，连成环状，掌心向外，其余三指伸开，如图8－21所示。这个手势在美国、欧洲被普遍采用，表示“很好”“同意”“赞同”的意思。然而，在法国南部、希腊、撒丁岛等地，它表示“零”和“一钱不值”；在日本表示钱；而在巴西，这个动作被公认为是下流粗俗的。

图 8－21　“OK”手势

3. “V”字型手势

食指、中指分开斜向上伸出，其余三指相握，如图 8－22 所示。这个手势是第二次世界大战时期，由英国首相温斯顿·丘吉尔首先使用的。它像字母“V”，即 Victory 的第一个字母，现已被普遍用来表示“胜利”，同时暗示对工作或某项活动充满信心。

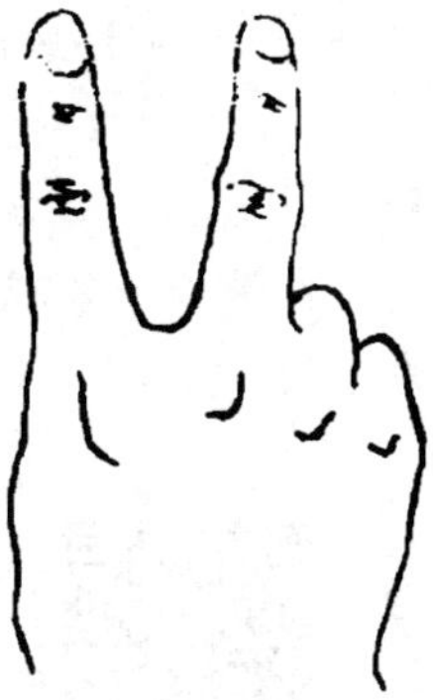

图 8－22　“V”字型手势

值得注意的是，在英国，这个手势有两个含义：手掌朝着对方是表示胜利，若手背朝向对方则表示侮辱。但在英国以外的其他国家，通常不苛求手掌的朝向。

（三）常见的不良手势

常见的不良手势包括：当众搔头皮、掏耳朵、剜眼屎、抠鼻孔、剔牙齿、修指甲、挠痒痒、摸脚丫、搓泥垢等不卫生的手势。又如，用手指指点他人，或在与人交谈时，在桌子上乱涂、乱画等手势。

以上这些手势，会严重影响商务人员的形象，在商务活动中应禁止出现。

训练设计

一、思考题

1. 仪表与风度有什么联系？
2. 西装穿着应注意哪些问题？
3. 体态语与销售语言的关系是什么？
4. 你掌握了哪些体态语？

二、技能训练

同学们互相监督，按照站、坐、行走的标准要求，模仿正确的站、坐、行走姿势。

三、读材料完成任务

1. 一位女推销员在美国北部工作，一直都穿着深色套装，提着一个男性化的公文包。后来她调到阳光普照的南加州，仍然以同样的装束去推销商品，但成绩不够理想。后来她改穿色彩淡雅的套装和洋装，换了一个女性化一点的皮包，使自己有亲切感。着装的这一变化，使她的业绩提高了25%。

问题：请点评业绩提高的原因。

2. 一家大型企业的总经理叶明，经过多方努力和上级有关部门的牵线搭桥，终于使德国一家著名的家电企业董事长同意与自己的企业合作。谈判时为了给对方留下精明强干、时尚新潮的好印象，叶明上身穿了一件T恤衫，下身穿一件牛仔裤，脚穿一双旅游鞋。当他精神抖擞、兴高采烈地带着秘书出现在对方面前时，对方瞪着不解的眼睛看着他上下打量了半天，非常不满意。这次合作最终没能成功。

问题：请点评上述合作不成功的原因。

项目八参考答案

项目九
涉外商务礼仪

项目九 PPT

学习目标

通过本章的学习，了解三资企业有关商务礼仪和我国客源国的习俗礼节以及有关外币的常识。

导读案例

在20世纪初叶美国一个乡间小镇上一家商店即将开业，店主为了阻止闻讯而至的顾客便随便找来一条布带子拴在门上。谁料到这项措施竟然激发起了挤在门外的人们的好奇心，想早点进店一睹店内商品。

正当人们显得迫不及待的时候，店主的小女儿牵着一条小狗突然从店里跑了出来并将拴在店门上的布带子碰落在地。店外的人们误以为这是该店为了开张致喜所搞的“新把戏”，于是立即一拥而入，大肆抢购，让店主转怒为喜。此后他如法加以炮制，他旗下的几家“连锁店”陆续开业，久而久之经他的后人不断地“提炼升华”，逐渐成为一整套的仪式。它先是在全美，后是在全世界广为流传，在流传的过程中被人们赋予了一个响亮的名字——剪彩。

任务一　三资企业的奠基、开业典礼和剪彩

任务驱动

讨论：开业典礼与剪彩仪式的程序。

微课：涉外商务活动中的礼仪

必备知识

涉外礼仪，是指在对外交往中，对外商表示尊重、友好、礼貌的各种礼节。随着我国对外开放的日益扩大以及成为世贸组织成员国，我国的对外交往活动会越来越密切。作为一名涉外商务人员，要想在竞争激烈的市场中取得成功，并保

持良好的商业信誉和个人形象，就必须了解、熟悉和正确使用涉外商务礼仪。涉外商务礼仪是商务人员在涉外商务活动中用以维护企业或个人形象，对交往的对象表示尊重与友好的行为规范。一般说来，在涉外商务活动中，要言行合情合理、大方、得体，符合要求，尊重外商的风俗习惯和宗教信仰，维护国家的尊严，妥善处理各方面的关系。

一、奠基

奠基是指一项重大的工程、一座标志性的建筑或是一个企业建设伊始所举行的仪式。举办一个气氛热烈、隆重大方的奠基仪式将会为企业创造良好的组织形象，给公众留下深刻美好的印象。奠基形式简单，历时较短，但通过邀请社会名流和政府要员参加，会吸引新闻媒体来报道，无疑是提高组织知名度、扩大社会影响的较好形式。

奠基活动的准备工作和注意事项如下：

第一，拟订来宾名单。邀请来宾时应全面、周到，一般应包括政府要人和政府有关部门的负责人、外方驻华使节、外方驻我国有关组织的代表、社会名流、社团代表、同行业和协作单位负责人、新闻界代表和新闻记者等。

第二，安排仪式程序。专人负责宾客签到接待，宣布奠基仪式开始，宣读重要来宾名单，致贺词，致答词，摄影、录音、录像的安排，竖立奠基石。

第三，安排余兴节目。节目内容应服从制造热烈、欢快气氛的需要，如欢庆锣鼓，鞭炮礼花，小型、欢乐的民间歌舞等。

第四，奠基仪式结束后，如财力可能，可有选择地留下重要人员举行小型宴会，以加强沟通，联络感情。

二、开业典礼

开业典礼，是企业在开始正式营业时郑重举行的庆祝仪式。其目的主要是为了吸引媒体的注意，扩大宣传，树立企业的形象。

（一）开业典礼的准备

1. 搞好宣传

通过各种媒体传播消息，扩大影响。其传播内容主要涉及典礼的时间、地点、企业的经营特色、祝贺单位名称。

2. 拟订出席典礼的宾客名单

考虑邀请来宾时，应全面、周到，一般应包括政府官员、社会名流、员工代表、协作单位负责人、新闻界人士和新闻记者。对邀请出席典礼的宾客，要提前将请柬送达其手中；对特殊人物，应派专人亲自登门邀请。

3. 做好充分的物质准备

开业典礼的现场布置很重要，它能起到烘托气氛的作用。对于会标、彩带、气球、鞭炮等喜庆用品，要一应俱全。其次，是纪念礼品的准备。可以准备一些本企业的广告宣传品，经营的小商品，带有企业标志、地址、电话号码、经营范围的文具用品或其他日常用品，赠送给来宾。

（二）开业典礼的举行

举行开业典礼仪式的现场，应写出开业典礼的会标，来宾赠送的花篮、镜匾等一定要摆放或悬挂在适当的位置，以示尊重。企业的全体人员都要修整仪容仪表，统一着装，精神抖擞，热情饱满地提前上岗。宾客到来之前，要安排负责人和迎宾人员在规定的位置上恭候来宾光临。宾客到来时，迎宾人员应按一定的规则，有礼貌地引领来宾入场，安排座次，并给予一定的规范服务。

开业典礼开始时，主人应首先向来宾简短致辞，向来宾及祝贺单位表示感谢，并简要介绍本企业的经营特色及经营目标等。接着，可安排上级领导和来宾代表致辞。为了增强气氛，在宣布开业典礼正式开始时，可以请乐队奏乐或播放节奏明快的乐曲，在非限制燃放鞭炮的地区可燃放鞭炮庆贺。宣布开业典礼结束后，主人可引导来宾到企业内参观，边陪同参观，边介绍本企业的主要设施、特色商品和经营设施，并征询来宾意见。此外，还可以请来宾到会议室进行简短座谈，请来宾在留言簿上签字、合影留念等。

开业典礼结束后，零售商业企业会有大批顾客随主人及来宾一同进入店内。为此，应有企业领导人、部或柜组负责人和营业员一起，恭敬地站在门口，欢迎顾客光临。对于首批顾客，营业员要注重服务礼仪，主动征求顾客意见，热情介绍商品，感谢顾客惠顾，欢迎顾客经常光顾。此外，还可以准备一些有开业典礼、经营范围、地址、电话号码字样的购物袋赠送给顾客，作为纪念。

三、剪彩仪式

剪彩仪式是在举办展览会、展销会或新设施、新设备竣工启用时而举行的剪断彩色绸带的庆典活动。

（一）剪彩仪式准备

剪彩仪式的准备工作与开业典礼的准备工作的内容大致相同，所不同的是要注意对剪彩者的特别邀请和礼仪小姐的训练。剪彩者一般是上级领导，主管部门负责人，外方驻华机构、驻华使节，外方企业代表，因此应当郑重邀请，也可由主办单位领导亲自出面邀请，或委派代表前去邀请。若是请几位剪彩者同时剪彩，要事先征得每位剪彩者的同意，否则就是对剪彩者的失礼。剪彩礼仪小姐是剪彩时扯彩带、递剪刀、接彩球的服务人员，她们是剪彩仪式中比较重要的角色，可以从本企业挑选，也可以到有关单位聘请。剪彩礼仪小姐的仪容、仪表、仪态要文雅、大方、庄重、优美。剪彩礼仪小姐确定后，要经过必要的分工和演练。此外，还要准备好彩带、剪刀、托盘等用品和适当的纪念品。

（二）剪彩者的礼仪

剪彩者是剪彩仪式的主角，一般都由具有较高声望、深受大家尊重和信任、知名度较高的人来担任。剪彩者的礼仪直接关系到剪彩仪式效果。因此，作为剪彩者，既要有荣誉感，又要有责任感，而这些都会从剪彩者的礼仪中体现出来。

剪彩者衣着服饰应当大方、整洁、挺括，容貌要适当修饰，看上去要容光焕发、充满活力。在剪彩过程中，剪彩者要保持一种稳重的姿态、洒脱的风度和优雅的举止。当主持人宣布开始剪彩时，剪彩者应面带微笑，步履稳健地走向由礼仪小姐扯起的彩带，接过礼仪小姐用托盘呈上的剪刀并微笑点头致谢，然后聚精会神地将彩带剪断。如果有几位剪彩者同时剪彩，处在外端的剪彩者应用眼睛余光注视中间剪彩者的动作，力争同时剪断彩带，同时还应注意与礼仪小姐配合，使彩球落于托盘内。

（三）剪彩仪式中的礼仪

1. 剪彩仪式的会场布置

会场一般选在展览会、展销会门口。如果是新建设施、新安装设备竣工和启用，剪彩会场一般都安排在新设施、新设备前面空地处。会标上要写出"×××剪彩典礼"，会场四周可插彩旗，悬挂气球。座席一般只安排剪彩者和来宾座位，本企业主要领导和部门负责人陪坐。坐席两旁可摆放花篮、花盆，坐席前方由剪彩礼仪小姐扯起彩带。剪彩人员最好安排在前排就座，可由服务人员引领到座位上，有多位剪彩者时，应按剪彩时的位置就座，以防宣布剪彩后行走路线还要交叉。全部剪彩者及来宾入座后，剪彩仪式即可举行。

2. 剪彩仪式的程序

一切准备就绪后，预定时间一到，主持人环顾四周，可与主剪者交流一下眼色，主剪者点头示意后，主持人即可郑重地宣布剪彩仪式正式开始，然后同与会者一起鼓掌，表示庆贺和致谢。接着，应向到会者介绍参加剪彩仪式的领导、负责人、各界知名人士等主要来宾，对他们光临剪彩仪式表示谢意，并向所有祝贺单位表示感谢。剪彩仪式应安排简短的发言。发言人一般是举办单位的主要负责人。主人发言后，也可安排来宾作祝贺发言。之后，即可宣布进行剪彩。剪彩时，剪彩者应起立，稳步向彩带走去。有多位剪彩者时，应让中间主剪者稍在前走，其他剪彩者紧随其后，向自己应处的剪彩位置走去。主席台上的人员一般要尾随于剪彩者之后1~2米站立。大会服务人员应及时撤离所有座位。剪彩完毕，剪彩者转身向周围群众鼓掌致意，所有来宾和与会人员应鼓掌响应。

剪彩仪式结束后，一般应组织来宾参观或聚会。

任务二　我国主要客源国礼节习俗

任务驱动

在一次印度官方代表团前来我国某城市进行友好访问时，为了表示我方的诚意，有关方面做了积极准备，就连印度代表团下榻的饭店里，也专门换上了舒适的牛皮沙发。可是，在我方的外事官员事先进行例行检查时，这些崭新的牛皮沙发却被责令立即撤换掉。

讨论：为什么要撤掉沙发？你了解哪些国家的礼节习俗？

提示：印度人大多信奉印度教，而印度教是敬牛、爱牛、奉牛为神，因此无论如何都不应该请印度人坐牛皮沙发。这个事例表明销售服务人员很有必要掌握一些宗教礼仪的知识。

必备知识

一、日本

日本人中，除少数阿依努族人外，几乎全是大和民族。由于传统教育和资源贫乏等主客观因素，日本民族形成了好胜心强、自尊心强、勤劳刻苦的性格特征。他们大多数信奉神道和佛教。樱花是日本的国花。日本是礼仪之邦，有着一整套本民族的传统礼节。日本人在意志上表现出很强的纪律性、自制力，遵守时间，很少食言，在待人接物上表现出认真的态度和办事的高效率。

日本人性格内向，感情细腻，他们很注重礼节，讲究言谈举止的礼貌。鞠躬，作为日本古老的传统礼节，用以表达对对方的关心和问候。行礼时双手扶膝，躬身90°，往往长达两分钟。但在日常生活中，一般人们相互之间都是行30°和45°鞠躬礼。谈话时，日本人经常使用谦语，如受礼时常说不能接受礼品；送礼时，也说自己所送的东西不好。日本人讲究送礼，而且讲究实惠，礼品最好用浅色的包装纸，鲜红的颜色也不适合用来包装礼品，同样，对于装饰着狐狸和獾的图案的东西也很反感，因为狐狸象征着狡猾，獾象征着狡诈。对菊花和装饰有菊花图案的东西也不可作为礼物送人，因为十六瓣的菊花是皇家的纹饰，它是皇室家族的标志，一般人是不敢也不能接受的。此外，所送的礼品不能是“四”和“四”的倍数，因为在数字方面，日本人忌讳“四”和“九”。日文中的“四”和“死”的发音相同，“九”的发音与“苦”的发音相同，而“苦”又预示着佛教中所特别强调的“苦海”，且黑白颜色在日本人眼中代表着丧事；所以这些皆被视为不吉利的象征。尽管日本人相信双数会给人带来好运气，但在参加婚礼、赠送礼金时，都要避免偶数，因为偶数是2的倍数，容易导致夫妻分裂。

日本人还认为水能除灾净身，这种观念正融进日本人的日常生活中。另外，同日本男人交谈时，一般不要涉及对方的家庭收入、工资、爱人等话题。

二、朝鲜半岛

位于亚洲大陆东部的朝鲜半岛上生活着能歌善舞的朝鲜族人。

朝鲜族人表达感情的方式细腻、含蓄。无论是在繁华的商业区，还是在欢歌满堂的音乐厅，很少见到他们激动不已、大喊大叫的场面，而总给人一种宁静感。不过他们在待人接物时却很友好热情，彬彬有礼。男人们会像日本人那样见面相互鞠躬并握手，妇女们则一般不与人握手，而行鞠躬礼。当客人送礼物时，他们会用双手接过，但不会当客人的面将礼物打开，他们觉得那样会失礼。朝鲜半岛以盛产“高丽参”而闻名世界，在某种场合他们也会以它作为礼物赠送给客人。在官方场所，人们的时间概念很强，作风严肃认真，等级观念也很强。朝鲜族人和外国人打交道时会准时到达。在交谈时，他们不喜欢议论有关国家政治方面的事情，同时也不谈有关妇女解放一类的话题。无论是在公共场所，还是在家庭中，妇女对男人都很尊重，谦和有礼。如进门时，男人会走在前面，女人则会帮着男人脱去大衣。

朝鲜人在服装色调上以素净、淡雅为主。男人喜欢穿灰、蓝、黑、白等单颜色的衣服，妇女们则喜欢穿黄、白、水红、豆青、天蓝或浅底带花的素色衣服。

朝鲜族人非常勤俭，爱清洁，对物品的摆放也总是有条不紊。

三、泰国

泰国人的一生，其生老病死、行为礼节、言谈话语，都在佛教教规的约束中。

泰国人很讲究礼貌。泰语中的敬语很多。泰国人在见面时行合掌礼，一般是双手合十于胸前，稍稍低头，互相问好，还礼时也须双手连合，放至额到胸之间。地位较低或年纪较轻的人应该主动向地位高和年纪大的人致合掌礼；地位高、年纪大的人还礼时，手不应高过前胸。双掌举得越高，表示尊敬程度越深，但双手的高度不能超过双眼。

由于信奉佛教的原因，泰国人的禁忌也是很多的。在那里，除了和尚外，任何人都不能随便触摸别人的头部。泰国人认为脑袋是极其神圣的，是灵魂所在，不允许别人摸碰，否则就是对他们的一种极大侮辱。即使是最要好的朋友之间，摸了对方的头后，友谊就有可能告吹。除此之外，他们很反感西方人那种拍拍打打的习惯，认为那是有伤风化。在乡村，即使握手这样的文明礼节也是不受欢迎的。在和泰国人说话时，还要注意礼貌的细节方面，如果戴着墨镜，并且不自觉地用手指着对方说话，都会使对方失去热情，甚至还会冷言几句而走掉。在和泰国人打招呼时要注意，他们不是按姓来称呼，而是要称呼名字，然后再加上“先生”或“女士”一类的敬词。他们还认为左手是脏的，因此忌用左手递拿东西。用红笔签字、用红颜料刻字是对死人的待遇，为此，活人是绝不允许用红笔签字、刻字的。大象在泰国人眼中被视为是幸运、勇敢、智慧、慈祥的象征，所以他们喜爱并崇敬大象。

四、新加坡

新加坡既是一个多民族的国家，也是一个多宗教信仰的国家。人们在进入清真寺时都要脱鞋子，在与新加坡的马来人或印度人吃饭时，还要注意不要用左手以及避免谈论有关政治和宗教方面的事情。由于历史的因素，使得西方化的新加坡当地人至今仍保留了许多民族的传统习惯。所以打招呼的方式也各不相同。最通常的是人们见面时握手，对于东方人可以轻轻鞠一躬。新加坡的风俗习惯与中国东南沿海等地的风俗习惯差不多。人们喜欢穿绸料衣服，讲究卫生，喜欢沐浴。无论天气好坏，天天都要洗澡，勤换衣服。朋友间互相拜访或约会，通常送上一束鲜花或一盒巧克力作为礼物。

五、印度

印度是一个历史悠久的古国，拥有众多的民族，也是民族语言众多的国家。全国有近80%的居民信奉印度教，近10%的人信奉伊斯兰教，还有少数居民信奉基督教、锡克教和佛教。

印度是牛的国度，印度人把牛奉若神明。他们认为牛是给人类以生命的动物，人离开了牛就无法活下去，所以称之为“神牛”。除了牛以外，印度人还膜拜蛇，因此在印度也是不准杀蛇的。

印度人的最高礼节是摸脚跟和吻脚。佛教徒一般是双手合十行礼；伊斯兰教徒则用右手按住心口以示问候。随着现代礼节的风行，男人们也开始行握手礼和拥抱礼。但是在印度，男人是不能碰女人的，也不能和她们单独说话。在公开场合，妇女也很少露面，即使是家中来了客人，妇女也不会与其聊天或一同进餐的。此外，印度的少数民族地区还有着一些奇特的见面礼。如主客见面时，彼此先将脸紧紧贴近，做深呼吸状，口中还不时嘟囔着“请嗅嗅我”。又如唇吻这一见面习俗，最早始于印度，而今已遍及欧洲。有时印度人还会揪住自己的耳朵来表示忏悔和真诚。同时，在礼节方面印度人也有自己的禁忌，如不能摸头部，尤其是小孩的头部，因为他们认为那是神明停留的地方，无论何时都不能去摸碰的。在与印度人谈话时，他们以摇头表示同意，点头表示否定。

由于印度的宗教构成相当复杂，因此印度人的迷信、禁忌也很多。印度人认为盆里的水是死水，对孩子是不吉利的，所以从不把孩子放到盆里洗澡。印度教徒、佛教徒忌用左手递拿东西，认为左手是肮脏的。餐前还讲究沐浴，以除秽气。此外在他们静闭祷告时，不得有人打扰，否则被认为是对神灵的冒犯。

六、沙特阿拉伯

沙特的国民大部分为阿拉伯人，信仰伊斯兰教。伊斯兰教的发祥地麦加，是伊斯兰教的圣城，城内有一座在寺内禁止杀生、禁止殴斗、禁止一切邪恶异端行为的圣寺，也叫“禁寺”，是世界上最大的清真寺。在沙特人心目中，真主就是偶像，偶像就等于真主，这是不容置疑的。生活在信奉伊斯兰教的沙特妇女，按照伊斯兰教教义所说，女人除手脚外全身都是羞体；因此，女子从 6 岁起就要蒙上面纱，过着不能涉足男性社会的神秘生活。

沙特人的家族观念极强，等级森严，子女、晚辈人对父母、长辈人不得说“不”字。家长的权威，尤其是父亲的权威，在家庭中是至高无上的。晚辈人不能在长辈人面前吸烟或举止放肆，长辈人在屋里，晚辈人连呼吸都不敢放松。到沙特人家中去作客，主人是谦恭有礼的，客人也应言行谨慎，不许东张西望，不许随便串屋，到处走动。因为沙特妇女通常是不见客人的，尤其是不见男客，如不注意，就会被主人当作不受欢迎的人驱赶出去，从而丢尽了面子。

沙特人对礼仪很讲究，见面时首先相互问候，说：“撒拉姆，阿拉库姆（你好）”，然后握手并说：“凯伊夫，哈拉克（身体好）。”有的沙特人会伸出左手放在对方右肩上并吻他的双颊。当阿拉伯人拉着手在路上走时，是一种友好的表示，千万不要把手抽回来。对于沙特人身上的饰物不要总盯着看，否则他会摘下来送给你，因为沙特人很大方，如果拒绝的话，就会得罪他。

按宗教规定，沙特是禁酒国家，所以最好不要送酒给他们，也不要送女人照片和雕像。在和他们谈话时，最好避免谈论中东政治和国际石油政策方面的话题。

七、英国

英国人特别喜欢花，尤以玫瑰、月季和蔷薇最为普遍，最为人喜爱。以五瓣玫瑰为代表的蔷薇花是英国的国花。如果遇到英国朋友，送给他们一束蔷薇（玫瑰花），那是爱好和平与友好的象征，是一件很有意义的礼物。

在与人交谈中，英国人说话含蓄、谦逊，幽默中颇有内容。他们有一个很特殊的忌讳是从不说“上厕所”三个字，凡遇到这种情况时，他们就说“方便一下”“请原谅我几分钟”“我想洗洗手”或“请稍等”，话一出口，大家心照不宣，彼此毫不见怪。英国人在谈话时，不喜欢夸夸其谈，口若悬河。一般情况下，他们不公开炫耀自己的财产、家庭、地位等，所说的话让人听起来平平常常，而实际情况却往往令人大吃一惊。

英国人在第一次结交时的礼节就是握手问好，一般不行拥抱礼。同英国人握手时，要等对方先伸出手时再握。在称呼上，即使要好的熟人之间，也习惯在名字前加上“女士”或“先生”之类的尊称。英国人说话办事彬彬有礼，很有分寸，具有绅士风度。当然，在今天现代化风气的感召下，英国人在礼仪、生活习俗上越来越不拘小节。但是，在一般的正式场合，英国人的这种绅士派头仍然照旧，一些有教养的人仍然在衣、食、住、行各方面都着意表现出这种英国人特有的风度。

在西方国家，为表示尊重妇女，男人们在举止行动上处处体现出“女士第一”，这在讲究绅士风度的英国人中间尤为突出。虽然在现代青年人当中，“女士第一”已被称为老皇历，但是在社交场合，特别是上层人士中，“女士第一”的原则始终不变。

在英国，朋友之间讲究送礼，但礼品不能送得过多过重。一般情况下，英国人习惯于在晚上用完餐或看完戏后，相互送点高级巧克力糖果、名酒、鲜花之类的礼品。礼品虽轻，但能使人相互沟通感情。

在英国人中间有两种常用的手势。一种是想让听众迅速安静下来，即举起双手，掌心向前与头齐，听众看到这种手势，就会很快安静下来。另一种是当看到一个英国人将右手举至齐眼高度，虚握拳，向前平伸，食指来回勾动时，意思是让对方过来。有时英国人也用敲鼻子来表示这是秘密。在服饰和日常用具方面，英国人好讲究排场，讲究个人气质、风度，注重身份、礼仪。

八、法国

法国人有着很强的时间概念和工作计划性。每当人们出席宴会或参加重大活动时，往往都是准时正点到达，准时开始进行各项活动，并准时结束。在与法国人初次见面时，一般只是作礼节性的问候，而在第二次相见时，才有送礼的习惯，但对所送的礼品还要加以精心的选择，如香水之类的带有过分亲热情感的礼品是不能够用来送人的，否则会招致“不轨企图”之嫌。一般地说来，法国人比较喜欢有文化品位和美学价值的礼品，至于鲜花，当然是最好不过的了，如象征纯洁的百合花被视为国花。但不要送红、黄颜色的花给人，因为在法国，被认为不吉利。此外，还有一种非常有营养的果实也被认为是不祥之物，那就是核桃。由于法国人自认为受过良好的教育，因此，在谈话时总是喜欢和别人展开争论，但无论结果怎样，他们都会把自己的观点很明确地告诉给对方，只是在谈话内容中，不喜欢谈论政治、钱以及有关个人私事等。在法国，人们时常用“O”型手势来表示“零”和“一钱不值”。

九、德国

德国人刻板沉稳，他们不露声色，勤勉强干，聪慧干练，通情达理，待人礼貌，讲究清洁，而且还喜欢标新立异，崇尚科学文化，酷爱艺术，注重修养，注重知识。

德国人与亲朋好友或熟人见面时，一般都行握手礼，只有在情侣和夫妻见面时才行拥抱亲吻礼。作为表示相互友好的礼品，与其他西方人所讲究的送些象征性的小礼品不同，他们更注重礼品的装潢，而对装潢内的东西是否满意却不太重视。在德国，由于玫瑰花象征着浪漫的爱情，是专为情人准备的，因此，人们不随意把鲜花当作礼品送人。此外，在和德国人打招呼时，要加上他们的头衔，切不可随意称呼他们的名字，除非当对方让以名相称时才可以称名，一般情况下，都称呼他们的姓。出于其他原因，在与德国人交谈中，不要议论打垒球、篮球或美国式的橄榄球等，而最好谈谈德国的原野、个人业余爱好和足球之类的体育项目。在接电话时，德国人习惯于首先把自己的名字告诉给对方。

十、意大利

意大利人性格开朗豪放，热情质朴，心直口快，感情外向，浪漫不羁。人们在谈论各种问题时，都喜欢开诚布公，态度明朗，很少见他们欲言又止、吞吞吐吐、说一留二。他们喜欢争论问题，即使是脸红脖子粗也不要紧，因为这并不等于伤害感情，只要酒杯一碰，话题一转，在转眼之间便会言归于好，一切龃龉都被抛到脑后。

意大利人在谈话时喜欢打手势，而且面部表情极为丰富，喜怒哀乐，溢于言表，有时话未出口，手势已到，使听者一目了然。如大拇指和食指圈成O型，其余三指竖起，表示一切顺利；竖起食指来回摆动，表示不可以；一边耸肩，一边伸出手掌，再加上撇撇嘴，表示不清楚；用食指顶住脸颊来回转动，表示好吃；五指并拢，手心向下，对着胃部来回转动，表示饥饿。又如，用食指按腮并转动，表示赞赏；弹耳朵表示附近有一位女人气的男人；弹下巴表示“没意思”“走开”；敲鼻子表示友好地提醒别人注意。

意大利人在正式场合用姓名全称。人们见面打招呼时，姓的前面要冠以“先生”“女士”“小姐”等通称。关系一般的人之间只称呼其姓，家庭成员和亲朋好友之间才直呼其名。人们在送花时讲究送单数，但菊花不能用来送人，因菊花是在葬礼上用的。他们在与人交谈时，对美国的橄榄球和政治很不感兴趣。

十一、俄罗斯

俄罗斯人喜欢结交朋友，待人友好亲切，感情真挚热烈。他们在表示高兴时往往会开怀大笑，而表示轻蔑时则微微一笑走开。

随着物质和文化修养的提高，俄罗斯人越来越讲究温文尔雅的礼节。人们见面时，一般行握手礼，而且手要握得紧，目光要友好地盯住对方；较为亲近的人见面时，也行拥抱贴脸礼或亲吻礼。当亲朋好友见面时，人们还讲究送礼；虽然礼物多少不均，但受礼人必须接受，除“谢谢”等话外，一般不必客套，如过多的客套反而会被看成是虚伪的。

在公共场合，直爽而富于激情的俄罗斯人还普遍地表现为有教养、守纪律、讲公德、讲礼仪。

俄罗斯人的全名很长，通常由三部分组成，“名字—父亲—姓”，父称是在父亲本名的后面，按照男女性别加上不同的后缀，姓也按男女之分有不同的词尾，当女子出嫁后，既可用丈夫的姓，也可以用自己的姓。在称呼上，对待身份高、有地位或年龄大的人，要呼其名和父称，而不呼其姓，以示尊重；对不很熟悉的人，一般只叫姓，同时还要加上“同志”“教授”等符合身份的词，以示客气有礼；对于亲近的朋友、同事，则往往只叫其名，并常用昵称。

十二、匈牙利

匈牙利位于欧洲中部，全国97%的居民为匈牙利族。被国人诙谐地称为“图书馆大国”的匈牙利，由于有着众多的书店、报亭，更有为数不少的图书馆、博物馆、纪念馆，从而为匈牙利人创造了良好的学习环境，养成了他们喜欢读书看报、关心时事的良好风气和言行文明的良好做派。待人热情的匈牙利人，在与熟人见面时，都讲究彼此打声招呼，否则，会被看作是冷漠无理的行为表现。

原信东正教的匈牙利人，尽管现在国内的教友已经为数不多了，但在一些日常生活中，人们仍忌讳“13”和“星期五”，认为这是不吉利的数字和日期。对于黑白两色，他们认为白色代表着喜庆，黑色代表着丧事。

由于历史渊源和宗教信仰的原因，在匈牙利的某些农村中，人们还保留着一些古老的习俗，如人们认为大蒜是可以用来防御病魔的。匈牙利人在过元旦时，由于怕幸福飞走和吉祥游走，为此都禁止食用禽类和鱼类的食物。

十三、荷兰

荷兰人性格刚毅、果敢，自信心很强，而且手脚勤快，讲究工作效率和时间节奏。同时，凭着他们的勤劳和智慧，使自己的“低地之国”变成了美丽的花园。

“郁金香”作为荷兰的国花，品种不下千种，深受人们的喜爱，成为社交场合的时髦礼品，是奉献给亲朋、好友、贵客的珍贵礼物。

“风车”既是荷兰人的独创物，也是荷兰的标志，同时还是荷兰的又一国宝。荷兰还以家具、室内装饰闻名于世。所以，荷兰人喜欢别人对他们的家具、艺术品、地毯和家中的其他摆设加以恭维。同时，以政治、旅行和体育为内容的话题也是荷兰人所感兴趣的，但对于政治、钱和物价等问题，荷兰人通常是不喜欢谈论的。在接受礼物上，他们喜欢鲜花或巧克力以及更受欢迎的新奇的礼物。但要注意的是，礼物须用礼品纸包好，而且不要送巧克力以外的其他食品给他们。此外，在荷兰，出租车司机是不收小费的，所以，人们乘坐出租车时，通常也没有给小费的习惯。

十四、比利时

比利时90%的居民信仰天主教。

比利时人以脾气温和、讲求实际而著称，但也不乏有着活泼好动、喜欢热闹、激情开放的性格特点。他们常常多人聚在一起，谈笑风生，举行休闲的化装舞会或游行式的化装舞会，气氛热烈，轻松自然，尤其是青年人更为快活、踊跃。

在比利时，佛拉芒人相见时，往往两颊交替着互吻三下，但在社交场所和工作交往中，人们彼此相见和分别时则多行握手礼。由于菊花在比利时人眼里意味着死亡，因此，在约会时，千万不要把它作为礼物送与对方。有意思的是，比利时人在谈话时，经常拿荷兰人开玩笑，荷兰人也同样拿比利时人开玩笑，但作为客人最好注意不要卷入进去，同时，也不要与他们谈论有关的政治、宗教以及法语和佛拉芒语之间的区别等话题。此外，对于比利时人的私生活还应予以特别的尊重，因他们对此事讳莫如深。每当比利时人遇到不祥的事时，都会穿起平时所忌讳的蓝色衣服，以此作为标志。

十五、西班牙

名扬世界的西班牙斗牛最早起源于西班牙古代的宗教活动。当时，人们将牛杀死只是为了祭祀神灵，后来在13世纪时，这种纯宗教性的活动成为赛牛表演。真正的斗牛始于18世纪中期，人们不用骑马，而是通过力量和技巧，用剑把牛刺死。从那时起到现在，具有刺激性的西班牙斗牛作为一种传统竞技活动，始终吸引着成千上万的国外游人，经久不衰，以至于在任何盛大节日中如果没有斗牛这项活动，就满足不了喜欢热闹和刺激的西班牙人的心。

西班牙人有着热烈奔放、爽快急躁、长于说话的南欧人的脾气个性。在和好朋友相见时，男士通常要相互抱一抱肩膀，女士要轻轻地搂一搂并亲双颊。除了大丽花和菊花这两种与死亡有关的花以外，其他鲜花都很乐于接受。西班牙人非常健谈，他们往往采取聊天的方式来显示这种天赋。他们谈话的内容也是包罗万象，从斗牛到政治，从文艺作品到生活琐事，都可以成为津津乐道的话题。不过除了有钱人在自己家里邀客谈天外，其余的人都是三五成群地集中到咖啡馆、酒吧中去聊天，边唱边聊，兴趣盎然。

在西班牙，耳环是妇女必不可少的装饰品，如有哪位妇女在上街时没有戴着耳环，则会把自己置身于众目睽睽之下，让人笑话。同样，西班牙的男子在穿西服时，都必须佩带领带别针，否则会被看作是不成体统。

扇子在西班牙女性手中历来就有着不少的讲究。她们习惯于随身携带一把折扇，以便随时借助扇子来表达自己的情意。如果妇女把扇子打开支住下巴，意味着："我爱你"；如果快速扇动扇子，意味着："我很讨厌你，快走开"；妇女如果把手中的扇子不停地翻来覆去时，那便是忠告对方："我不爱你，另觅知音吧！"

十六、埃及

埃及全国92%的居民为阿拉伯人，绝大多数信仰伊斯兰教。埃及是文明古国之一，它有着悠久的历史，绚丽多彩的文化艺术，独特的乡风民习。埃及人对自己国土上的这些无价之宝始终怀有一种特殊而诚挚的感情。他们把代表着古老文化的金字塔看成是民族的骄傲，把赋予恩典的尼罗河称之为“埃及的母亲”。千百年来，埃及人都在与尼罗河相依为命，休戚与共。

自古至今，在埃及人思想中弥漫着根深蒂固的封建迷信色彩。在常人眼里，一根小而普通的“针”只不过是用来织补的工具而已，可这在埃及人的心目中却有着特殊的地位，人们有时把它视为神一样来崇拜，有时把它珍藏在自己的身边用以驱邪，有时又对它怀有一种恐惧心理，唯恐它会为自己招惹灾祸，有时“针”又成为人们口头上相互攻击的谩骂之词。

在古埃及，人们认为猫的眼睛既深邃又透明，能替上天监视人类，所以对猫的崇拜是五体投地，无论是家猫还是野猫，都会受到人们的服侍和最好的食物供奉。

埃及人具有着阿拉伯人典型的性格特征。他们心直口快，爽朗宽容，热情好客，慷慨大方。在与人打招呼时，他们往往将右臂伸直，掌心向下，手指来回弯动，若让不知情者看到，还以为是在召唤小孩或宠物。埃及人的社交聚会一般都比较晚，通常是在晚上十点半左右才进餐，如应邀去吃饭，可以带些鲜花或巧克力。在送礼和接受对方礼物时，都要用双手或右手，切记千万不要用左手，因穆斯林视左手为肮脏的。他们在吃饭时，如没有必要，一般不与人随意交谈，认为边吃边谈会浪费粮食，是对“安拉”的不敬。他们在与别人谈话时，喜欢谈自己国家的古老文明、埃及所取得的成绩以及埃及领导人的威望等。对于中东的政治问题持回避态度。

十七、澳大利亚

澳大利亚白人占全国总人口的99%，其中95%为英国移民后裔，居民大多信奉基督教和天主教。

澳大利亚人热情好客，活泼好动，性格奔放，同时他们也有着文明礼貌、温文尔雅等欧美人所共有的风度。澳大利亚人口头上的礼节既文雅又繁复，总能让人听到不绝于耳的礼貌用语。他们待客随便，绝对“顺从”人的旨意，而且绝不强求于人。

澳大利亚人的时间观念很强，工作效率也很高，他们无处不表现出直截了当、办事爽快的特点。由于较高的物质文明、安定的生活和良好的文化教养，使得澳大利亚人多是谦恭随和的，他们有着良好的维护公共场所道德、卫生的习惯，这已成为人们生活中的一部分，人人都在自觉地承担起这份责任。开车的人从不随便鸣喇叭，公路上几乎见不到痰迹、纸屑等杂物，吵架、打闹、骂人寻开心的更是少见。

十八、加拿大

由于历史的原因，加拿大人的生活习俗主要沿袭了美、英、法等国。他们既有英国人的含蓄，又有法国人的明朗，还有美国人的无拘无束。但加拿大人毕竟还是加拿大人，在他们心目中，“国家”的概念很强，同时也形成了自己独特的民族风格。他们热情好客，讲究礼仪，开朗大方，能与不同民族的人友好相处，是一个十分友善的民族。

加拿大是世界上有名的“枫叶之国”。加拿大人视枫叶为国宝，将其作为国家的象征印染在国旗的中央，它还是加拿大的国花，被视作北美的骄傲。

加拿大人视白雪为圣洁的吉祥之物。尽管如此，但如果要涉及白色的鲜花，尤其是白色的百合花，其景观就会大不一样了。因为在加拿大，白色的百合花只有在开追悼会时才用。

十九、美国

美国人谈吐幽默诙谐，为人随和，处事果断，性格开朗，浪漫不羁。绝大部分美国人都反对保守，喜欢猎奇，看重实利，进取心很强。他们在与人接触时，讲究文明礼貌，落落大方，没有过多的客套。美国男人见面都是握手，妇女之间也是握手。如果彼此关系很熟，妇女之间、男女之间都亲吻面颊。与美国妇女见面握手时，应让对方采取主动。如果是公事交往，美国妇女会主动伸出手来，而在别的场合就不一定了。他们在称呼别人时，常常直呼其名，以表示友好、亲热。礼貌用语是美国人言谈中经常出现的，如“谢谢”“请原谅”“没关系”“对不起”等，在这点上，美国人表现得教养十足，不厌其烦。美国人还以好客著称，为了表示友好，使客人感到随便、不拘束，他们一般是在自己家里宴请客人，而不是在餐馆里请客。

美国人在谈话中常以手势助兴，有声有色。他们一般不会使谈话中断，如果是站立谈话，美国人习惯在人与人之间保持50公分左右的距离，太近、太远都被看成是有失礼节的。美国人谈话的内容涉及面广，玩笑、幽默的话语和正经事经常是同时出现。但他们忌讳别人打听他们的年龄、某件东西的价格以及对妇女“太胖”“太瘦”等品头论足的话。在牵扯到个人问题的时候，往往是讳莫如深的。

在美国，用手指绕鼻子画圈表示“很好”；用大拇指和食指接触形成一个圈，其他三个手指伸开，表示“很好，可以”。同美国人交往不要谦虚。中国人喜欢在别人夸自己时说“我不行”，不管是真是假，这一套在美国人面前可行不通，他会认为你真的不行而不重用你。所以，与美国人打交道不要自吹，也绝不要自谦，而应如实反映自己的能力。

美国人在送礼时，受礼人不要指望能得到多大惊喜。美国人的礼物平淡得就是一本书、一个薄丝巾或一盒几块钱的糖果。

美国人认为一根火柴连续点燃三支香烟会给人带来灾难。在为别人点烟时，到第三个人时就应另外擦一根火柴，这已成为一种礼貌。

任务三　主要外国货币简介

任务驱动

讨论：为什么要了解这些外币？这对销售和服务礼仪的意义是什么？

必备知识

我国在对外贸易支付结算中，主要使用欧元、美元、日元、英镑、瑞士法郎等自由兑换货币。

一、欧元

目前，欧元区总共包括19个国家，它们分别是：奥地利、比利时、德国、希腊、法国、芬兰、爱尔兰、意大利、卢森堡、荷兰、葡萄牙、西班牙、斯洛文尼亚、塞浦路斯、马耳他、斯洛伐克、爱沙尼亚、拉脱维亚、立陶宛。另有9个国家和地区采用欧元作为当地的单一货币。但是作为美元的世界储备货币的竞争者，欧元的流通已经不限于上述地区。

欧元纸币由奥地利货币设计专家罗伯特·卡利纳设计，共分七种面值，即5、10、20、50、100、200和500欧元。票面币值越大，纸币面积越大。5欧元纸币长120毫米，宽62毫米；10欧元纸币长127毫米，宽67毫米；20欧元纸币长133毫米，宽72毫米；50欧元纸币长140毫米，宽77毫米；200欧元纸币长153毫米，宽82毫米；500欧元纸币长160毫米，宽82毫米。纸币正面图案由象征合作精神的门和窗组成，背景含义为联系纽带的桥梁。桥是人类互相沟通的最好象征，用桥作图案，既标志着欧洲内部交流，又代表着欧洲同世界的联系。各种门及桥梁的图案分别代表欧洲各时期的建筑风格，按币值大小依次为古典派、浪漫派、哥特式、文艺复兴式、巴洛克和洛可可式、铁式和玻璃式、现代派的建筑风格，颜色依次为灰色、红色、蓝色、橙色、绿色、黄褐色、淡紫色。同时，还有12颗五角星紧紧环绕欧盟旗。

欧元辅币共分八种面值，即1欧分、2欧分、5欧分、10欧分、20欧分、50欧分、1欧元和2欧元。1欧元等于100欧分。欧元辅币均用复合金属材料制作。

与欧元纸币不同，欧洲货币联盟规定欧元辅币正面全部采用比利时货币设计专家鲁克·鲁伊克斯的设计，而辅币背面中心图案可由欧元区各国自行设计，但其外沿应统一采用欧盟12颗五角星环绕图案。不同国家铸造的欧元辅币可自由流通。比利时、卢森堡、荷兰及爱尔兰铸造的辅币背面分别只采用一种图案，德国、芬兰、法国、西班牙和葡萄牙的辅币背面图案分为三种，意大利、奥地利、希腊则对各种面值辅币的背面采用不同的图案。

二、美元

美元（US$）是美国的本位货币单位，即基本货币单位，创设于1792年。辅币单位是分，美元的辅币进位是1美元=100分。

目前流通的美钞主要是联邦准备券，占流通美钞的99%，面额有七种：1、2、5、10、20、50、100美元；其次是联邦券（政府券），面额有四种：1、2、5、100美元；还有银币券，面额有三种：1、5、10美元。现行流通的美元铸币面额有六种：1、5、10、25、50分和1美元。每种铸币的背面均有“美利坚合众国”字样。

我国同美国的贸易中，大部分使用美元支付结算。美元的涨跌，必然对我国和世界各国的经济产生重大影响。

三、日元

日元（J¥）是日本的本位货币单位，创设于1871年5月1日。日元的辅币为钱，日元的辅币进位是1日元=100钱。

日元纸币的正面文字全部使用汉字，中间上方均印有“日本银行券”字样。1984年11月1日，日本银行发行了三种面额的新纸币，分别为1 000、5 000、10 000日元。过去使用的500、1 000、5 000、10 000日元四种旧纸币仍继续流通使用。

现行流通的日元铸币面额有六种：1、5、10、50、100、500日元，每种铸币上均铸有“日本国”字样。

我国对日贸易中，使用日元结算的数额很大，我们应重视对日元汇率的分析和研究。

四、英镑

英镑（£）是英国的本位货币单位。辅币单位原为先令和便士，1英镑等于20先令，1先令等于12便士。从1971年2月15日起，英镑改为百位进制，取消了先令，辅币单位改为新便士，英镑的辅币进位是1英镑=100新便士。目前流通的英镑纸币是自1970年以来陆续发行的，面额有五种：1、2、5、10、20英镑。各种钞券正面主要装饰均是“伊丽莎白二世”头像。

现行流通的铸币面额有九种：1、2、5、10、20、50新便士和1、2英镑，每种铸币的正面均铸有“伊丽莎白二世”头像和“上帝保佑女王”字样。

各种旧币虽已停止流通，但英格兰银行仍无限期地接受兑换。故银行在收兑时遇有旧钞，可以用托收方式处理。

在我国对外贸易中，对英国及一些过去属于英镑区的第三世界国家，仍有一部分使用英镑计价、结算和支付。

五、瑞士法郎

瑞士法郎（SF）是瑞士的本位货币单位。辅币为生丁，瑞士法郎的辅币进位是1法郎＝100生丁。

瑞士法郎由瑞士国家银行发行。因瑞士官方文字是法文、德文、意大利文并用，所以纸币上的发行单位名称和票面金额也采用这三种文字。1976～1979年发行的新钞还加了拉丁、罗马语的发行银行名称。目前流通的瑞士法郎纸币是1976年10月～1979年12月瑞士国家银行发行的一组新钞，共有六种面额：10、20、50、100、500、1 000法郎。过去流通的面额为5法郎的纸币已被铸币代替。各种面额的纸币在正面或反面均有一个瑞士国徽“十”字标记。

任务四　酒店接待礼仪

任务驱动

讨论：酒店服务的谈话技巧及服务礼仪。

必备知识

酒店接待礼仪属于职业礼仪的一种，指在酒店服务工作中形成的，并得到共同认可的礼仪规范。其目的是使客人有宾至如归的感觉，从而更好地树立酒店形象。西方酒店认为服务就是SERVICE（本义亦是服务），而每个字母都有着丰富的含义，具体如下：

S——Smile（微笑）：其含义是服务员应该对每一位客人提供微笑服务。

E——Excellent（出色）：其含义是服务员将每一服务程序、每一微小服务工作都做得很出色。

R——Ready（准备好）：其含义是服务员应该随时准备好为客人服务。

V——Viewing（看待）：其含义是服务员应该将每一位客人都看作是需要提供优质服务的贵宾。

I——Inviting（邀请）：其含义是服务员在每一次接待服务结束时，都应该显示出诚意和敬业，主动邀请客人再次光临。

C——Creating（创造）：其含义是每一位服务员应该想方设法创造出热情服务的氛围。

E——Eye（目光）：其含义是每一位服务员始终应该以热情友好的目光关注客人，使客人时刻感受到服务员在关心自己。

一、酒店服务谈话技巧

对于服务人员而言，与客人谈话是不可避免的。因此，掌握好与客人谈话的礼节和方法是十分重要的。

1. 巧说赞美，真诚得体

每一个人都喜欢听赞美的话。著名的幽默大师马克·吐温说：“我接受了人家的称赞后，能够光凭着这份喜悦生活两个月。”选择恰当的时机运用合适的语言去赞美别人，会使人与人之间充满温馨与快乐。作为酒店服务人员，在赞美客人的时候一定要恳切、适度、真诚，这样才能收到比较好的效果，否则可能会适得其反。

2. 机智幽默，灵活风趣

遇到难以回答的问题或产生分歧的时候，最好的办法是运用敏捷的思维和机智幽默的语言来回答对方的问题，以缓和紧张的局面，使大家快乐。

3. 掌握策略，巧妙应对

对于一些比较难缠的顾客或一些比较难以回答的问题，应该掌握一些基本的回答策略。比如酒店房间内的物品被客人拿走，是常有的事。当发现某住客拿走了房间中比较贵重的诸如电视遥控器之类的物品，而该客人正在结账，我们可以采用以下的回答策略，使客人交出酒店之物品，避免酒店的损失，而且不至于令客人感到难堪。

（1）婉转地请客人提供线索帮助查找；

（2）请客房服务员再次仔细查找一次；

（3）告知客人物品确实找不到，会不会是来访的朋友或亲戚拿走了；或是收拾行李时因匆忙而夹在行李里面了；

（4）客人仍不承认时，则耐心向客人解释宾馆的规定，请求赔偿；

（5）客人若确实喜欢此物品，可设法为其购买。

二、酒店服务忌语

在酒店服务工作中，有如下所谓“酒店服务四忌语”：

（1）不尊重客人的蔑视语；

（2）缺乏耐心的烦躁语；

（3）自以为是的否定语；

（4）刁难他人的斗气语。

在酒店服务工作中，以上四种忌语千万不能讲，否则必会影响酒店的形象。

三、文明服务注意事项

1. 尊重客人的风俗习惯

酒店应当向客人提供文明服务，与客人交流时，不适宜向客人询问或避免询问有关客人隐私和风俗习惯方面的问题，具体如下：

（1）有关客人的年龄、体重，尤其是女宾的年龄、体重方面的问题；

（2）有关客人的薪水、财产问题；

（3）有关客人的婚姻状况；

（4）有关客人的身体状况；

（5）有关客人馈赠礼品价值方面的问题；
（6）有关客人信仰的宗教忌讳方面的问题；
（7）有关客人民族习惯与风俗忌讳的问题；
（8）有关客人国家政治敏感或令其感到屈辱的问题。

2. 不主动与客人握手

如果客人伸出手与我们握手时，可按照握手礼节的要求进行。

3. 举止得体大方

能用语言讲清的，尽量不要用手势，在指点方向等不得已的情况下应抬手臂伸手掌，不宜用手指指点点；不应口中咀嚼食物、乱丢果皮；不应当客人的面打哈欠、打喷嚏、咳嗽，在情急之下可用手或手帕捂嘴，侧身为之，并道歉；忌当客人面抓头挠耳、挤眉弄眼、挖鼻剔牙，也不宜手舞足蹈、前仰后合；不做说悄悄话状，也不凑身靠近客人听他说话，保持适当身体距离与良好状态。

4. 表情亲切自然

表情要亲切、自然，不宜流露着急、不屑一顾、鄙弃的表情。

5. 进退有序

讲话完毕要退后一步然后转身离开，以示对宾客的尊重，不应扭头就走。对方的讲话没听清时，可以再问一次，如发现有误时，应该进一步解释。

6. 多用敬语、谦语

生硬而难听的话，不仅会刺伤对方，对自己也无益，同时也表现出自己不懂礼仪、缺乏教养、格调低下。因此，说话时要尽量采用与人商量的语气，避免使用主观武断的词语。说话时要尽量采取自谦的口吻，吐字清晰，声音悦耳。这样不但有助于表达，而且可以给人以亲切感。

四、酒店服务礼仪

现代企业都十分重视树立良好的形象，酒店也不例外。酒店形象取决于两个方面：一是提供的产品与服务的质量水平；二是员工的形象，服务人员的一言一行都代表着企业的形象。

（一）仪表仪容

在员工形象中，员工的仪表仪容是最重要的表现，在一定程度上体现了酒店的服务形象，而服务形象是酒店文明的第一标志。一个管理良好的企业，必然在其员工的仪表仪容和精神风貌上有所体现。著名的希尔顿酒店董事长康拉德·希尔顿所提倡的“微笑服务”就是一件管理酒店的法宝。泰国东方大酒店两次被评为“世界十大酒店”之首，其成功的秘诀在于把“笑容可掬”作为一项迎宾规范，从而给光临该店的游客留下了美好的印象。酒店服务人员的仪表仪容主要包括以下方面：

1. 整洁的制服

制服的美观、整洁既突出了员工的精神面貌，也反映了企业的管理水平和卫生状况。工作制服有统一的规范要求，不能随意修改。要注意领子和袖子的洁净，注意保持制服整体的挺括。每天上岗前，要细心检查制服上是否有菜汁、油渍，扣子是否齐全、有无松动，衣裤是否有漏缝和破边等。制服应合体，着装时应遵守一些基本着装规范，如：“四长”（衣至虎口、袖子至手腕、裤子至脚面、裙子至膝盖）、“四围”（领围可插入一指、衣服的胸围、腰围、臀围以衬一件羊毛衫为宜）；不卷袖口、裤脚；衬衣下摆系入裤内，衬衣里面的内衣要单薄，不宜把领圈和袖口露在外面；保持皮鞋光洁，男员工穿深色袜子，女员工穿肉色丝袜等；要佩戴好工号牌，无论是哪一部门的员工，均应把工号牌端正地佩戴在左胸上方。

2. 修饰过的容貌

外貌修饰是个人仪表美的重要组成部分。对酒店员工来说，适当的外貌修饰，会使自己容光焕发，充满活力。酒店服务对员工的容貌有一定的要求，以朴实大方、淡雅自然为原则，杜绝浓妆艳抹、过分招摇。男性不留长发，女性不留披肩发，也不用华丽头饰。无眼屎、无睡意，眼睛不充血、不斜视。眼镜端正、洁净明亮，不戴墨镜或有色眼镜。女性不画眼影，不用人造睫毛等。作为酒店员工，乌黑亮丽的头发、端庄文雅的发型，能给客人留下美好的印象，并反映出员工的精神风貌和健康状况。

3. 注意个人卫生

在工作岗位上，酒店员工要注意保持身体清洁，服装要保持整洁、合身。做到勤洗头、勤洗澡、勤剪指甲、勤修面，忌讳身体有异味，皮肤表层或指甲内有污垢。注意保持口腔卫生，防止口腔异味。在工作前，不饮酒，不食用葱、蒜、韭菜等有异味的食物，以免引起他人反感。注意勤换衣袜，尤其要注意保持领口、袖口、上衣前襟等易脏处的清洁。

（二）仪态

酒店服务不仅要求服务员有良好的仪表仪容，还要求服务员有良好的仪态。行为举止作为精神的反映，是礼仪美的重要因素，也是礼仪沟通和传达的主要方式。

1. 恰当的手势

手势是一种有效的动作语言，恰当的手势常给人以优雅、含蓄、彬彬有礼之感。所以在接待服务中，手势语的使用一定要规范和适度。使用手势时应注意动作不宜过大；介绍某人或给对方指示方向时，应掌心向上，四指并拢，大拇指张开，以肘关节为轴，前臂自然上抬伸直。在任何情况下，不可用拇指指自己的鼻尖或用手指指点他人。熟悉同样的一种手势在不同的国家、地区的不同含义，不可乱用而造成误解。

酒店服务人员应注意纠正一些错误手势，如：端起双臂、双手抱头、摆弄手指、手插口袋、十指交叉、双手叉腰、随意摆手、指指点点、搔首弄姿。在饮食服务中，一般不要有习惯性地抚摸头、鼻子、嘴、眼镜等动作，会给客人不卫生的感觉。另外，在递送或接取客人的物品时，在可能的情况下，以双手递接最佳；不方便双手并用时，要采用右手，以左手递物通常被视为失礼之举。

2. 自然的表情

真心实意的微笑是服务人员的基本功，酒店服务人员在工作中要始终保持自然、友善的表情，微笑服务，带给宾客舒心的感觉。

（三）接待规范

规范的服务既是对客人的尊重，也是酒店服务质量的保证。客人到酒店消费，酒店服务人员要将他们当成自己的亲人一样看待，关心客人，让客人感觉舒心、放松。比如当客人进驻客房后，为了体现酒店对客人的关心，总台接待员应代表酒店打一个电话询问客人："您觉得这间客房合适吗?"等。对于客人的要求或意见，应尽可能地给予满足和解决。

每个人的生活习惯不尽相同，对于不同的客人，酒店应给予不同的照顾。对待初次投宿的客人，客房服务员应主动为其排忧解难；对待常来常往的客人，照顾的重点是适合其生活习惯；对待老人、残疾人，除了在其行动时给予照顾外，还应在其他方面加以关注。例如，可以派出专人陪同对方外出，代为购买所需商品，派人将其送上飞机或车船等。对需要特殊照顾，特别是有不同的宗教信仰和民族习惯的客人，应尽量满足他们的要求。

相关链接

涉外礼仪的基本原则

一、涉外宴请礼仪

1. 信守约定

在国际交往活动中，人们将尊重对方，即将对交往对象的重视、恭敬、友好作为涉外礼仪的核心。在一切涉外交往中，都必须认真而严格地遵守自己的所有承诺，说话务必要算数，许诺一定要兑现。

2. 女士优先

在男女都在的社交场合中，男士要照顾、礼让女士，遵循"尊重妇女、女士优先"原则。它要求在一切社交场合（有些公务场合除外），成年男子都有义务主动自觉地以自己的实际行为去尊重妇女，照顾妇女，体谅妇女，关心妇女，保护妇女，并尽心竭力地去为妇女排忧解难。

3. 尊重隐私

对于西方人来讲，凡涉及经历、收入、年龄、婚恋、健康状况、政治见解等均属个人隐私，别人不应查问，即在交往中"有所不为"。

4. 入乡随俗

在涉外交往中，要真正做到尊重交往对象，就必须了解和尊重对方所独有的风俗习惯。做不到这一点，对于交往对象的尊重、友好和敬意，便无从谈起。这就要求，首先，必须充分地了解与交往对象相关的习俗，即在衣食住行、言谈举止、待人接物等方面所特有的讲究与禁忌。其次，必须充分尊重交往对象所特有的种种习俗，既不能少见多怪，妄加非议，也不能以我为尊，我行我素。

5. 爱护环境

不可毁损自然环境；不可虐待动物；不可损坏公物；不可乱堆乱挂私人物品；不可乱扔乱丢废弃物品；不可随地吐痰；不可到处随意吸烟；不可任意制造噪声。

6. 不宜先为

在涉外交往中，面对自己一时难以应对、举棋不定，或者不知道到底怎样做才好的情况时，如果有可能，最明智的做法，是尽量不要急于采取行动，尤其是不宜急于抢先，冒昧行事。

二、基本原则

1. 掌握出席宴请的时间

根据活动的性质和当地的习惯掌握时间，迟到、早退、逗留时间过短则被视为失礼或有意冷落。身份高者可略晚到达；普通客人宜略为早些到达，待主宾退席后再陆续告辞。

出席宴会，根据各地习惯，正点或晚一两分钟抵达；在我国则正点或提前两三分钟或按主人的要求到达。出席酒会，可按请柬上注明的时间到达。确实有事需提前退席，向主人说明后悄悄离去；也可事前打招呼，届时离席。

2. 举止端庄、吃相文雅

嘴内有食物时，闭嘴咀嚼勿说话；喝汤忌啜，吃东西不发出声音；剔牙时，用手或餐巾遮口；嘴内的鱼刺、骨头不可直接外吐，用餐巾掩嘴取出，或轻轻吐在叉上，放在菜盘内；吃剩的菜，用过的餐具、牙签，都应放在盘内，勿置放在桌面上。

3. 忌喝酒过量、失言失态

中外饮酒习俗有差异，对外宾可以敬酒，不宜劝酒，尤其是不能劝女宾干杯。

宴会进行中，如由于不慎遇意外情况发生，应妥善处理。餐具碰出声音，可轻轻向邻座（或向主人）说一声“对不起”；餐具掉落，可由招待员另送一副。酒水打翻溅到邻座身上，应表示歉意，协助擦干；如对方是女士，只要把干净餐巾或手帕递上，由她自行擦干即可，切忌自己手忙脚乱地帮助别人，效果适得其反。

（资料来源：https：//www. liuxue86. com/a/4135609. html。）

任务五 国花、国树与花语

任务驱动

讨论：情人节、母亲节、圣诞节都应该送什么花？祝贺开业、祝贺新婚、祝长辈华诞、祝同辈生日、探望病人等场合都应该送什么花？

必备知识

一、国花与国树

（一）亚洲

中国：牡丹	日本：樱花
韩国：木槿	印度：荷花、菩提树
缅甸：龙船花	泰国：素馨、睡莲
马来西亚：扶桑	印度尼西亚：毛茉莉
菲律宾：毛茉莉	新加坡：万代兰
阿富汗：郁金香	巴基斯坦：素馨
伊朗：大马士革月季	伊拉克：月季
也门：咖啡	叙利亚：月季
朝鲜：朝鲜杜鹃	老挝：鸡蛋花
黎巴嫩：雪松	土耳其：郁金香

（二）欧洲

德国：矢车菊	挪威：欧石楠
瑞典：欧洲白蜡	塞尔维亚：铃兰
芬兰：铃兰	匈牙利：天竺葵
丹麦：木春菊	罗马尼亚：狗蔷薇
俄罗斯：向日葵	波兰：三色堇
法国：鸠尾花	荷兰：郁金香
保加利亚：玫瑰、突厥蔷薇	英国：玫瑰
比利时：虞美人、杜鹃	奥地利：火绒草
西班牙：香石竹	意大利：雏菊
葡萄牙：雁来红	瑞士：火绒草

（三）非洲

埃及：睡莲	苏丹：扶桑
利比亚：石榴	坦桑尼亚：丁香、月季
阿尔及利亚：夹竹桃	加纳：海枣
摩洛哥：月季	加蓬：火焰树
塞内加尔：猴面包树	赞比亚：叶子花

（四）大洋洲

澳大利亚：金合欢	斐济：扶桑

（五）美洲

美国：玫瑰	智利：百合

二、缤纷花语

牡丹：富贵
荷花：默恋、清纯、高洁
紫罗兰：浪漫、永恒
鹤望兰：自由、友好、快乐、吉祥、幸福
香雪兰：纯洁、清新、幸福
蝴蝶兰：我爱你
君子兰：宝贵、高贵
菊花：高洁、隐逸、清雅
万寿菊：可怜的爱情
金盏菊：离别的悲伤
非洲菊：互敬互爱、毅力、神秘
大波斯菊：少女的心
矢车菊：幸福
松叶菊：爱国心
山茶花：天生丽质、美丽、顽强
杜鹃：楚楚动人、吉祥
梅花：高洁、坚贞不移、高风亮节
黄水仙：回应的爱
睡莲：纯洁的心
月季：爱情
桂花：友好、和平
竹：高风亮节
富贵竹：吉祥、宝贵、清秀
玫瑰：爱情、热爱、嫉妒、尊敬
康乃馨：热恋、百年好合、祝福、心心相印、庄严
郁金香：神圣、祝福、永恒
丁香：初恋、谦逊、羞怯
情人草：爱意永恒、爱情

含羞草：羞愧
大丽花：移情别恋、幽雅
天竺葵：相知、相遇
勿忘我：友情
向日葵：光明
相思豆：相思
芦荟：服从
无花果：丰富
马蹄莲：吉祥如意、永结同心
茉莉花：优美
姚金娘：爱的耳语
并蒂莲：夫妻恩爱
百日草：幸福
一串红：恋爱的心
山毛榉：繁荣昌盛
剪秋罗：机智
苔藓：母爱
羽扇豆：空想、母性之爱
月桂树：胜利
樱草：青春与悲伤
蒲公英：宣言
飞燕草：自由
吊钟花：尝试、热心
千日红：永恒的爱
石榴：相思、成熟美
风铃花：感谢
勿忘草：不要忘记我
叶子花：热情、夏日恋情
天堂鸟：友谊、幸福
常春藤：真爱
火鹤花：燃烧的心、火热、关怀

三、商务送花小常识

1. 品种

中国人喜爱黄菊，但千万不要将其送给西方人，因为在西方，黄菊代表死亡，仅供丧葬时用。中国人喜欢荷花，可是在日本，它也代表死亡。

在我国广东、海南、港澳地区，送人金桔、桃花，会令对方笑逐颜开；而以梅花、茉莉、牡丹花送人，则会招人反感。

虽然送花在许多国家都流行，但在埃及、日本，只有求婚时或在疾病和死亡的场合才送花。

2. 颜色

一般而言，红色表示热情，白色表示纯洁，金黄色表示富丽，绿色表示青春与朝气，蓝色表示欢乐、开朗与和平，紫色表示高贵。在法国、德国、澳大利亚和瑞士，红玫瑰只送给情人。在意大利、法国和比利时，菊花要用于葬礼。在德国，送黄色和白色的菊花也是错误的行为。而在巴西，紫色菊花象征死亡。

3. 数量

在中国，喜庆活动时送花要送双数，意即“好事成双”；在丧葬仪式上送花则要送单数，以免“祸不单行”。在西方国家，送人的鲜花则讲究是单数。

有些数字，由于读音或其他原因，在送花时也是忌讳出现的。日本人将数字“4”与“死亡”联系在一起，在捷克、波兰、意大利、澳大利亚和德国，送花一般要送单数，因为他们喜欢不对称。在欧洲大部分地区，12 朵花意味着“买一打便宜”，而 13 朵花代表坏运气，所以不要做这两种选择。

四、商务送礼小贴士

（1）特别选择受礼者想要的东西才是最好的礼物。
（2）最好的礼物是意外的。
（3）最好的礼物是忠实友谊的表示。
（4）最好的礼物表达一种诙谐感。
（5）最好的礼物可以流露出高贵的考究和思想。
（6）最好的礼物就是不会超出你预算的东西。

训练设计

一、思考题

1. 剪彩者的礼仪要求有哪些？
2. 开业典礼的程序是什么？
3. 欧洲人的礼仪风俗有哪些共同点？
4. 美国人谈话的特点及禁忌是什么？
5. 欧元现钞纸币和辅币图案的设计背景内容是什么？

二、技能训练

1. 一位外宾预订了酒店一间房，计划住一个星期，并已付了全部房费。客人入住三天后因故回国，但他要求不退房，说他公司的另一位同事会在今天续住此房，你将如何处理？请写出处理方案，并进行交流。

2. 请讨论当遇到刁难的客人应该怎么办。

三、看材料完成任务

一位颇有身份的西欧女士来华访问，下榻北京一家豪华大酒店。酒店以贵宾的规格隆重接待：总经理在酒店门口亲自迎候，从大堂入口处到电梯口再到楼层走廊，都有漂亮的服务员夹道欢迎、问候，贵宾入住的豪华套房里摆放着鲜花、水果……客人十分满意。陪同的总经理见客人兴致很高，为了表达酒店对她的心意，主动提出送她一件中国旗袍，她欣然同意，并随即请酒店裁缝给她量了尺寸。总经理很高兴能送出这样一份有意义的礼品。

几天后，总经理将赶制好的鲜艳、漂亮的丝绸旗袍送来时，这位女士却面露愠色，勉强收下。离店时却把这件珍贵的旗袍当垃圾扔在酒店客房的角落里。总经理大惑不解，经多方打听好不容易才了解到，原来那位女士在酒店餐厅里看到服务员都穿旗袍，而市中街巷却无一人穿旗袍，误认为那是侍女特有的服装款式。主人赠送旗袍，是对自己的不尊，故生怒气，将旗袍丢弃一边。总经理听说后啼笑皆非，为自己当初想出这么一个“高明”的点子懊悔不已。

问题：分析这位总经理的错误是什么。你了解哪些西方服务禁忌？

项目九参考答案

主要参考文献

1. 郑豪民. 销售与口才技巧全书［M］. 北京：中国纺织出版社，2012.

2. 宋犀堃. 销售就是要会聊天［M］. 北京：北京联合出版社，2017.

3. 李鑫声. 销售心理学［M］. 北京：团结出版社，2019.

4. 李鑫声. 如何说顾客才会听，如何做顾客才会买［M］. 北京：团结出版社，2019.

5. 金正昆. 商务礼仪教程［M］. 6版. 北京：中国人民大学出版社，2019.

6. 特里·莫里森，韦恩·A. 康纳维. 魏春宇，译. 国际商务礼仪指导手册［M］. 北京：电子工业出版社，2020.

7. 王佩仪. 商务精英都在用的礼仪［M］. 北京：中华工商联合出版社，2022.